世界体育史丛书

郝勤　主编

俄罗斯体育史

邱凌云　著

人民体育出版社

图书在版编目(CIP)数据

俄罗斯体育史 / 邱凌云著
. —北京：人民体育出版社，2019（2020.8.重印）
（世界体育史丛书 / 郝勤主编）
ISBN 978-7-5009-5255-8

Ⅰ. ①俄… Ⅱ. ①邱… Ⅲ. ①体育运动史-俄罗斯
Ⅳ. ①G815.129

中国版本图书馆 CIP 数据核字（2017）第 240072 号

*

人民体育出版社出版发行
北京建宏印刷有限公司印刷
新 华 书 店 经 销

*

787×1092　16 开本　13.25 印张　233 千字
2019 年 8 月第 1 版　2020 年 8 月第 2 次印刷

*

ISBN 978-7-5009-5255-8
定价：66.00 元

社址：北京市东城区体育馆路 8 号（天坛公园东门）
电话：67151482（发行部）　　邮编：100061
传真：67151483　　　　　　　邮购：67118491
网址：www.sportspublish.cn
（购买本社图书，如遇有缺损页可与邮购部联系）

邱凌云简介

邱凌云，男，1965年生，汉族，研究生学历，历史学博士。现任成都体育学院副教授，主要从事体育史及体育文化的教学科研工作。擅长俄罗斯体育历史与文化研究，先后发表了一系列关于俄罗斯体育史及奥林匹克的文章，比如《再议体育"举国体制"的转型及选择——俄罗斯体育体制转型及其对我国体育改革的启示》《早期〈体育理论与实践〉杂志的史料学价值》《沙俄与国际奥委会关系探析》，并主持一项国家体育总局关于俄罗斯体育的课题《转型时期俄罗斯体育体制及其对我国体育体制改革的影响》等。

序

体育：在历史中奔跑

郝勤

现代体育是一个全球文化体系，是人类社会发展与文明进步的重要成果与标志。现代体育以共同的理念、统一的规则、跨国性组织、周期性赛事及全球化活动方式将世界连接为一个整体，使全人类拥有共同的语言与梦想。现代体育以竞技与身体运动为核心，在促进人的身心健康、人格发展、社会和谐及世界和平等方面具有重大意义，并在政治、经济、文化、国际交往等领域产生着重要作用与影响。

中国体育是世界体育的重要成员与组成部分。从历史来看，现代体育是中国人最早接纳并融入世界的领域之一。资料显示，早在1840年前后，现代体育的一些运动项目即在香港、澳门等地登陆中国。19世纪末20世纪初，随着教会学校的出现与基督教青年会的传教活动，田径、球类等许多现代体育项目陆续由天津、上海、广东等地传入中国。与此同时，在"救亡图存""强国强种"的强烈愿望下，清末民初的中国知识分子也从日、德、英、美等国大力引进现代体育。20世纪上半叶，中国逐渐融入世界体育体系，不仅在全国中小学设置体育课，还举办了七届全国运动会，参加了十届远东运动会和三届奥运会。中华人民共和国成立伊始，即排除各种障碍，参加了1952年赫尔辛基奥运会。1958年至1979年，中国因众所周知的原因脱离了世界体坛。改革开放后，中国重新回到国际体育大家庭。从1984年洛杉矶奥运会开始，中国运动员在一系列重大国际赛事中取得了举世瞩目的成就。1990年，北京成功举办亚运会，2008年北京成功举办第29届夏季奥运会，中国体育代表团取得金牌总数第一。中国为世界体育的发展作出了重要贡献，成为促进世界体育发展、推动世界和平与人类进步的重要力量。

就中国体育与现代体育的历史关系而言，与欧美人不一样，现代体育是中国人在家仇国恨、民族危亡背景下被动接受的外来文化。体育对中国人而言从一开始就不是欢快的游戏，而是在强烈民族情绪下"救亡图存""强国强种"的路径与手段。对体育这一外来文化的功能与价值，中国人始终是以自己的视角与心态来理解的。这就是为什么从康、梁、秋瑾、蔡锷再到蔡元培都力主"军国民主义体育"。从清末民初始，"打败洋人""为国人争气"一直是中国体育的主旋律。直至今天，"为国争光""爱国主义"仍然是中国人心目中厚重的体育价值观。

从1984年洛杉矶奥运会到2008年北京奥运会，中华民族的"百年耻辱"终于在奥运会奖台上一扫而光，中国人的"百年梦想"在体育领域得到实现。但与此同时，在中国全面奔向小康社会的背景下，中国人对体育的价值需求也发生了显著而重大的变化。中国人民不仅需要在重大国际赛场上扬眉吐气，也需要通过体育增强国民体质，促进身心健康，实现人的全面发展与社会和谐进步，提高生活质量，发挥体育在社会、经济、文化、外交等领域的独特作用与重大影响。由此，在北京奥运会后，中国体育进入了全民健身、竞技体育、体育产业、体育文化全面协调发展的新阶段。2014年，国务院下发的《关于加快发展体育产业促进体育消费的若干意见》指出："发展体育事业和产业是提高中华民族身体素质和健康水平的必然要求，有利于满足人民群众多样化的体育需求，保障和改善民生，有利于扩大内需，增加就业，培育新的经济增长点，有利于弘扬民族精神、增强国家凝聚力和文化竞争力。"显而易见，这是新的历史时期中国政府与人民对体育的全新需求与共识。

新的实践需要新的理论。在新的历史时期，中国体育发展实践对体育理论和学术研究必然提出新的任务与要求。在实现由体育大国向体育强国迈进的道路上，我们迫切需要研究和了解世界各国体育发展的历史与经验。毕竟，西方发达国家在体育的社会化、市场化和职业化道路上比我们先行一步，当前中国体育发展中遇到的许多问题都是欧美发达国家经历过的，他们的经验与教训都值得我们很好地去学习与借鉴。

在新一轮体育改革发展进程中，体育史学必将扮演重要的角色，彰显自身的学术价值与理论意义。体育史学是记录、收集、整理、研究、解释体育这一社会文化现象发生、发展、演变的过程与规律，从而帮助人们认知体育并为体育的发展提供历史借鉴的学科。体育史学通过严谨的材料收集、甄别、分析与运用，将历史的经验与教训加以总结与研究，从而为体育改革发展决策与实践提供必不可少的参考与借鉴。就这一意义而言，体育史学不仅是体育学的基础性学科，而且也是一门实践指导性很强的应用学科。

举个例子来说，中国足球的职业化与市场化改革从1995年起步，期间历经大起大落，曲折坎坷，迄今仍在艰难中摸索。而欧美各国职业足球已有百余年历史，发展水平高，法规配套，市场完善，产业成熟，已经发展成为规模巨大的产业门类。其实，欧美足球在职业化过程中也曾遭遇很多挫折，有的问题比中国足球还要严重，但是我们却很少去研究、借鉴别人的经历与经验，思考如何避免再走这些弯路。再推而广之，诸如大众健身产业打造，职业赛事组织管理，俱乐部、联赛或联盟建设，电视网媒赛事转播权营销，体育媒介运行与服务，运动员转会市场管理营销，运动员保险，体育赞助与广告，球迷关系公关，体育场馆管理与营销等，这些都是目前中国体育改革发展的新课题，在实践中也遇到了很多新问题。但由于欧美发达国家历经多年发展，业已形成较为完善而成熟的市场管理与运行机制，这些问题都需要从史学的角度加以总结与阐释，以为我所用。

自现代体育传入中国以来，体育史学就是中国体育科学体系的基础理论学科之一。早在19世纪初，严复、孙中山、梁启超、蔡锷、陈独秀、毛泽东、蔡元培等时代先驱便在了解和研究欧美、日本等国家和地区近代史基础上，注意到了体育之于"强国强种"、振兴中华的重大意义与价值。1919年，当中国刚开始出现体育教育之时，郭希汾先生便撰著了国内首部《中国体育史》教材，开启了中国体育史研究的先声。此后，体育史学也开始逐步成为中国体育理论和学术研究的基础性学科。

20世纪60年代是中国体育史研究的奠基时期。1962年，成都体育学院体育史研究室（1986年改为体育史研究所）的成立是中国的体育史学科的里程碑。这不仅是国内第一个正式建立的体育史专业研究机构，而且形成了首个体育史学术团队与梯队。老一辈体育史学者李季芳、孙仲达、董时恒、张咏、卢君雄、周西宽、旷文楠、梁光柱、颜绍泸等在十分困难的条件下开辟了中国古代体育史、中国近现代体育史和外国体育史等各个研究领域，发表和出版了大量重要文章与著作，为中国体育理论与体育史学的发展作出了开拓性的重要贡献。

在新的历史时期，体育史研究秉承"继承传统，开拓创新"理念，不仅完成了大量科研成果，获得了包括国家社科基金重大招标课题等在内的国家重大课题立项，而且创建了国内首个以中国古代体育史为主题的体育史博物馆，建立了国内体育院校首个文史专业，形成了本科、硕士、博士在内的人才培养体系，成为国内公认的体育史与体育文化人才培养基础与摇篮。

外国体育史是成都体育学院体育史研究所开创的重要研究领域。早在20世纪60年代初，体育史学的前辈们就对美国、英国、日本、德国等国体育史资料进行了翻译与整理。笔者于20世纪80年代初在成都体育学院体育史研究所攻读硕士研究生时，使用的教材就包括了美国学者范达冷的《世界体育史》、日本学者岸野雄三所著《欧洲体育史》、日本学者今村嘉雄的《体育史学》等。而这些珍贵的文献都是前辈学者们翻译且亲自用蜡纸钢板手刻油印的！

遗憾的是，因为种种原因，当年老一辈苦心翻译的这些译著并未能正式出版。更令人遗憾的是，除了20世纪90年代周西宽、颜绍泸先生所著《体育运动全史》及近年来翻译出版的德国历史学者沃尔夫冈·贝林格所著《运动通史》、法国历史学家乔治·维加雷洛所著《体育神话是如何炼成的》等著作外，迄今为止国内正式出版的外国体育史研究成果寥寥无几。由此导致国内对世界各国，尤其是发达国家体育发展的历史与特点几乎一无所知。这种情况不仅不利于我们了解这些国家体育发展的情况与特点，而且对体育理论与学术研究领域也是一个巨大的缺失。

2011年，成都体育学院体育史研究所在学校领导的大力支持下，利用学校申报博士授权单位专项基金，组织有关专家学者撰译《世界体育史丛书》。该丛书拟分别就英、美、德、俄、法、日等主要体育发达国家的体育史进行研究和翻译，系统全面地介绍这些国家体育发展的历史与特点。之所以选择这些国家，不仅是因为它们在当今国际体坛有较大影响，而且在历史上这些国家与中国现代体育的兴起与发展关系十分密切，有助于我们更好地了解中国现代体育传入发展的源流脉络。

路漫漫其修远兮，吾将上下而求索。出版一套世界体育史系列丛书，不仅是中国体育学科建设和体育改革发展实践的需要，也是几代体育史学者的心愿。在此，我们谨对支持这套丛书撰译出版的成都体育学院领导、人民体育出版社，以及所有参与和支持这套丛书的专家学者表示衷心的感谢。我们相信，是共同的理想与事业将我们联系在一起，并将指引我们在探索的道路上继续走下去！

2019.5

目　录

第一章　俄罗斯体育的产生及初期发展 …………………………（1）

第一节　俄罗斯体育的发端 ……………………………………（2）

第二节　俄罗斯体育的初期发展 ………………………………（4）

第二章　6—14世纪的体育 ………………………………………（11）

第一节　部落联盟初期的体育（6—8世纪）…………………（12）

第二节　基辅罗斯时期的体育（9—11世纪）………………（13）

第三节　封建割据时期的体育（12—14世纪）………………（20）

第三章　15—19世纪上半叶的体育 ……………………………（29）

第一节　中央集权国家时期的体育（15—17世纪）…………（30）

第二节　彼得大帝的改革及其对体育的影响 …………………（35）

第三节　哥萨克人的体育 ………………………………………（44）

第四章　19世纪下半叶至20世纪初（1917年）的体育 ………（48）

第一节　体育教育的发展和实践 ………………………………（50）

第二节　现代体育运动项目的兴起和开展 ……………………（61）

第三节　俄罗斯奥委会的成立及其活动 ………………………（76）

第五章　苏联时期的体育（1917—1945年）……………（90）

  第一节　体育思想与体育训练方法 ………………………（92）
  第二节　体育组织和体育行政管理 ………………………（103）
  第三节　体育教育与"劳卫制" ……………………………（112）
  第四节　体育运动的开展 …………………………………（125）
  第五节　卫国战争时期的体育 ……………………………（131）

第六章　苏联时期的体育（1946—1990年）……………（136）

  第一节　战后苏联体育的恢复和发展 ……………………（137）
  第二节　体育思想的形成和发展 …………………………（150）
  第三节　体育教育大纲与体育教育发展 …………………（153）
  第四节　体育基础设施建设和体育经费 …………………（158）
  第五节　奥运会与竞技体育 ………………………………（161）

第七章　苏联解体后的体育 ……………………………………（167）

  第一节　俄罗斯的体育政策与制度 ………………………（169）
  第二节　体育管理机构及其职能 …………………………（176）
  第三节　民间体育的发展 …………………………………（186）
  第四节　体育教育大纲与体育教育发展 …………………（191）
  第五节　俄罗斯体育运动发展现状 ………………………（194）

第一章
俄罗斯体育的产生及初期发展

体育的历史同人类社会的历史一样悠久而漫长。作为一种广义的文化现象，体育是伴随着人类社会的产生而出现的，它在原始社会时期即开始萌芽，并在人类社会的历史进程中，经过不断的激荡整合，从最初的原始体育形态逐渐衍变到现代体育。在此过程中，虽然会受到诸如环境、时代和种族[1]等因素的影响而导致不同地区、不同民族的体育呈现出不一样的面貌并形成独具特色的文化景观，但其无不遵循着人类社会体育产生与发展的普遍规律。作为世界民族体育大家庭中的一员，俄罗斯体育的产生与发展自然也不例外。

---

[1] 18世纪中叶，法国著名的史学家及文艺批评家丹纳在其著作《艺术哲学》中认为，人类文化的性质面貌取决于种族、环境和时代三大因素。参见：丹纳. 艺术哲学 [M]. 傅雷，译. 北京：人民文学出版社，1983：10.

第一节　俄罗斯体育的发端

俄罗斯体育的产生与发展大致经历了人类社会体育产生与发展的一般历程，我们了解俄罗斯体育产生的主要资料是考古史料、民俗材料、壮士歌、编年史、神话故事、图画和雕刻等。

考古材料表明，俄罗斯领土的南部，存在过一个类人猿转变为人的地区。在那里，随着类人猿进化为人类，体育开始萌发。由于严酷的生存环境和生活条件，居住在那里的部族成员不得不持续地改进自己的体力和智力，由此在集体劳作过程中，逐渐形成并掌握了跑、跳、投掷、跳跃、攀登、游泳及其他各方面技巧。母系氏族发展阶段产生的劳动分工，更利于原始先民身体方面的训育。根据人种学、民俗学材料，原始社会时期的俄罗斯部族，在集体狩猎时，氏族成员按照其性别和年龄，被划分为若干狩猎小组，分别执行不同的任务，且需互相配合，协同作战。年幼者大声吼叫，将猎物驱赶出来，青年则埋伏起来形成包围圈，防止猎物逃离，成年男子则与猎物直接搏击以便擒获猎物。在此过程中，与猎物直接搏击是最危险也是最重要的工作，因此，这种工作常常都是由体格健壮、力量超群的成年人来承担。而其他重要事情，照例是由最强壮、最有经验的成年人首先来承担，整个部落体现出对力量和经验的崇拜。

随着社会发展和经验的积累，俄罗斯先民逐渐意识到劳动训练和劳动成果之间存在着紧密的关系，通过劳动训练掌握了有效的劳动方法，获取的食物往往就要多一些，因此，努力寻找可以产生最多、最好成果的方法，就具有十分重要的意义。随着与自然进行斗争能力的逐渐提升，原始先民在同自然界的斗争中，有意识地对子民进行劳动、生存、使用工具的教育和训练。在母系氏族阶段，俄罗斯先民在游戏和运动中留下了劳动的影子。一些游戏开始成为不同年龄阶层的人劳动教育的手段和形式，一方面体现为劳动教育的手段，另一方面也是与劳动教育紧密相关的身体训育,成为原始体育形态的重要因素。尤其是竞赛性质的游戏,更为明显地反映了原始体育形态某些本质性的东西。在已经开始了社会分工、语言也较为发达的部族里,竞赛性游戏具有一定的稳固性,这为原始体育的沿袭起到了重要作用。当时,俄罗斯西伯利亚、顿河流域等地区的部落里,已经流行着赛跑、射箭游泳、划船、投掷棍棒和毛制手球游戏等集体竞赛。俄罗斯先民所进行的游戏,并非是生活劳动的简单摹仿,而是在现实基础上反映了当时人们的生活方式、风俗礼仪。俄罗斯不少民族都有过自己特殊的游戏,例如,生活在森林地带的曼西人、鄂毕河流域的坎底人、远东沿海地带的那乃人,喜欢做斗熊游戏,游戏内容包含有跑步、射箭、与熊搏斗等动作,反映的是当时狩猎传统和风俗;生活在北方的游牧民族纳纳次人,经常进行捕鹿游戏,游戏同样包含有跑步、套索使用及捕捉动作。诸如此类的民间游戏,实际上都与原始社会时期的各种竞赛性游戏相关,反映的是俄罗斯先民生活劳作和生产活动的形式与内容。各类民间游戏尤其是竞赛性游戏,促进了包括体能、智力和意志在内的各种品质的形成和发展,养成了他们敏捷、矫健、机智、顽强、忍耐的品性,并在生产劳作、集体活动与部落之间的冲突中表现了出来[1]。

　　由于社会分工和社会生产活动在不同领域出现,需要对部族成员进行训练以便适应生产劳作和社会生活,某些游戏和身体训练就开始独立出来,并成为体育教育的手段和方式。因食物、领地而发生的冲突逐渐多了起来,需要人们对于战斗活动随时要有准备,于是不少竞赛性游戏开始成为战斗训练的重要手段,并起着越来越重要的作用。比如,居住在勘察加半岛北部的科尔亚克人、居住在西伯利亚的游牧民族丘库斯人及居住在亚库梯地区的犹加吉尔人,喜欢玩一种游戏,游戏时将海象皮铺在地上,然后在上面进行摔跤比赛,比赛时双方须共同遵守摔跤规则,使用摔跤的方法,并常常由氏族长监督比赛。这种摔跤比赛当时在其他地区也出现过,一度还很流行。与此同时,在伯力边区的那乃人中,流行过拳斗和用短棍击剑,并且一直沿袭了下来。居住在高加索地区的奥舍梯民族,其英雄史诗《犬橇诗》反映了各种身体训练,包括跑、跳跃、投掷物体、摔跤、拳斗、爬山、游泳、滑雪等内容。这些身体训练即为原始体育形态,它们真实地反映了

---

[1] 诺沃谢洛夫.苏联体育史:第1卷[M].赵息黄,等,译.北京:人民体育出版社,1957:3-4.

俄罗斯历史上原始时期的部族成员如何进行身体训练和强化智力发展[1]。与此类似的竞赛性游戏和身体练习，在俄罗斯其他地区、其他民族中也曾经存在并流传过。

　　随着原始先民思维更加完善和语言逐渐发达，新的教育形式出现了。除了原来所使用的劳动工具外，在游戏中，原始先民开始采用一些与劳动并无直接关联的器物，如球状物体、有孔的木棒、动物骨头、手杖和小曲棍等。这些游戏器物的使用，配以游戏动作，使原来纯粹只是生活劳作或生产动作，以抽象、象征的形式在游戏中表现出来。集体游戏成为社会教育的重要形式，其实施手段主要是原始体育，这有利于培养原始先民的体能和意志，使他们形成合理的动作习惯，促进部落的团结，并使年长一代所获得的劳动技巧和生存经验得以流传，由此提升了原始教育包括体育教育的作用和意义。

　　在氏族社会，竞赛性游戏是作为体育教育的主要手段而产生的，随着社会的进一步发展，它由原来的不稳定、不固定，逐渐稳定、固定下来，被用作教育中的体育教育手段。在氏族全体成员共同自由劳动条件下产生的原始体育，对氏族成员起到过教育作用和组织作用，是其生产力和生产关系发展到一定程度的产物，是俄罗斯原始文化的一部分。

第二节　俄罗斯体育的初期发展

　　如前所述，在原始社会，原始先民身体训育的主要目的是获得更多的生存能力，因此，氏族成员从小开始，就要接受有意识的训练活动和训练项目，这种代代沿袭的训练，逐渐演化为一套专门的、固定的手段和方法，并涵养成一种模式，甚至升华为仪式。在这种从具体的活动形式逐渐演化为仪式的过程中，成年仪式起到了特别重要的作用。在原始氏族部落中，部落是大家共同的教育者。氏族成员只要年满14周岁，一般就要开始对他们进行专门系统的训练，训练的主要内容是教给他们狩猎和制造劳动工具的知识和技能，具体而言，男性氏族成员的主要训练内容是狩猎、制造劳动工具等男人活动项目，女性氏族成员训练的主要

---

[1] 诺沃谢洛夫.苏联体育史：第1卷［M］.赵息黄，等，译.北京：人民体育出版社，1957：5.

内容是收获植物、准备食物、管理家务、照看孩子等事情。同时，部落成员还有意识地锻炼他们的意志力和耐力，使他们在面对困境和追逐猎物时能最终获胜。所有孩子无一例外都要接受相互帮助、集体主义、个人利益服从部落利益的思想意识教育。培养他们的团队意识，使他们成为守纪律的人，并领悟宗教的神秘和奥妙。这样的训练直到氏族成员长大成人，并在举行成人礼之后宣告结束。但在成人礼上，部落成员要对即将成为成人的氏族成员进行测评，以证明他们在身体和社会认知方面已经成熟，所进行的测验得到享有充分权利的部落成员承认后，他们才能获取成人地位。否则，不但不能获取成人地位，还得再次接受相应的训练，直到他们的身体和社会认知臻于成熟。训练和教育主要由有血缘关系的近亲来承担，当然，非常有经验与威信的幼儿亲属也会承担部分教育职能。此外，部落的每个成员都有义务关心幼儿，对幼儿的培养教育做出相应的指导。随着原始先民社会组织方式的不断变迁和分化，以部落为主的组织形式逐渐分裂为以家庭为主的组织形式，这种训练和教育便从部落共同行为变为家庭式单个行为，由此，训练、教育的形式、内容、职能和目的也就越来越各不相同。

约公元前7世纪，居于黑海沿岸的西徐亚人，由于长期受到体育训练和教育，具有勇敢和刻苦耐劳的精神，在与敌人战斗时擅长使用短剑、长斧、弩弓和盾牌等武器，且体力充沛、身手敏捷、技艺高超、投掷准确，能精确地击中对方。公元前5世纪的罗马作家阿坡利那里·西德尼曾这样描述过西徐亚人，"他们都是百发百中的神枪手，都有冲锋陷阵的惊人勇气。虽然经常缺酒少粮，但纪律却毫不松懈"[1]。公元前3世纪末，西徐亚人的一支萨尔马特部落，其成员大都是优秀的骑手，并且已能很好地掌握武器，同时精于剑术。当他们进行军事身体训练时，特别注重白刃战的搏斗技巧。

公元前1世纪至公元2世纪，居住在山地的格鲁吉亚人普遍进行射箭、投掷物体、击剑和游泳等活动。而在平原地带，由于社会发展程度较高，出现了新的体育教育，人们已开始认识到身体训练对于人体影响的重要性。这一时期，为了保护食物与领地而进行的各种斗争，决定了体育的军事性质，射箭、击剑、掷投枪、骑马旅行、白刃战演习及骑士们的比武决斗，都是为了训练身体而进行的体育练习。在民间节庆场合中，常常举行各种运动竞赛、舞蹈以及摹仿劳动动作的

---

[1] 诺沃谢洛夫.苏联体育史：第1卷［M］.赵息黄，等，译.北京：人民体育出版社，1957：10.

各种游戏，这些游戏反映了体育与劳动的关系。在民间广泛流行的为死者祈祷冥福而举行的法令习俗，包含了不少遵循民间游戏规则的竞赛性游戏。

阿尔明尼亚的贵族在与统治他们的叙利亚人进行长期的斗争中，形成了一种军事体育教育制度，广泛推行摔跤、拳斗、赛跑、骑马、射箭和投掷物体等。其上层人士爱好马球比赛，4世纪时期的阿尔明尼亚纳哈拉尔的阿尔茨鲁尼和波斯王就曾进行过马球比赛。阿尔明尼亚的体育竞赛者还曾多次参加了古希腊奥林匹克运动会。民间体育则主要是赛跑、摔跤和掷标枪等活动。

俄罗斯的祖先古斯拉夫人，在欧洲各民族中人数最多。他们大约于公元1世纪时开始向外迁徙，并随其他部落民族，在4世纪末的欧洲"民族大迁徙"❶中不断扩大，至6世纪时，其居地已经遍布东欧及俄罗斯地区，在广袤的欧洲东部、中部和东南部形成了斯拉夫人的东部和东南部分支。斯拉夫人这一名称后来同"荣誉"一词联系了起来，斯拉夫即"荣誉"之意❷。斯拉夫各部落联合成群后，民族的相近性促使他们后来形成了统一的国家。古斯拉夫人在保卫自己的领土和家园过程中为自己赢得了荣誉。H·M·卡拉蒙热在其著作中将前面提到的部落称为罗斯，实际上就是俄罗斯的前身❸。

据考察，氏族部落时期，古斯拉夫人体型高大魁梧、彪悍强壮、性格豪爽、热情好客、热爱自由。他们勇敢无比，耐力性强，不怕冷热，吃穿很少。为了生存，练就了超强的潜水本领，尤善渡河❹。在氏族部落制度解体之前，古斯拉夫部落之间并未严格区分开来，他们往往混合而居，主要进行狩猎、养鱼、养蜂、畜牧及耕种等生产劳作。鉴于当时恶劣的生存条件以及时常伴随着的外来游牧部落入侵所造成的危害，古斯拉夫人认为只有具备强健的体魄、优秀的军事本领，才能得以生存并抵御外族的入侵。因此他们极力提高自己的身体素质，锻炼自己精神意志力；学会使用武器，拥有肉搏战所必须的力量、灵活性、耐力，必须坚定、勇敢，具备投掷、快跑、游泳、各种跳跃、攀爬树木、搬移重物的技能。古

---

❶一般认为欧洲"民族大迁徙时期"的时间为公元4—7世纪。
❷据考察，将斯拉夫人这一名称同"荣誉"联系起来的，是俄罗斯教育家、历史学家和作家H·M·卡拉蒙热。
❸H·M·卡拉蒙热.俄罗斯国家史[M].莫斯科：莫斯科出版社，2002：17.
❹马弗利基.战略和战术[M].圣彼得堡：圣彼得堡出版社，1903：128.

斯拉夫人能熟练地使用武器，可以用弓、箭、投枪、盾牌把自己武装起来。由于从童年时期起他们就开始学习射击，练习并掌握骑术，且经常锻炼从马上射击，所以古俄罗斯人的弓箭手武艺超强，他们的射击有着惊人的准确性，可以在跑动与疾驰中射中目标。在抵御外族入侵的时候，古斯拉夫人出现了所谓的军事行动，不过，这种军事行动和体育训练互为关联，难以分开[1]。

古斯拉夫人所面临的寒冷的气候条件、广漠的生存环境，决定了他们的日常生活形态，身体发展和生活方式的特殊性，以及民间游戏和歌舞的独特性。按照地理学的有关观点，温和甚至有些寒冷的气候可以强身健体、增强人的体质，甚至能使人健康长寿。在一些文献资料的记录中，斯拉夫人尤其是东斯拉夫人往往精力充沛，强壮有力，"他们能忍受饥饿和任何穷困，吃粗糙的半生食物，他们的敏捷让希腊人惊叹，他们灵巧地攀爬陡坡、深入峡谷，进入危险的沼泽和深深的河流"[2]。因为在斯拉夫人看来，只有具备强壮的身体、超群的臂力和灵巧的身手，才是出众的男人。古斯拉夫人所具备的勇猛和射击的准确性，以及拥有穿越峡谷、隐蔽于草丛中的独特技能，可以迅速攻击并俘获敌人的战斗力，往往为部族征战所利用，部族首领总是把斯拉夫人放到自己部队的最前面，作为先锋部队抗击敌人。这种情况并不说明古斯拉夫人就一定只是剽悍凶狠，相反，他们心地特别善良，热情好客。按照古斯拉夫人的风俗，如果出门，他们不会把门锁上，而且还会给远方的行人留下食物。即便是俘虏，也友善亲切地加以对待，甚至对俘虏成为奴隶的期限都做出了限制，要求时间不能过久。

在古斯拉夫人的生活中，音乐占据着重要的位置。在平时的日常生产劳作中，他们随身携带着自己制作的基萨拉琴或古斯里琴。音乐能够给他们带来快乐，并促成其体能的发展。在音乐与身体相伴活动中，舞蹈由此而产生，舞蹈促使肌肉处在一定的压力下，有利于身体的进一步发展。古斯拉夫人跳舞时，往往"用手挥舞，原地旋转，下蹲，跺脚"[3]，日后俄罗斯的艺术项目和体育项目，音乐、舞蹈和技巧便是其第一批代表，而俄罗斯体育的发展和兴盛，也是

---

[1] A·Ф·梅德韦杰夫.手用金属武器[M].莫斯科：莫斯科出版社，1966：98.
[2] H·M·卡拉蒙热.古斯拉夫人的体育和道德特点[M].莫斯科：莫斯科出版社，2002：27.
[3] H·M·卡拉蒙热.俄罗斯国家史[M].莫斯科：莫斯科出版社，2002：31.

以这些项目的开展为基础的，而且不少民族体育项目最大程度地保留了原初的形式、内容与精神，"民间游戏和娱乐迄今在斯拉夫大地上仍与原来一致：角斗、拳斗、追逐跑，同时它们是古代娱乐的纪念碑，向我们展示过去战争和力量的场面"❶。

古斯拉夫人的许多游戏具有魔术和与多神教观念相关的祭祀特点。比如，跳过篝火代表着一种净化。这一信仰源于古斯拉夫人春季庆祝的"谢肉节"❷。这种净化是通过仪式的象征意义与古斯拉夫人送冬和迎春传统、祖先祭祀等联结在一起的。

古斯拉夫人的游戏和体操具有竞赛特点。比如安葬战斗中死去的战士时所举行的仪式，先是点燃篝火，待篝火熊熊燃起后，将死去战士的遗体放入篝火中焚烧成骨灰，把骨灰装入骨灰盒后，再放到路边的柱子上。按照历史学家的解释，这种仪式反映了古斯拉夫人的一种美好愿望，即通过对死亡的庆祝达到在战斗中不惧怕死亡的目的❸。

古斯拉夫语中"安葬死者的仪式"一词带有比赛的意思，捷克学者留波尔·尼杰尔列曾这样描述过这种安葬仪式所具有的比赛特点："安葬时，有些地方办酬客宴时（后来两种方式周期重复），都举办某种游戏活动，游戏由象征性的运动组成，而且军事场面，就是安葬仪式和比赛是重要时刻，其时伴随着武器的叮当响声、喊叫声和军歌声。"❹后来的安葬仪式逐渐抽象化，安葬时已没有实际的葬礼，只是进行比赛。篝火烧掉的也不再是死人，而是玩偶。玩偶的出现，极大地拓展了安葬仪式的时间，使安葬仪式变得十分灵活。只要需要，一年中的任何时候都可以举行安葬仪式，因为焚烧玩偶已变得十分容易。在这些庆典活动中，具有特别地位的是古巴拉节，它往往在夏季中最长的一天里举行。具体过程是：先点燃篝火或玩偶，人们围绕着火堆尽情跳舞，并举办骑马、角斗等各

---

❶ Н·М·卡拉蒙热.俄罗斯国家史［M］.莫斯科：莫斯科出版社，2002：32.
❷ "谢肉节"又叫"送冬节"，中世纪的斯拉夫民族认为，当太阳神战胜了严寒和黑夜的时候，就是春天来临的日子。春天对于农民来说，意味着春耕劳动即将开始。因此，每年2月底3月初，古斯拉夫人都要举行隆重的迎春送冬仪式，并由此产生了"送冬节"。
❸ Н·М·卡拉蒙热.俄罗斯国家史［M］.莫斯科：莫斯科出版社，2002：38.
❹ Л·尼杰尔列.古斯拉夫人的日常生活和文化［M］.莫斯科：莫斯科出版社，1924：105.

种形式的比赛。比赛获胜方会产生十足的荣耀感，而失败者则与倒霉联系在了一起，通常被认为找不到漂亮的未婚妻，而且很久都不能结婚。

古代斯拉夫人举行的大型比赛通常是一场歌舞会，目的是为了纪念多神教中的诸神。歌舞会在古斯拉夫人的生活中具有十分重要的地位和作用。编年史作家、基辅别切尔修道院修士涅斯托尔在《编年故事》一书中记述了当时的民间体育。从这部极富价值的俄罗斯史文献中可以发现，基辅罗斯公国建立之前，古斯拉夫人的民间游戏和体操就已经广泛普及了，村落与村落之间常常进行各种游戏活动。"这些村子是由单个农户发展起来的亲缘村落，东斯拉夫人被这些村落隔开了。村落间游戏时，从其他村子，即家族抢新娘，新娘不够时，别的家族不会甘愿放走她们，因为当时实行一夫多妻制"❶。古斯拉夫人的这种歌舞会与古希腊奥运会类似，在人群聚集所进行的比赛和表演的规模与社会重要性方面，同古希腊的奥运会应当相差不远。在比赛和表演的时候，人们要奉敬各种神灵，具有宗教的特点，当时教会（基督教）思想已在其中有所反映了。从文化人类学的观点看，古斯拉夫人的这种表演和比赛，具有十分重要的社会作用。表演和比赛的胜者可以得到不少奖励，其中最重要的奖励是"抢亲"，只有比赛的胜利者，才能获得这样的权利。在古代社会，为了能使不同家族之间互相得以靠近，部族或家族往往进行联姻，联姻是最好的和最简单的一种方法。村落与村落之间举行的歌舞会，尤其是抢亲行为促进了斯拉夫家族的团结。同时也促进了身体和道德意志品质的发展，在培养年轻一代劳动和军事活动方面起到了重要作用。

俄罗斯的历史资料表明，古斯拉夫人在空旷的田野上所举行的比赛和舞会，展示了他们曾经有过的各种活动项目，这些活动项目主要包括：跳篝火、追逐跑、投掷各种物品、爬山、高崖跳水、骑马、射箭、拳斗、棍斗、爬木桩，以及游戏、舞蹈、流浪艺人的技巧操。可以说，这样的歌舞会呈现出人类体育史上体育表演的雏形，并奠定了俄罗斯民间体育传统的基础。

古斯拉夫人居住地河流、湖泊众多，古斯拉夫的城市和集镇大都依河、湖而建，大量的河流湖泊为航运提供了极度的便利，这就要求他们要学会游泳、学会帆船驾驶。河流湖泊甚至海洋很早就被斯拉夫人开发和利用，不少古斯拉夫人尤

---

❶ В·О·克柳切夫斯基.简明俄国史[M].莫斯科："进步"出版社，1992：18.

其是军士大都是出色的桨手，他们能航行到很远的地方，除黑海外，还航行到里海和波罗的海，甚至是斯堪的纳维亚半岛和西欧一些国家。这样的航行训练了古斯拉夫人的体魄和勇气。

不仅普通的古斯拉夫人有着各种各样的身体训练，斯拉夫的贵族、公爵、大地主和其他统治阶级同样也有各种各样的身体训练。他们采用的身体训练方法大都取自民间体育，只不过形式较繁华而已。比如其中的狩猎，一方面是一种娱乐，另一方面又不免派头十足，同时也是一种军事体育活动。公爵弗拉基米尔·莫霍马克斯介绍了基辅公爵身体训练情况，写有《弗拉基米尔·莫霍马克斯公爵对自己孩子训导》一书，对青少年的生活、发展与成长提出了建议，要求他们热爱生活和国家，成为积极的爱劳动的人，增强自己的勇气、力量和耐力。这部著作表明在古斯拉夫时代，已经出现了明确的贵族军事身体训练体系。

以上情况表明，在俄罗斯历史发展史上，从氏族部落时期到国家和政治组织形成之前的时代，就已经奠定了民间身体训练体系的基础，这样的体系包括各种游戏、体操（主要是军事实用体操）、耐力锻炼和意志力锻炼的一些方法，而多人参与的比赛在当时已经十分普及了。这些都为后来俄罗斯体育的发展打下了很好的基础。

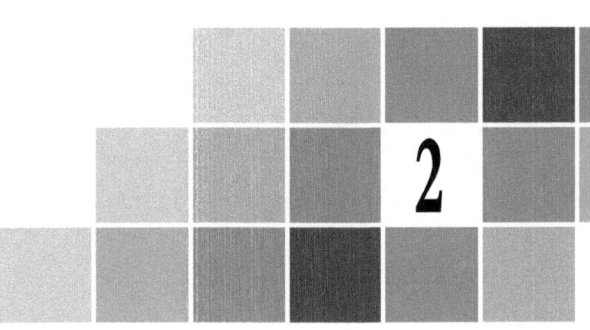

第二章
6—14世纪的体育

东斯拉夫人是斯拉夫人中的一支,即欧洲斯拉夫人的一个东部支系,诞生于乌克兰境内著名的第聂伯河沿岸,第聂伯河既是东斯拉夫人的摇篮,也是他们赖以生息繁衍的命脉❶。东斯拉夫人最早是游牧民族,6世纪之前他们还处在氏族公社阶段。这些东斯拉夫人起初分布在东欧大平原上。最早的俄罗斯国家是由古罗斯人9世纪末至10世纪初建立起来的。随后建立了以基辅为中心的古罗斯国家——基辅公国。在12世纪时,基辅公国分裂为若干个小公国,从而形成了公国割据的局面。这样,俄罗斯早期历史发展大致经历了6世纪前半期所形成的政治联盟时期、9世纪至10世纪初形成的基辅罗斯时期(公元862年北欧瓦朗人在诺夫哥罗德建立政权,882年成立大公国基辅罗斯)和12至14世纪基辅公国割据时期。在这些历史时期内,俄罗斯体育也经历了不同的发展时段,各自表现出不同的风貌和特征。

---

❶俄罗斯大多数学者认为斯拉夫人起源于欧洲南部的多瑙河流域。

第一节 部落联盟初期的体育（6—8世纪）

古代斯拉夫人以体格强壮、勇猛进取而著称。考古资料显示，作为原住民，斯拉夫人早在公元前3000年就已经开始使用耒耜、镰刀、磨击器等进行农业生产。到公元6世纪前半期，斯拉夫人的一支——东斯拉夫人在喀尔巴仟山附近建立了一个部落联盟，目的是防御游牧部落对他们的侵袭，这个部落联盟已经算得上是一个独立的政治联盟，在政治经济、社会文化方面有一定的发展。居住在第聂伯河沿岸黑土地带的东斯拉夫人，除打猎捕鱼以外，还从事耕作农业、饲养牲畜，并从事手工业和商业。在社会生活方面，东斯拉夫人还保留着氏族关系的传统形式，全体成员都可以参加会议。但原始公社制开始解体，阶级社会逐渐形成。7世纪时，他们乘独木舟沿第聂伯河进入黑海，并从海路围攻过沙格勒得和索伦等地，他们的海军甚至到达过克里特和意大利南海岸。他们往往能忍受冷热、风雨和饥饿，擅长小型标枪的使用。其身体素质和军事技巧，是靠经常的专门训练而发展起来的，这种训练是在劳动活动过程中得到的，并借助于独特的体育组织形式加以改进[1]。

东斯拉夫人常常进行各种身体训练和游戏，比如行列对抗、击棍、射箭、投掷、"浮标"游戏、"攻打城市"游戏、"禁止越界"游戏。"禁止越界"游戏是一种祭祀祖先的集体游戏，游戏参加者分为两组，用一种长型曲棍努力将球或木桩赶进对方的坑穴中。坑穴一般挖在平地上，冬季则挖在结冰的河川或湖泊上。游戏由"纵火者"开始，游戏中的主要人物被称为"母鸡"，又称为"城市纵火人"。"禁止越界"游戏是当时东斯拉夫人适应社会发展和部族之间的冲突而形成的，表明游戏与身体训练是与社会生活紧密相关的，并随社会生活的

---

[1] 诺沃谢洛夫.苏联体育史：第1卷[M].赵息黄，等，译.北京：人民体育出版社，1957：13-14.

改变而不断在形式和内容上产生变化。其他如"击棍""攻占城市"之类的游戏，也大致具有同样的性质和特点。在传统的斯拉夫人的"行列对抗"游戏中，参加者总共分成3排，并预备有后备队，游戏时按照事先编排的行数依次进场。拳斗和棍战游戏反映了部族身体训练的特点，带有军事体育的痕迹。参加游戏的人通常按年龄编成行列，并须遵守一定的队形，一般分为4排，第一排是游戏的"发起人"❶，由儿童组成；第二、三、四排全部由选手和斗士组成，第二排是13～16岁的少年，第三排是17～24岁的青少年，第四排是25岁以上的成年人。在民间竞赛性游戏中，需要参加者灵活地掌握对手情况，快速作出判断。比如，在集体游戏"拳斗"中，对手的力量、使用方法及行列中斗士的配置情况等，就需要参加者加以预判和估计。拳斗的基本规则要求拳击手"胸膛对着胸膛""面对面打"，目的在于禁止从背后下手，从而帮助培养拳击手在公开的肉搏中与对手接近的勇气。其他如击剑、摔跤以及赛跑的游戏，都有相应的规则。在这一时期，"斗熊""斗牛"和宗教仪式游戏普遍流行，这些游戏中的身体训练，反映了驯服动物的方法，在与熊、牛的对决中，必须要求有强大的力量、矫健的身手和坚强的毅力，以便既能驯服动物又能减少自身可能受到的伤害。在现代塔克人的摔跤中还保存有起源于古代"斗牛"游戏的方法，即"牧牛滚转"，这种游戏是在原始社会发展到一定程度时出现的。集体狩猎则在斯拉夫人部落生活中起着重要作用，因此当时也流行过各种各样的狩猎游戏。各种类型游戏的出现，是斯拉夫人的一种反映，也是与当时的自然生态环境和社会发展程度相适应的。

第二节 基辅罗斯时期的体育（9—11世纪）

公元8世纪至9世纪，东斯拉夫部落经历了一段氏族制度急剧变化的时期，在这一时期内，氏族制度开始瓦解，氏族内逐渐形成了一种公社组织，这种组织是由无血缘关系但有共同地域的一些个别家族互相结合起来的。从公社成员中逐渐

---

❶ 在"母鸡"一词中，保存了母系氏族时代的社会概念。根据俄罗斯民谣叙事诗推测，"禁止越界"一词，起初是表示"祖先"的意思，后来演变为战士、商人、压迫者等。参见：诺沃谢洛夫. 苏联体育史：第1卷［M］. 赵息黄，等，译. 北京：人民体育出版社，1957.

分化出了上层贵族长老，在这些长老中，又产生出了一些王公，他们是由公社成员组成的军队的统帅者。9世纪至10世纪初这段时期，是军事民主制向封建制过渡的时期，在从北到南（从白海到黑海）、从西到东（从布格河到伏尔加河）的辽阔土地上，基辅公爵统治了大部分斯拉夫部落和其他部落，在基辅地区周围建立了由东斯拉夫人联合组成的国家——基辅罗斯[1]。

一、基辅罗斯的社会发展情况

基辅罗斯国家建立后，直到12世纪公国分裂开始封建格局时期，其社会发展大致经历了这样几个阶段：

第一阶段（9世纪后半期—11世纪初）是以第聂伯河中游城市基辅为中心的古罗斯国家的形成时期，巡行索贡和征战贸易是这一时期主要的经济政治活动方式，在这一阶段的后半期，基辅罗斯在文化上受到基督教的影响并接受了基督教文化。6世纪之前，东斯拉夫人处于氏族社会阶段，血缘相近的氏族结合成部落，选举酋长为首，一切重大事情由部落会议决定。随着氏族制度逐渐解体，家庭成为独立的生产单位。若干大家族按地域关系结合成农村公社，村社内的森林、牧场、水源、土地等为全社公有。耕地则按家庭分配使用，起初耕地分配只是暂时性的，后来份地逐渐固定，成为家庭的私有财产，逐渐出现贫富分化现象。部落长老和酋长往往利用职权取得较多较好的土地，在战争中获得大量战利品，把俘虏变为家奴，由此富裕起来，渐渐形成部落贵族。富裕的酋长利用财富豢养亲兵，逐渐独揽部落大权，职位由选举变为世袭。势力强大的酋长征服邻近各部落，号称王公。9世纪初，东斯拉夫部落开始形成了一些部落联盟。9世纪中期，东斯拉夫部落间争斗不息，最后决定邀请勇猛善战的瓦里亚基人（斯堪的那维亚半岛的日耳曼部落诺曼人）首领留里克到诺夫哥罗德平息争端。公元862年，留里克率领亲兵赶来平息了动乱，担任了诺夫哥罗德公国王公。留里克

---

[1] 基辅罗斯（Kiev Russ），9—12世纪在东欧平原上建立的以基辅为首都的早期封建国家，又称古罗斯、罗斯国。她的基础是波利亚人部落9世纪末，这些部落以基辅为中心，结成一个大公国，称"基辅罗斯"，这是最早的俄罗斯国家，当时是一个南至基辅、北到拉多加湖、西从普斯科夫、东到木罗姆的一个东欧内陆小国，是俄罗斯、白俄罗斯、乌克兰三大民族（国家）的共同渊源。

死后，其继承者奥列格率兵于882年沿水路南下征服基辅，并将统治中心由诺夫哥罗德迁至基辅，建立了基辅罗斯公国。基辅罗斯征服了周围各部落，包括波利安人、伊尔门湖地区斯拉夫人、拉季米奇人和克里维奇人，其统治者开始称为大公。外来的留里克王朝并没有改变东斯拉夫人原有的生产和生活方式，自己反而渐渐被同化，在血统上与东斯拉夫人相融合，并接受其语言、文化和生活习惯，成为斯拉夫化的本地王朝。留里克王朝初期，大公向各部落征收赋税，实行巡行索贡制。每年初冬时节，王公们率领亲兵队四处巡行，向居民们征收粮食、毛皮、蜂蜜、蜂蜡等物品，次年春天再运往君士坦丁堡出售，换取纺织品、酒、水果等物品。为了扩大领土，控制通往黑海的商路，基辅罗斯建国后不断进行对外战争。公元907年，奥列格率2000艘战船远征拜占庭，迫使拜占庭订立和约，缴纳96万格里夫纳贡银，并使罗斯商人获得免缴贸易税的权利。斯维雅托斯拉夫（公元969—972年在位）统治时期，罗斯的疆土不断扩大，先后征服伏尔加河中下游及北高加索，打通了通往东方的道路，后又联合拜占庭，打败保加利亚，将领土扩张至多瑙河口。弗拉基米尔（公元980—1015年在位）继位后又兼并了加利支。公元988年，弗拉基米尔娶拜占庭公主安娜为妻，并宣布接受基督教（东正教）为国教，强令基辅臣民接受洗礼，在罗斯建立大主教区，大量兴修教堂和寺院。

第二阶段（公元11世纪前半期）封建关系出现，与草原游牧民族佩切涅格人的斗争取得胜利，对外贸易昌盛，这是古罗斯的繁荣时期；10至11世纪时，基辅罗斯的生产力有了新的发展：铁犁得到改进，可以进行深耕；休耕制盛行，出现二圃制和三圃制；农作物的种类增加；不少森林被开发为牧场。生产水平的提高加速了村社农民的分化。少数富户兼并了破产农民的土地，丧失土地的农民则逐渐沦为依附农民。从10世纪中叶起，王公贵族开始夺取村社的土地，建立大庄园，以征收租税的办法代替索贡巡行。教会也通过获取捐赠和兼并农民土地，获得大片地产。封建生产关系开始形成。到11世纪时，罗斯约有80多个城镇。手工业得到很大发展，对外贸易也相当发达。大城市中已经有了各种各样的手工行业，形成地方经济中心。但是社会分工还不固定，自然经济仍居于优势。智者雅罗斯拉夫（公元1019—1054年在位）统治时期，通过立法进一步巩固已形成的封建关系。教会也宣扬"君权神授"的思想以神化封建统治。基辅罗斯封建制度至此确立起来。基辅罗斯是中世纪欧洲最大的国家，它与东西方许多国家建立了通商关系，以通婚等方式与波兰、法国、匈牙利、挪威等国王朝建立了广泛的政治联系。基辅作为罗斯的行政和宗教中心，建有富丽堂皇的王宫、都主教宫殿和索菲亚大教堂等建筑，其规模与华丽，可以和君士坦丁堡相媲美。

第三阶段（公元11世纪后半期）封建关系发展，古罗斯出现衰落迹象：随着封建关系的确立，封建大贵族势力不断增长，他们统治着大片领地和农民，拥有自己的武装，力图摆脱基辅大公的控制；被基辅征服的王公，也图谋恢复独立。1054年雅罗斯拉夫死后不久，罗斯分裂为若干小国，各据一方，彼此混战达几十年。南方草原的突厥游牧部落波洛伏齐人乘机入侵。战争频繁，荒歉相继，加速了人民的破产。封建主和富商的重重盘剥激起了人民的起义反抗。

基辅罗斯由于地处草原（田野）地带，经常要抵御游牧部落的入侵，波利亚人早于其他东斯拉夫部落，建立了自己的集中训练体系和一支固定的实际上是专业的队伍，作为大贵族和小公爵的侍卫队。基辅与大诺夫哥罗德的统一起到特别的作用，具有重要的政治和战略意义，俄罗斯国家开始形成。基辅所在的第聂伯河中部地区，从黑海沿岸作为古希腊殖民地时起就是古代文明地区。

从9世纪至12世纪中期，古俄罗斯国家以基辅为都城进行统治，基辅是当时欧洲最大和最文明的国家之一。弗拉基米尔大公（978—1015年）和他的儿子智者雅罗斯拉夫（1019—1054年）统治时期，古罗斯公国达到强盛和繁荣的巅峰。一位外国见证者称基辅为"俄罗斯的重要点缀，是第二个君士坦丁堡"。Н·М·卡拉蒙热曾这样描述过基辅，"宜人的气候，丰富的自然物产，通航的第聂伯河，便利的交通，繁荣的商业，与各富国交战的便利条件，这些使基辅成为俄罗斯城市之母！"[1]这的确是当时基辅的真实写照。优厚的自然条件和地缘关系，使基辅公国在当时拥有较为丰富的物质财富和精神文化。在当时整个欧洲和东方物质文化发达国家中，基辅罗斯超过了英国、法国、意大利和德国，仅次于拜占庭，手工业锻造、制陶、珠宝雕饰、兽骨雕刻手艺成就突出，甚至出现了瓷器和玻璃。

在古俄罗斯国家社会经济发展中，对外贸易具有重要的作用和意义，它是基辅公爵政治的重要组成部分之一。对外贸易的对象主要是黑海沿岸希腊殖民地、

---

[1] Н·М·卡拉蒙热.俄罗斯国家史［M］.莫斯科：莫斯科出版社，2002：45.

拜占庭和北方国家诸如挪威、瑞典等友好邻邦。频繁的贸易促使基辅罗斯社会经济、精神文化得到进一步的发展。在精神文化方面，基辅罗斯于988年在多神教国家里引入基督教作为国家宗教，基督教的确立起到了积极的意义，"绝佳的创世纪概念、最好的生活准则、毫无疑问最佳的道德、最有益和美妙的人类发明，所有这些都归功于基督教"❶。基辅罗斯从一个多神教的氏族部落社会逐渐转变为文明、更高等级的封建社会。与此同时，确立斯拉夫和俄罗斯字母为文字书写字母。这两个重大事件对后来俄罗斯文化的发展具有历史性的意义，完成了基辅罗斯整个文化包括体育的变革，新的思想意识和道德观念由此产生，由多神教到基督教的过渡，是一种思想教育，是基辅罗斯自身发展，走向世界的必要措施和步骤，同时也开始了"俄罗斯的国民教育"❷。

国民教育的最初实施，得益于基督教教堂的兴建，在基辅和其他城市，以及后来在一些大型村镇都建有非常好的教堂，教堂的修建促进建筑和绘画的快速发展。教堂里建有图书室，教堂不仅是礼拜的场所，也是文化中心。教堂礼拜起到了促进知识普及的作用。为了配合这种知识的普及与传播，基辅罗斯在10世纪末就十分关注教育问题，不但为封建贵族子弟开办了学校，而且还创建了图书馆，公民的识字率和文化程度有了不同程度的提升。

教堂代表索菲亚教堂，因其规模宏伟、建筑形式完善、建筑结构匀称、音响效果出色、镶嵌奢华和壁画优美而闻名世界，值得注意的是，教堂墙壁上布满了贵族题材的壁画，其壁画题材和对象包括了狩猎、角斗、流浪艺人舞蹈、技巧运动员体操等。在严肃的教堂里出现了有关体育的壁画，这表明各种体育运动在当时的基辅罗斯就已经广泛普及了，否则，类似这样的壁画就不会出现在国家级的重要教堂里。同时，我们还可以推断，当时的教会并不反对民间游戏和体育活动。这在一定程度上鼓励和推进了民间游戏和体育活动。基督教确立之前的古老多神教"歌舞会"的一些元素以各种类型的冬节、迎春节、"收割祭礼""收割后的庆祝"等节日保存下来，这些节日后来被基督教教会所利用，作为一种文化的传承。流浪的演员艺人、舞者、木偶戏演员、技巧运动

---

❶ Н·М·卡拉蒙热. 俄罗斯国家史[M]. 莫斯科：莫斯科出版社，2002：40.
❷ 同❶：86.

员、流浪乐师、古斯里琴弹唱者和其他音乐家从一个城市流浪到另一个城市，从一个乡村流浪到另一个乡村，伴有歌唱、游戏和舞蹈的民间游戏和典礼于是就成为罗斯戏剧演出的开端❶。

这一时期的文化进一步得到了发展，书籍出版业有了重大变化，纸代替了羊皮纸，印刷厂代替了抄写员。在文化支撑下，包括民间体育在内的体育也得以继续发展，同时，逐渐形成了体育训练体系和民族体育训练体系。由于经常需要与侵入者对抗甚至征服他们，因此，在体育训练体系和民族体育训练体系中，俄罗斯人尤为看重军事身体训练。对孩子有针对性的训练纳入了体育训练体系和民族体育训练体系之中，接受教育孩子的数量相较以前也有了相应的增长。

二、基辅罗斯时期的体育

随着基辅罗斯各城市、各村落之间的联系逐渐扩大和加深，各种思想意识，包括体育活动经验和体育方法的交流不断加强。在这一时期里，体育教育和身体训练的主要手段是多种多样的、与劳动和战争活动有关的游戏身体训练。各类游戏十分普及，夏天玩的是骨头（如羊拐）、棍棒和球类活动性游戏，冬季的娱乐活动（主要在北方的大部分地区）则是滑雪橇、滑雪、"攻克雪堡"游戏。角斗、拳斗在各个地方普及，它吸引了来自所有社会层次的孩子和成年人。男孩们从童年开始，就要养成进行劳动和战争需要的能力和技巧，学习骑术、射箭、划船、游泳，青年们则常常进行赛跑、举重、游泳、赛马、滑雪、射箭、投掷标枪等竞赛，在成年人中流行的是斗耕牛游戏。

集体游戏中，摔跤、拳斗、击剑和捉迷藏十分普遍。在这些游戏和身体训练中，除各种各样的舞蹈和环圈舞外，有许多是与各种宗教仪式有关的、广为流行的民间竞赛的组成部分。这些民间竞赛和操练具有重要的教育意义，它们培养了青年们在劳动中所需要的熟练技巧、集体主义情感、主动性并发挥了他们的机智能力，促使他们在生产实践中所直接获得的一些技巧与技能更加趋于完善。而妇女们的环圈舞游戏和男人们的舞蹈，都是与他们那种喜好运动、坚强执着的性格

---

❶ B·马甫诺金.古罗斯［M］.莫斯科：国家政治出版社，1946：288.

相符合的。民间形式的体育有利于民众的体能训练，以便他们养成强壮的体魄、坚强的意志，成为保卫斯拉夫领土的主力军。

9世纪初，基辅罗斯公国出现了亲兵的专门军事组织。亲兵是王公的私人军队，它的出现，标志着斯拉夫人的社会阶级分化的加强、王公权利的巩固和社会压迫的加重。到基辅国家正式形成的时候，王公的亲兵已经成为完备的军队组织了，他们主要由三类人组成：

第一类是由王公顾问和"贵族谋士"等人组成的"上级"亲兵，这些人被委以管理公国的最重要的职权。"贵族谋士"出身于氏族长老，有一部分是出身于王公的私人亲兵。这些占有土地的新贵族逐渐将公社自由成员变为农奴，使他们陷于封建隶属关系之中。第二类是由儿童、少年和青年组成的"下级"亲兵，他们经常侍候在王公左右，住在宫廷内，作为侍从和仆役，并因此而获得武器、财物、衣服、一部分战争虏获物及王公所征收的贡税。第三类由"勇士"组成。在基辅罗斯强盛时期，他们是王公亲兵的基本力量。由于来自下层民间，因此与普通民众保持了密切的联系，受到了他们的尊敬和热爱。勇士们主要通过摔跤、赛马、游泳、射箭投掷和滑雪等运动来进行身体训练❶。

基辅罗斯国家在由基辅大公领导期间，要求军事管理人员熟练掌握各种武器的使用，拥有实战技能，更要熟练掌握骑术、游泳、划船等技能。军事训练已不再像古斯拉夫人那样是无序的，而是要求聚在自己的旗帜周围，吹响号角，紧密有序地列队，骑兵和护卫队保证队伍的安全。这样的战术要求对士兵进行专门训练。训练时，"他们到空旷的田野上做军事游戏：学习齐心协力地快速进攻和得以制胜的协调运动；为保护自己，穿上沉重的铠甲，戴上头箍和高高的头盔。剑是双面锋利的剑，矛和箭是他们的武器"❷。军队的出现和军事行为渐渐催生了壮士民谣和壮士歌，壮士民谣和壮士歌大都讲述守卫祖国国土、扶助弱小的壮士的故事，壮士是底层人民喜爱的英雄。壮士民谣和壮士歌中描写了壮士的一些娱乐活动，通过这些娱乐活动，我们大体可以了解当时古罗斯军事身体训练的方法和特点。此外，壮士民谣和壮士歌中还提到了壮士们用马刀和矛对打、交换棒

---

❶ 诺沃谢洛夫.苏联体育史：第1卷［M］.赵息黄，等，译.北京：人民体育出版社，1957：21.
❷ H·M·卡拉蒙热.俄罗斯国家史［M］.莫斯科：莫斯科出版社，2002：80.

击、狩猎等活动。壮士民谣和壮士歌为其后的俄罗斯历史民谣奠定了基础,俄罗斯历史民谣就是在壮士民谣和壮士歌的基础上逐渐演变而成的。

由于草原上时常有游牧民族骑兵的侵袭,因此基辅罗斯的军民不得不加强防卫,因此那种能养成适当体力和战斗技巧的马队游戏自然也就广泛地流行着。起源于军事民主制时期的赛马和民间骑士的战斗传统,在10世纪至11世纪很长时期内都还在基辅罗斯保存着。普通民众只有掌握了在马队中骑马的技术时,才能要求王公给予马匹和武器。诸如拳斗、击剑、带有快跑成分的集体游戏等民间竞赛游戏,曾广泛地被用来作为亲兵军事训练的手段。在拳斗和击剑中及亲兵在战斗中曾采用了组成三角队形、利用后备队、侧面攻击等战术,拳斗和击剑的战术是古代斯拉夫步兵战术的沿袭。10世纪时,亲兵曾采用全面涌入的密集队形即行列进行战斗,并组织有后备队——"预备先锋队"。王公亲兵的这种阵势与军事民主制时代斯拉夫部落亲兵的阵势相似。因此,这些游戏在基辅罗斯不仅成为增强亲兵体力的手段,而且也成为战术训练的手段。同时,在这些游戏中,还教授如何进行肉搏战和如何运用短刀利刃。在战斗中,为了防卫自己不受短刀利刃的伤害而常常采用一些交手战的基本动作,因此,交手战也就成为武装斗争中的不可缺少的一部分。

具有军事实用意义的划船是亲兵的体育教育中的重要内容,亲兵远征时就曾广泛采用划船。在9世纪至10世纪期间,这样的远征十分频繁。比如,在10世纪前半期基辅罗斯曾向里海西岸进行了两次大规模的海上远征,对拜占庭也进行了两次远征。当时远征的船只已达数千艘,每只船最大可容纳100人❶。 在此期间,狩猎在基辅罗斯人的体力锻炼中也曾起了很大的作用,狩猎游戏由此也发展了起来。

第三节 封建割据时期的体育(12—14世纪)

在封建关系建立之前的基辅公国,公社成员和逐渐受土地占有者奴役的农业居民的生产劳动构成了当时社会的基础。11世纪后半期,基辅罗斯建立起了比较

---

❶诺沃谢洛夫.苏联体育史:第1卷[M].赵息黄,等,译.北京:人民体育出版社,1957:22.

稳固的封建关系，在封建生产方式下，农民的隶属关系被公国的法律明确地固定了下来❶。

12世纪初，随着基辅公国国内多个地方性封建中心的发展，公国内战加剧，加上草原游牧民族侵扰，统一的基辅罗斯开始瓦解，基辅公国随后分裂为基辅、斯摩棱斯克、梁赞、诺夫哥罗德、罗斯托夫-苏茨达尔等十多个公国。由于大封建土地占有制的发展，执行自己政策的各个城市和各个经济中心地区政治作用的加强，基辅国家的统治力遭到了严重削弱，由此开始了封建分裂时期。这些分裂而成的公国最初在名义上承认基辅大公为宗主，后来则完全独立，基辅国家由此彻底解体。13世纪各公国之间不断混战，时有分合，无力抵御外敌。波洛伏齐人乘机入侵，几乎未遭到任何抵抗，便占领和破坏了基辅城。南部土地荒芜，商业随之衰落。大批农民逃往东北部奥卡河和伏尔加河一带。基辅失去了以往在罗斯政治和经济上的中心地位。金帐汗国制（1243—1502年，1237年蒙古人成吉思汗的孙子拔都占领伏尔加河下游，建立金帐汗国，直至16世纪初斯拉夫人摆脱蒙古统治）持续了二百多年（1240—1480年），期间均要向俄罗斯公爵征收贡赋，这给俄罗斯国家经济和文化发展造成了不小的影响，使得老百姓生活艰辛，处境困难，于是农民对封建主的依附逐渐加强，农奴制逐步得以实现并逐渐稳定下来。

新的社会阶级关系决定了包括体育训练和体育制度在内的体育发展，体育训练的目的主要在于与自己的对手对抗时能占有优势。

一、民间体育

在民间体育方面，这一时期，斯拉夫人中间广泛流行"民间竞赛"，这些"民间竞赛"曾对俄罗斯体育的进一步发展，起到了重要作用。"民间竞赛"带有明显的群众性质。参加"民间竞赛"的人很多，在斯拉夫人的各个居住地都有大量民众参加这种民间性质的竞赛，尤其是青少年。民间竞赛常常是在物品交易、审讯犯人的地方举行，或者是在村落之间道路的交汇点举行。民间竞赛形式

---

❶ 11世纪基辅公国颁布了《雅罗斯拉维奇真理》，12世纪初颁布了《法典详解》。

丰富多样，主要有"互相推挤""玩趾骨"、跑、跳跃、掷准、游泳、滑雪、攀登、爬行和障碍克服等，并采用球、棍、杆子、曲棍、高跷和动物趾骨等各种运动用具。其中，"互相推挤"游戏的目的在于训练身体战胜对手，这一游戏在民间竞赛中占有重要地位；趾骨游戏有各种不同的玩法，最流行的一种是将趾骨摆放在较宽的道路上，然后用箭射击，参加人数一般不受限制，游戏用的趾骨主要是羊趾骨及其青铜仿制品。属于以前基辅州涅夫县的契尔尼格夫区的"古里必舍"古墓和雅布洛诺夫区的古墓的考古发掘，表明在基辅国家时期及更晚时期，曾广泛流行过诸如"玩趾骨"之类的民间游戏[1]。

大量竞赛性游戏的举行，能够帮助参与者逐渐掌握各种运动技巧，这些运动技巧在诸如拳斗、摔跤和击剑比赛中的成功运用，使得获胜者有一种自豪感和成就感，因为这些比赛项目在体能和意志方面都需要超出常规的能量。为了参加这些项目，参赛者往往需要经过多方面的身体训练。"没有斗士和武士，也就没有王冠""只有斗拳的武士，才是呱呱叫的青年"等古代俄罗斯的民间谚语，就是这一情况的形象反映。民间游戏和身体训练具有一套不成文的民间规则和道德法规，有的形成了一整套规则，条文多达数十条。

在民间竞赛性游戏中，拳斗和摔跤是最为流行的两种形式。

早在10世纪，斯拉夫人就有了拳斗，拳斗从游戏发展而来，是古代游戏的必要组成部分，同时也是古罗斯人身体训练的民间群众形式。随着时间的推移，拳斗风俗在西斯拉夫人和南斯拉夫人中逐渐消失了，但却在东斯拉夫人中得以保留并形成一种运动项目。为什么其他斯拉夫部落都消失了拳斗风俗，只有古俄罗斯保存了下来呢？许多历史学家将保持传统与古诺夫戈罗德的特殊社会生活条件联系起来进行解释，认为存在以下三个因素：首先，城市被划分开来，它们之间有很多对立的社会利益，并相互对峙；其次，掌权的公爵逐渐清除了俄罗斯城市中具有长久生命力的市民大会；最后，在外族或外来入侵者的斗争中通常使用拳斗。

拳斗规则经历了很长时间才最终确定下来。拳斗是赤手搏斗，不带任何武器，开始时可以用脚助攻甚至用脚踢，后来连脚踢和用脚助攻都被禁止了。不同的地方拳斗规则有所不同，但在整个俄罗斯地区逐渐形成了统一的标准，拳斗规

---

[1] 诺沃谢洛夫.苏联体育史：第1卷[M].赵息黄,等,译.北京：人民体育出版社,1957：24.

则得以完善，总共有约20条拳斗规则，主要是用于培养拳斗手的勇气、诚实和道德等品质，如"开始时不要把手藏在手套里""面对面打，胸对胸打""不准转到对面去""不打躺下的人""不碰蹲下的人""不准骂人，不下绊子"。在这些规则中，有的规则要求按照年龄划分拳斗手，依次是少年、青年和成年（25岁以上），许多有经验的中年拳斗手（父辈）则属于后备队中。这样划分的目的是保证比赛的公平性和可比赛性，比如，拳斗一方的成年斗手无权和另一方的少年及青年斗手角斗。

在所有拳斗规则中，有两条规则非常重要并被严格地遵守，即"不打倒下的人"和"不碰蹲下的人"，体现出人文主义情怀。按照这两个规则，拳斗中的任何一方如果被打倒在地，或因被打得很厉害蹲下后，谁也不会再碰他。如果有拳斗手不遵守这一规则，就会受到毫不留情的处罚，以示惩戒，甚至会遭到大家的痛打，这样做的目的是为了使在打斗中"禁止打击"这条共识成为通用规则。虽然拳斗手们接受、适应这条规则并养成自觉意识花了不少时间，但这条规则后来成为惯例，甚至成为俗词俚语："打斗不是打架，如果打架，就会被囚禁"。这些竞赛性游戏规则的提出与严格要求遵照执行，反映了当时民间社会的一种观念意识，即只有在平等和正直的斗争条件下所取得的胜利，才算是真正的合法的胜利。

遵守规则，依照当时流行的说法，就是"斗力"，所谓"斗力"，不但是指体力、体能上的角斗，同时也是指在坚强、勇敢、正直等品质和精神方面的较量。民间谚语"不要专作那个打倒别人的力士，而要作一个善于摆脱困难的力士""力士当然是力士，但敏捷和技巧是不可缺少的""要争斗，不要吵架，如果你吵架，你就会被包围"等恰当地指明了这一特征。斗士是要"在平等和正直的斗争中"战胜对手或敌人。英雄的力量不仅在于他有非凡的体力，而且在于他所从事的斗争是正义的，亦即他是保卫者和代表着自己的部落或民族的。这些反映在竞赛性游戏中的民间谚语，具有十足的教育意义。同时，参加游戏的人在游戏过程中培养起了主动执行和自觉的纪律性，发展了身体素质和训练了果断的行动能力，并且形成和改进了诸如勇敢、刚毅、顽强等性格特征。拳斗打斗的时间视参战双方实力情况而定，但大部分的拳斗都是势均力敌的比赛，持续的时间往往很长。具体比赛时，拳斗分为双人拳斗和组与组之间的拳斗。在随后的历史发展中，拳斗以其独特的形式，在俄罗斯民间体育训练中占据着显要的位置。拳斗表现出来的是俄罗斯人对力量、耐力和灵巧比赛的追求。

但正如前面所述,拳斗不仅仅是体育发展的一种方式,拳斗还可以培养起人的诸如坚定、勇敢、顽强、追求目标的坚忍不拔、对胜利的热烈渴求,以及友谊和友好等道德品质。同民间游戏和歌舞一样,角斗是男人生活方式的一部分,是一种独特的地域文化和民族现象,它所表现出来的是剽悍和勇猛。拳斗不仅仅是一种个人爱好,它还是民间传统,对于俄罗斯人来说,拳斗更是在战争环境下产生的运动体系不可分割的一部分。据有关史料记载,在13至15世纪上半叶这一时期内,俄罗斯人同鞑靼人、立陶宛人、波兰人、德国骑士、瑞典人、匈牙利人、保加利亚人等进行了大约160场战争,18世纪的战争更是持续了60年。在这些战争中,拳斗是俄罗斯人打击敌人的重要手段,也是他们身体训练的主要内容,是他们类似军事训练的方式之一。据说13世纪基辅公爵姆斯季斯拉夫四世战前曾询问他的诺夫哥罗德士兵,问他们如何参战,是步行还是骑马,那些诺夫哥罗德士兵们这样回答他们的公爵:"我们不骑马,按祖先的惯例,我们步行并用拳头参战"❶。从古罗斯开始,在俄罗斯与对手的交战记录中,俄罗斯军队与对方肉搏战时往往显得本领超群,在多数交战中都取得了相应的胜利。在战争时期,具备相应的拳斗经验的成批的拳击队员参与到打击对手的战斗中,就更加增添了取胜的砝码。

拳斗虽然在战争中有用武之地,但更多的时候是一种民众的体育运动方式,它所制定的规则及其由此涵养的规则意识为发展其他类似运动诸如摔跤等提供了基础和条件。

与拳斗一样,摔跤在当时也非常流行和普及,其程度不亚于拳斗。摔跤最初是壮士们的一种娱乐活动,摔跤的任务是把对手摔到在地上。俄罗斯历史上第一个摔跤角斗图画大概出现在1197年,在弗拉基米尔的季米特洛夫教堂里不少雕刻纪念碑的白色石头上,绘有反映战斗场景的浮雕。体育研究专家在对这些浮雕做了细致的研究和分析后认为,浮雕上出现的某些打斗动作,就是今天所谓摔跤运动的前身,彼时已经出现了诸如关于"搂抱"和"腰部"的动作,

---

❶ Б·Р·戈洛夏波夫. 俄国体育运动史[M]. 莫斯科:"科学院"出版中心,2010:17.

且禁止用脚助攻。

除此之外，骑术、游泳、投掷等活动，以及滑雪、划船、赛跑、击剑、攀爬、滑冰，以及带有辅助器材的游戏，如球类、曲棍、杆、高跷等，都是当时开展得较为普及的活动。前面提到的"歌舞会"继续在民间体育中扮演重要角色位置。举凡城市和乡村，普通民众都喜欢愉快的游戏，他们常常围成圆圈，在流浪艺人的带动下唱歌、跳舞、进行各种比赛性质的操练。

除民间游戏外，叙事诗也对这一时期的体育有所反映。叙事诗中所描写的勇士，不仅是顽强勇敢的展示，而且也是和平的劳动者。勇士密库拉·谢梁尼诺维奇是一个种田的农民，王公伏列格和他的亲兵没有他就无法消磨日子，他在与王公的角斗和"马赛"中总是常胜者。有的勇士除了战斗，还要劳动，伊里亚·穆罗威茨就是这样的一个勇士，他的一生不只在军事远征和战斗中度过，还在田地里劳动，从事各种农活。勇士们在劳动活动中和在各种民间竞赛性游戏中所获得的技巧和体力，能够帮助他们与对手或敌人进行角斗。《伊戈尔公远征记》曾这样描述过远征的军队，"那些本来没有盾牌而只带着小刀的军队，以喊声战胜了敌人，继承了他们祖先的军队的光荣"。而尼康编年史提到的有关1216年事件时这样描述兵士，"诺夫戈罗德人、普斯哥夫人和斯莫林斯克人，在战斗中都是非常勇敢的男子和伟大的斗士，他们像是凶猛的狮子和大熊一样，对自己的伤痛是从不会理会的"。在抵抗蒙古人的侵略时，斯拉夫战士表现出了坚强体力和顽强意志，为最终战胜蒙古人起到了重要作用。俄罗斯编年史中保存着不少人民英雄的故事，他们勇猛刚毅、机智灵巧，带领兵士以少胜多，很顽强地对蒙古人的侵略进行了抵制和反抗[1]。斯拉夫勇士和英雄们所表现出来的超强体能和坚强的意志力，是与他们长期的身体训练和体育传统分不开的，这样的传统是一个民族物质和精神文明不可缺少的一部分。同时，斯拉夫人又很好地沿袭、保存了自己的体育传统。比如，因1209年德国人所提出的"诺夫戈罗德与德国城市和戈特兰德的协定"草案中有一条要求在德国商人居住的诺夫戈罗德地方禁止进行比拳和斗剑，诺夫戈罗德人便拒绝签订这样的协定，直到1270年去掉了这一条款，草案才得以签订。

---

[1] 诺沃谢洛夫.苏联体育史：第1卷 [M].赵息黄，等，译.北京：人民体育出版社，1957：28.

斯拉夫为了纪念自己的战士们所立下的英雄功绩,常常在一些曾经进行过历史性会展的地方举行竞赛性游戏,这种风俗一直保存了下来,直到18世纪末、19世纪初俄罗斯都还有这种风俗。比如,在过去雅罗斯拉夫的莫洛哥县境内的坡克罗夫村,每到冬季,人们就在结冰的河面上举行拳斗比赛,因为根据民间传说,当年斯拉夫的勇士们曾在这里与鞑靼大军进行过会战。同样,在奥勒尔的里夫拉市,保存有燃烧篝火和举行环圈舞、摔跤和拳斗的传统风俗,之所以在这里举行,因为根据传说,这里曾经埋葬过与鞑靼人战斗而牺牲的斯拉夫战士。

斯拉夫人一方面要抵抗外族的侵扰保卫自己的家园,另一方面又要进行生产劳动以获得生存的机会,两方面使得他们在身体和精神上获得了训练,而在体育组织的一些形式中,也表现出了体育教育和生产劳动的联系。民间体育中的民间竞赛游戏,作为与生产劳动相伴随的一种交流手段、团结自己的队友及与敌人斗争的一种方式,促进了斯拉夫人的身体训练,丰富了体育教育经验。

二、军事身体训练

由于贵族、大地主出身的兵士开始在政治上和军队中占据优势,使得此前所形成的民众军事体育制度逐渐变成了封建贵族的军事身体训练,并逐步形成了军事体育训练制度。训练内容在原来的基础上有所增加,增加的新内容主要包括狩猎、围猎活动,赛马、捉鸟比赛,象棋、跳棋和骰子等游戏,这些活动、比赛与游戏主要在当时王公宫廷中流行,参加者也主要是王公贵族及其身边的随从人员。

弗·莫诺马赫根据基辅国家以前的经验,企图加强封建主的体育教育。"莫诺马赫的教训"作为王公遗嘱,具有历史文献价值,反映了当时斯拉夫人的体育知识。弗·莫诺马赫以自己亲身经历为例,讲述了他怎样亲自参加狩猎的情形:他用双手捉住野马,两只野牛摇动着角触他,麋鹿用脚来踏他,野猪从他身旁扯掉了剑,熊咬他,凶猛的野兽向他跳起来并将他和马一起推到了[1]。在遗嘱中,

---

[1] 诺沃谢洛夫.苏联体育史:第1卷[M].赵息黄,等,译.北京:人民体育出版社,1957:26.

弗·莫诺马赫列举了自己作为王公每天的工作，并将狩猎和骑马看作是最重要的事情。在这位王公的遗嘱中，还提到了当时业已形成的体育教育手段，嘱咐其子女成为刚勇的人，不怕战斗和野兽，创造"刚毅的事业"，只有这样才能避免在战斗中或遇到野兽时所发生的危险。

这时期，基辅王公们已经对训练骑兵的赛马发生了很大的兴趣。俄罗斯编年史曾记载有王公贵族常常举行的赛马比赛，参赛者能熟练地驾驶四匹马的车辆。基辅索菲亚教堂内的壁画鲜明地表现了当时的狩猎竞赛和军事竞赛的情形。到弗拉基米尔统治时期，在基辅出现了四马并列的两轮马车，索菲亚教堂壁画对此有所反映。

虽然带有重武装的武士骑兵已成为这一时期的基本兵种，但众多的封建俄罗斯军民，却仍然是保卫领地的主力军，所以俄罗斯的王公们不得不考虑必须吸收广大民众进入军队保卫领地，因而斯拉夫民众体育传统及其生活方式还存在于军事体育中。比如，军队中兵士的体育训练继续采用长距离跑、拳斗、爬树、爬杆等作为发展体力的手段。随着封建关系的发展，军事组织和封建主的军事身体训练组织也相应地得到了改造，王公亲兵的体育教育制度开始带有明显的阶级色彩。王公封建贵族的军事训练组织与身体训练组织，曾被视为保证军事胜利的手段。例如，在古代俄国关于拔都侵袭梁赞（1237年）的小说中，曾谈到契尔尼格夫王公斯维雅托斯拉夫·奥列格维奇的子孙"极为勇猛，达到王公所爱好的程度，非常精通战争艺术"[1]。在依帕契耶夫编年史及其他一些编年史中，曾记载有贵族的军事竞技——"马上比武"情况。比如，伏林尼亚土地的王公瓦西里克·罗曼诺维奇与一个俄罗斯大贵族进行的马上比武，以及罗斯基斯基拉夫王公与匈牙利的骑士（1245年）所进行的马上比武等。在加利支罗斯，伏林尼亚地域的贵族青年曾被波兰国王波列斯拉夫授予骑士称号。

三、民族体育发展

在封建割据时期斯拉夫人体育发展的同时，其他地区和民族的体育也获得

---

[1] 诺沃谢洛夫.苏联体育史：第1卷［M］.赵息黄，等，译.北京：人民体育出版社，1957：27.

了一定的发展，在伏尔加河流域、乌拉尔高加索、库班、波罗的海沿岸等地区的民族中，都形成了自己特有的体育形式和活动，其中，外高加索地区和格鲁吉亚的体育发展具有一定的代表性。11世纪时，外高加索经常遭受到周围游牧民族的侵袭，各国的封建割据局面和封建主之间连年不断的内战，削弱了他们抵制游牧民族的力量，也在一定程度上影响了文化包括体育的发展。但在与外敌的长期对抗中，外高加索地区的各族人民锻炼了体能、磨练了意志，形成了作战技巧。

在封建主以发展身体为目的而从事狩猎和竞赛性游戏的同时，民众通常进行拳斗、摔跤、击剑、舞蹈、球戏及徒步队形的集体游戏活动。群众性的游戏曾在民族民间广泛地流行着，每逢盛大的民间节庆，都要举行摔跤、赛马、马术及马球一类的游戏。当时还流行拳斗、只手拳斗、运用小圆形盾牌的特种击剑、以投石器和木制军刀进行的战斗游戏及双人摔跤游戏等多种游戏运动。其中的只手拳斗可以集体进行也可以两人进行，根据游戏规则，在这种拳斗中禁止同时使用双手，只许使用一只手。除集体游戏之外，各种单项游戏活动也非常流行。

这一时期的俄罗斯民族，都创造和形成了各种进行身体训练的方式、方法和手段，他们特有的体育教育形式和体育教育制度都曾得到发展且日趋完善，并代代相传，沿袭了下来，共同构成了俄罗斯民族的体育风貌。

第三章
15—19世纪上半叶的体育

随着俄罗斯文化进一步发展,体育训练体系逐步形成,这一时期在体育领域引起广泛关注的是较为普及的拳斗,以及再后来普及程度不亚于拳斗的摔跤。在不同年龄的俄罗斯人中同时还普及骑术、游泳、滑雪、赛跑、投掷石头、击剑、攀爬、划船、滑冰及带有辅助器材的游戏,比如曲棍、球类、高跷等。

较之广泛开展的民间体育活动，统治阶级和贵族的体育活动具有更加体系化的特点。在17世纪前，俄罗斯军队还没有进行定期的军事训练，士兵的军事身体训练是按照参军前进行的。17世纪初期，从军队统帅斯·舒伊斯基开始进行军事训练，以培养后备军。

这样，随着封建制的解体和中央集权制国家的形成，在经常受到战争威胁的复杂情况下，俄罗斯的国家体育体系在形成方面发生了新的变化。出现了各种各样的锻炼方式和项目，比如拳斗、摔跤、游泳、骑术、民间游戏等，同时还出现了滑雪滑冰类及高山雪橇等冬季体育项目。这些运动项目都接近人们的日常生活，成为俄罗斯人形成热爱劳动、保卫祖国品质的重要组成部分。

18世纪最初的25年，由于彼得一世的改革，俄罗斯发生了深刻的历史变革，由中世纪的罗斯变成为俄罗斯帝国。行政管理、军事事务及教育方面的改革深刻地影响了包括体育在内的俄罗斯社会生活的方方面面。彼得一世的继任者相继对他创建的军事训练体系做了根本的改变，使俄罗斯国家军队军事身体训练体系进一步发展。

这一时期，出现了诸如罗蒙诺索夫、普罗塔索夫、拉吉舍夫等一大批教育家、体育理论家和体育宣传家。他们在俄罗斯体育史、教育史和社会史领域中都占有重要地位。

第一节　中央集权国家时期的体育（15—17世纪）

在15至17世纪这段时期内，随着封建制解体和中央集权制国家的形成，在征战杀伐的复杂环境下，俄罗斯民间体育继续发展，出现了各种各样的锻炼方式和体操项目，诸如拳斗、摔跤、骑术、游泳、滑雪、滑冰、高山雪橇及民间游戏等，这些运动项目都是与人们的日常生活紧密相关，属于民间体育的重要组成部分，具有相对较高的发展水平。历经几个世纪逐渐形成的体育体系，构成了俄罗斯体育文化乃至民族文化的一部分，它帮助民众克服由于严酷的自然环境所带来的不利影响，减轻劳动强度，与征服者斗争，促进了体能、个性、道德意志、智力的完善。

一、民间体育活动

由于在13至15世纪的两百多年时间里，俄罗斯人民曾与外族入侵者进行了大大小小上百次的战斗，因此，这一时期的民间体育活动曾广泛采用军事和半军事性质的身体训练、民间游戏、娱乐和各种各样的锻炼方法。拳斗、摔跤、棍斗、骑马、射箭、游泳、互相追逐、跳过障碍物等活动在身体训练中占有十分重要的地位。比如骑马和射箭的训练，在俄罗斯人民与鞑靼人进行斗争的年代，都是必不可少的，因此在很长时期内，这些训练始终都是青年人体育训练的重要手段。滑雪和狩猎训练在体育活动中也占有显著的位置。滑雪在日常生活中、在劳动活动（狩猎）和军事中，都被广泛地运用。狩猎经常被看作是取得生活资料的补助手段，同时也是发展力量、勇敢和机智的体育教育手段。荡秋千、划船、滑冰、乘雪橇、做木桩戏、"攻取雪城"，以及其他一些游戏和练习，都曾广泛地流行过。一些民间游戏保存着不少带有过去宗教仪式和习俗特征的游戏，比如捉迷藏，在圣约翰节的夜晚跳过篝火，谢肉祭娱乐等。所有这些游戏，都是活动性的游戏，需要很大的灵敏性，少女们可与青年男子们同等地参加。各种竞赛都是按统一的规则进行的，在很多场合中，这些游戏的规则都是大同小异的，比如，当时全俄罗斯都流行一种"用脚碰触"的摔跤方法，这种方法就是在摔跤中对方用一只脚站住时，另一方可以用脚碰他的脚，以便使其失去立脚点❶。在很多时候，一个游戏在某一个地方产生后，就会随着社会发展和文化交流而流传到另一些地方去，最后就成为民间体育的手段和规则而在各地开展起来。

由于特殊的地理环境，俄罗斯人从小就习惯于忍受气候的变化和寒冷。儿童们不多穿衣服，习惯在温水浴后用冷水冲洗、用雪擦身和长时间地忍受严寒。长此以往变成了习惯，并且成为增进健康的有效手段。这些体育活动的手段和方法及由此形成的经验，便成为俄罗斯人的体育教育内容，其目的在于增强青年人的

---

❶诺沃谢洛夫.苏联体育史：第1卷［M］.赵息黄，等，译.北京：人民体育出版社，1957：36.

体力，促使他们养成强健的体魄、坚强的意志，培养忍受各种艰难困苦的能力，获得在劳动和军事中所必须掌握的一些实用技巧。在17世纪所发生的战争中，俄罗斯人表现了具有较高战斗力和良好的身体素质，这些都是体育训练和体育教育长期坚持所取得的效果。

其他地区和其他民族，民间体育活动也十分丰富和流行。在乌克兰地区，民间的各种身体训练，尤其是武器使用训练对于乌克兰人的身体训练和战斗能力，起到了重要作用。乌克兰的哥萨克人曾发展并改进了自己独特的体育教育，从童年开始他们就要学习骑马和掌握武器。此外，他们还有很多活动性的游戏和娱乐，在这些游戏和娱乐中需要表现出速度、力量和敏捷性，骑马、摔跤、拳斗、游泳、赛跑、划船等都是哥萨克人所爱好的体育活动。伏尔加河流域的一些部族，也有丰富的体育活动和良好的体育传统。骑马和射箭、带鹰打猎、系着腰带进行摔跤等都是这些民族日常的一些训练。在节庆的日子里，他们则进行赛马、摔跤和射箭比赛。射箭的目标是用钱系着奖品，箭端呈半月形，前端锐利，以便将钱射断。射箭具有相当的难度，要求射击者骑马奔跑并在马跳跃时进行射击。北方地区的一些民族，也流行射箭、滑雪和很多反映传统风俗习惯的活动性游戏。随着俄罗斯多民族国家的形成，不同地区和不同民族的民间体育活动彼此影响、互相流传开来，从而形成了丰富多彩的体育活动。

二、贵族阶层的体育

相比普通民众体育活动的随意性和民间性，贵族阶层的体育活动则具有一定的体系，他们经常举办各种娱乐活动和表演项目，但他们大都只作为观众存在，并不具体参加，比如观看人和熊的摔跤、技巧运动员、拳斗手或摔跤手的表演等。如果他们参加具体活动，则常常有专人指导，比如骑术、击剑、游泳等。有的活动虽然是主角，但需有一定的随从人员，如沙皇或公爵的狩猎就是一次特别完整的活动，一次狩猎有数十人参加。在各种狩猎中，以熊猎和鹰猎最为突出。贵族认为狩猎是有重大意义的，因此在狩猎上不惜花费很多时间和金钱。在沙皇宫廷附近甚至专门设立一个有猎马、猎犬、鸟类和武器等的"游乐园"。

射箭、狩猎、舞剑和骑马的方法属于军事操练的内容，并在军事操练中占有重要的地位。在这些操练方面，俄罗斯贵族早在17世纪前半期就开始模仿国外的做法，同时邀请外国人到俄罗斯进行表演和指导，并将相关的书籍文献翻译为俄文。

贵族青年的体育练习往往效仿民间体育，包括各种各样的活动性游戏，如滑雪橇、滑冰、荡秋千及其他一些民间操练。娱乐活动主要有"耍熊"、即与熊角斗，双人拳斗，技巧练习等。由于角斗往往带有某种危险性，所以贵族青年通常只是作为观众观看娱乐活动，他们本身并不亲自参加。所有为沙皇和贵族取乐的斗拳者、斗熊者和舞剑者，实际上都是从事本行职业的人，有时是一些希望得到报酬的农奴。

自16世纪中期开始，逐渐形成气候的罗斯军队承担起了封建主和贵族阶层保家卫国的职责。从小时候开始，他们就对孩子进行系列的军事训练，并为此制定、制作了专门的军事形式和与年龄相符的各类武器。孩子们从十一二岁起就开始军事娱乐活动，包括骑术和射箭，大人们要教会孩子们使用马刀、投枪、枪炮，还要教会他们使用火枪。同时进行各种游戏和娱乐活动：球类游戏、象棋、跳棋等。由于骑马在当时十分普及，兵种也主要是骑兵，因此骑术的掌握是训练的主要内容，于是与马有关的各类比赛逐渐流行并普及开来。

17世纪以前，俄罗斯军队尚未形成定期训练的习惯，士兵有关军事身体训练一般都是在参军前进行的。进入军队后，士兵们需要掌握骑术和使用武器的技能，这方面的训练由此大量展开，这和以前民间形式的体育训练所起到的重要作用一样。与骑兵、步兵、炮兵一样，滑雪队在部队中起到的作用同样不可忽视，据有关资料记载，15世纪中叶俄罗斯军队在抗击进攻梁赞的鞑靼人，以及后来远征立陶宛时都使用了滑雪队。17世纪初期，俄罗斯军队统帅斯·舒伊斯基开始对部队进行有系统的军事训练。位于乌克兰境内的哥萨克士兵的身体素质和军事训练已具有较高的水平。这得益于他们从童年时就开始的不同的体育训练，如游戏、骑术、跑步、游泳、武器操练等。历史上有名的哥萨克所组成的波格丹-赫梅利尼茨基优秀部队，从其团长到普通士兵，个个都以勇猛剽悍、胆识过人、会使用武器、善骑术和游泳著称。

一般而言，体育活动和体育训练开展到一定程度的时候，就需要相应的理论来做指导，以推动甚至规范这些活动与训练。在这方面，训练教材起到了重要作用，其中的一些章节包含了有关民众民间日常生活、游戏和体育训练的相关资料，这些资料得到了大家的遵守和践行，客观上起到了指导的作用。而生活在17世纪的基辅科学院修士耶·斯拉维涅茨基著有《儿童的公民教育》一书❶，这是一本非宗教性的著作，著作的非宗教特性表现在孩子行为标准的制定方面。书中对各种行为准则进行了汇编，以便用来指导孩子，认为游戏不是为了获得物质，而是为了发展人的智力，活动性游戏不仅是娱乐，而且是增进他们的健康和道德品质的一种手段。游戏必须给孩子以快乐的安慰，是学习之后的一种休息，孩子们可以尽情游戏（陀螺、球类、标枪）、跳跃和骑马。游戏中最重要的是"战胜自己"，游戏时不和朋友争吵，不会因胜过不会游戏的人而高兴，而是给他取胜的机会。作者同时还建议孩子要多进行户外活动游戏，反对赌博式游戏，主张游戏可分为适合教育与不适合教育两类，球戏、赛跑、各种跳跃归于一类，而骰子、玩纸牌，以及能够助长狡猾、虚荣等不良品行的其他一些游戏归于另一类。这部著作为孩子个人卫生、身体训练、行为道德等方面的教育指明了新的方向，并提出了新的人道主义教育思想。这些观点和主张为孩子的正常教育和健康成长提供了理论基础。

三、军事体育训练

历史上，中央集权国家的建立和巩固是以武装力量为基础的。在与鞑靼人、日耳曼骑士、波兰和瑞典的武装力量进行的长期斗争中，俄罗斯建立起了一支武装军队。由于受主要使用刀、斧头、标枪和弓箭等冷兵器等客观原因的限制，17世纪以前，这支武装力量主要以骑兵为主，目的在于能够在平原地带快速移动以便与敌会战。后来从步兵队伍中分出了射击手队，以及由城市居民组成的"市民队"，主要兵种变为炮兵。早于其他国家成立的滑雪部队，在武装力量中占有特殊地位，在冬季和寒冷地区的作战中起到了重要作用。据记载，15和16世纪时，滑雪部队参加了多次战争，重要的有1444年向侵犯梁赞的鞑靼人进军、1483年向尤戈尔斯基地方进军和1535年向立陶宛进军❷。

17世纪以前，俄罗斯军队还没有进行过有系统的军事训练，射击手队和"市民队"中武器使用和队形操演等的练习算不上正规的军事训练。兵士们在入伍之

---

❶该书被誉为17世纪俄罗斯文化的首座丰碑。
❷诺沃谢洛夫.苏联体育史：第1卷［M］.赵息黄，等，译.北京：人民体育出版社，1957：40.

前，接受的训练主要是军事体育训练。俄罗斯民间所特有的体育训练保证了俄罗斯兵士们的身体训练。17世纪初，俄罗斯军队的统帅斯·舒伊斯基第一次对农民军进行了专门的教育，由此出现了最初的军队训练规程和指南。枪炮武器的改进提高了步兵的作用。为了在战斗中更有效地利用这些武器，需要对军队队形和射击进行演练。演练时，通常是将队伍编排成若干横队，同一横队的士兵同时一起射击，各横队之间则轮流射击。在这样的队形和射击模式基础上，便产生了线式战术。只有具备了良好的队形操练和扎实的枪炮射击知识，才能施行这种战术。出版于1647年的军事指南——《步兵战斗队形的教练和计谋》一书，对于军队队形训练和兵士身体训练的必要性和重要性做出了一系列的阐述，要求每一个兵士明白完成各种操练的目的和益处，实战时必须表现出机智和敏捷，发挥主动性。内容包括日常练习的益处，步法的变换、跑步、游泳、射击、骑马等各方面训练的必要性，以及训练时间以外兵士身体训练问题❶。从17世纪前半期开始，俄罗斯开始招收国外军事专家担任军事指挥工作，学习了西方国家的一些军事经验，开始趋向于模仿西欧。

第二节　彼得大帝的改革及其对体育的影响

17世纪末，在尼德兰和英国，资本主义的生产关系已经确立，而在俄国依然是落后的封建农奴制生产关系，贵族地主处于支配地位。在彼得一世即位以前，俄国无论是政治、经济还是文化教育方面，都远远落后于西欧其他一些国家。彼得一世即位后，为了改变俄国落后的局面，于18世纪初进行了大刀阔斧的改革，虽然许多改革措施是围绕着军事改革而展开的，但包含了行政管理、军事事务、教会和教育方面的各项改革，这些改革在社会生活和文化各方面，包括体育引起极大的变化。社会文化、教育（包括体育）方面改革的主要内容包括：建立和发展民众文化和教育，指定各级政府直接管理教育，建立各种类型的学校，在全俄各县普遍建立小学，对贵族子弟实行强化教育，派遣留学生

---

❶诺沃谢洛夫.苏联体育史：第1卷[M].赵息黄，等，译.北京：人民体育出版社，1957：41.

到西欧各国学习；引入民用字母，出版报纸和书籍，通过各种途径，把西欧近代科学著作翻译介绍到俄国来；创立附设有大学和中学的科学院，开办非教会初期国家学校，组织有舞蹈、游戏和娱乐的贵族"跳舞会"。改革后，体育发生的两个重要变化为：一是规定了俄罗斯民族军事身体训练制度的原则，二是将体育列入贵族教育的体系之中❶。

经过改革，俄罗斯发生了深刻的历史变革。改革后，俄罗斯国力壮大，整体实力有了很大的提升，跻身于欧洲强国行列，在欧洲的影响力也得到了增强，扭转了由于金帐汗国压迫引起的落后于西欧的局面，迈向了资本主义道路。尤其重要的是，文化和日常生活方面的改革对体育发展具有特别意义，为体育发展提供了新的机会。体育被写进国家章程，并被引入各类学校的教学计划进而列入了教学大纲中。

一、军事身体训练

北方战争（1700—1721年）前不久，彼得一世即开始尝试在专门军事学校培训军事人才。1701年在莫斯科创建了算术和航海学校，这些学校于1712年随俄罗斯首都从莫斯科迁到彼得堡，并于1719年改为海军学院。1703年莫斯科建立普通中学，1732年彼得堡建立卡捷茨基中等武备学校。所有这些学校都教授专门课程（如数学、航海和舞蹈等课程）和进行"身体训练"，包括搏斗、骑术、击剑、游泳、划船、驾帆、爬杆、爬梯、摔跤、球类游戏等。各学校因其性质不同，教授的内容也因此不同，海洋学院侧重于教授军事课程，如肉搏战和击剑，陆军贵族武备学校、海军贵族武备学校和其他贵族学院侧重于击剑，目的在于帮助学员服兵役。在一些私人学校和中学，也开列有适当的体育课程。如18世纪初根据彼得一世指示所创建的德国牧师埃·格留科私人学校，在其教学大纲中就有击剑的课程；在1755年开办的莫斯科大学附近的一所中学，学校里教授击剑和跳舞。18世纪中期，特别是在寄宿学校里，教育包括体育具有等级特点，主要针对贵族阶层。对于统治阶级来说，滑冰和滑雪橇则是他们新的娱乐活动；根据彼得一世的

---

❶诺沃谢洛夫.苏联体育史：第1卷［M］.赵息黄，等，译.北京：人民体育出版社，1957：45.

指令引入了帆船和划船课，为此给贵族们配备了141条船；击剑和射击在贵族中间就流行很大程度上与决斗相关。

18世纪初的军事改革在很大程度上改造了武装力量，所创建的正规军代替了贵族后备军和弓箭队。同时，机械制造业和冶金工业的发展为火炮的生产提供了基础，并大大改善了火炮的质量，保证了军事战斗力。俄罗斯一级炮兵在多次战役中为俄罗斯军队立下战功。在18世纪前的25年里，开始把冷兵器和火器连在一起，其结果是在武器上装上刺刀，这一做法增强了军队的战斗力，为此，训练士兵进行肉搏战成为当时的一项首要任务。后来，广泛采用肉搏战方法，在经常的行军和战术演习中训练士兵的技能和耐力。

为了向外扩张和打开"通向欧洲的窗户"，俄罗斯在其有限的水域（包括波罗的海和内陆河流）首次建立起了海军。随着海军的建立，帆船、划船和游泳就成了必须发展的项目。各种军衔的年轻人，都被要求进行统一的步兵操练和骑术训练。训练内容包括骑术、步兵和骑兵部队队列操练、射击、武器操作，以及野外障碍攀越、军事游戏、战术策略演习等。可以说，军事改革和军事教育制度的确立，以及上述设置的军事训练内容，为军事体育的萌芽和发展打下了基础，也为军事身体训练奠定了基础。

军事身体训练通常与军队训练结合在一起。士兵的身体锻炼、技巧和坚忍精神，是在行军中、在战术学习中及在研究使用武器时所获得的。注意力集中在行动的目的性上和思想性上，而不是机械地死记个别动作，死守条例，要使训练条件尽可能地接近于实际战斗环境。在训练服役年限不同的士兵时，采取了分别对待的方法，条例规定，"对于老兵已经不必像对新兵一样进行那么多的操练，因为在这方面他们已经有过很多训练，但却应当不断地进行关于在战斗中如何行动的训练"❶。从西欧移植过来的隐形训练，被军事指挥官简化为队形变换和队形调动，以及行军打仗中如何行动的方法训练。由于俄罗斯民族善于拳斗、摔跤、击棍，并具有这方面的优良传统，所以肉搏战被赋予了重要意义，成为军事身体训练的重要内容。被西欧用作防御武器的刺刀，在这里被当作了进攻的武器。军事条例的大部分内容都是有关进行刺刀战的方法的。"枪向前""握紧枪身"

---

❶ 诺沃谢洛夫.苏联体育史：第1卷［M］.赵息黄，等，译.北京：人民体育出版社，1957：49.

"枪向四面转动"等成为刺刀战的代表口令。骑兵的冲击和步兵的肉搏战具有同样的重要意义,为此,要求骑兵不仅能在马上进行准确的射击,而且还要勇于冲锋陷阵,以便从精神上压制敌人。为了保证军队的战斗力,医疗卫生事业获得了发展。这一时期,俄国建立起了军队卫生服务所,设立了病院组织。

俄罗斯的军事体育虽然是向西方先进国家学习得来的,但却能加以变通,他们重视队列训练,但并不把它作为单纯的目标。彼得一世之后的继任者们对军事训练体系更是做出了相应的改变,因为在俄罗斯军队中推行原是普鲁士人的训练方法,该方法不太注重士兵的个性特征,而是进行一种严格得近乎苛刻的军事操练。这促使一些军事活动家和管理者对此进行反思并加以改进。其中有代表性的如军事统帅、军事教育家彼得·亚历山大洛维奇·鲁缅采夫(1725—1796年),他认为必要的队列训练对于军事体育具有重要意义,为此他把采用纵队和分散结构配合的战术首次写进军事学术史中。并建立了猎人部队,在其活动中,跑步、攀爬、伪装是其主要活动内容,这样做的结果是促进了速度、耐力和勇气的培养。在他创建的这一训练体系中,士兵们自觉的纪律意识,主动、勇敢、果断的品格及以少胜多能力都得到了良好的提升,而恰当的队列、演习和其他军事训练方法是这些意识和能力养成的保证。

俄罗斯统帅亚历山大·瓦西里耶维奇·苏沃洛夫(1730—1800年)推动了俄罗斯国家军队军事身体训练体系的进一步发展。在长期的实战中,苏沃洛夫根据自己的经验创建了较独特的战斗和作战,多方面培训军队的方式方法体系,该体系在当时的欧洲都算得上是先进的。苏沃洛夫的战略具有进攻特性,他将线性战术(在该战术中第二阶段不使用冷兵器)和他发展了的纵队和分散结构进行比照研习,完善了肉搏战中士兵使用刺刀的动作,使进攻更具备攻击性和高效性。新的战术体系对兵士的身体条件、意志力等提出了更高的要求,训练也更加严格,但同时又尊重、关心兵士,按照个体差异适当分别对待,确保其体能健康充沛,以达到"整洁、健康、活力、勇敢、灵活、胜利!"的目的。在他的军事训练中,非常关注越过土堤、栅栏、城墙等障碍物,军事身体训练的目的是教会目测、速度、突击等军事技能。

对兵士身体体能、意志力方面的训练,并不意味忽视武器的使用和骑术的训练,身体体能、意志力方面的训练是其战术体系的组成部分。他们往往会根据当时的实际情况和基本条件,决定使用具体的作战手段。但无论是火力作战部队与机动行动的步兵相结合,还是其中的某一种,抑或徒手肉搏,都是以充沛的体能和坚强的意志力为前提条件的。苏沃洛夫在《制胜的学问》中,特别强调要最大限度地让受训部队接近作战条件,提出了"训练中艰苦,作战中轻松"的原则。苏沃洛夫要求兵士起床后做早操,同时规定稍事活动后就要进行队列操练、射击训练,形成了现代体操的雏形。

与苏沃洛夫一样,杰出的海军统帅费多尔·费多罗维奇·乌沙科夫(1745—1817年)发展了彼得一世的海军军事惯例,他创建了水手军事训练体系。与苏沃洛夫类似,他要求船员自觉操练,希望"任何人都明白自己的职责和位置"。他还注意对船员进行陆地行动和空降战役训练,锻炼借助木梯、绳索和木板越过障碍,在接近作战的环境中练习突击堡垒。在新的作战条件下,俄罗斯统帅米哈伊尔·库图佐夫(1745—1813年)进一步发展了鲁缅采夫和苏沃洛夫的军事教育思想。与苏沃洛夫一样,他注重部队的队列操练和兵士的身体训练,反对形式主义和机械练兵,致力于培养士兵的自觉纪律、爱国主义思想,以及力量、耐力、坚定和勇敢等品性。

二、民间体育

与上述军事身体训练发展的同时,民间体育也在继续发展,民间群众是体育领域民族传统的继承者,俄罗斯很多民族都在推行开展各种游戏和体操活动。政府甚至制定章程以鼓励开展拳斗活动如组织拳斗手和国外如英国拳击手在莫斯科进行比赛。哥萨克人常在冬天举办军事游戏,特别是"争夺雪堡之战"游戏,游戏时还特地鸣放空的炮弹,而在雪堡战之前,则是赛马、赛跑等比赛。滑冰运动在经历了短暂的低潮之后,又一次涌现出热潮,在北方地区迅速开展起来,以至于在20世纪初成为时髦项目。骑马更加普及,贵族大多都掌握了骑术,他们中的一些妇女甚至也都掌握了骑术,她们坐在特制的马鞍上,双脚放在马的一侧。为了提供场地和满足需求,公共场所尤其是公园专门修建了骑术练习用的道路,彼得堡和莫斯科先后创办了练马场学校。赛马比赛也开始出现,由此产生了职业骑手。赛马是在专门的场地跑马场进行的,当时俄罗斯著名的三驾马车名重一时,受到了普遍的欢迎。这时,出现了水上运动项目,开始是在彼得堡、波罗的海沿岸等地,举办生动的水上节日,由此带动了私人游泳学校的出现,第一所私人游泳学校于1827年开办在涅瓦河上。彼得堡和莫斯科先于外国人建立了私人体操学校。为了帆船运动的发展，1846年在彼得堡建立了皇家帆艇俱乐部。这个时候，无论是在贵族学校还是中等学校或者大学，都很重视体育，都要教授击剑和跳舞，虽然有时是为了赶时髦，为了社交活动，但客观上促进了这些项目的发展和普及。

在乌克兰、白俄罗斯、外高加索、波罗的海沿岸和其他地区，一如既往地进行各种体操、游戏和娱乐活动。根据考证研究，在阿塞拜疆曾非常流行马术、特等骑术和各种比赛式游戏；在波罗的海沿岸，因受德国影响，18世纪20年代，那里的民间体育曾出现了单杠（体操）项目及其相关组织。在贵族阶层中，则普及多种类型的体操，如花剑和佩剑击剑、手枪射击、骑术、划船和滑冰、球类（网球）、游泳、狩猎等。政府因此为运动的开展和项目的学习专门修建了场馆，并聘请外国技师进行专门的讲授[1]。

三、贵族日常体育

在彼得一世统治以前，俄罗斯的贵族在日常生活中主要是利用民间身体训练作为学习一些军事动作和娱乐的手段。在彼得一世统治期间，贵族们身体训练的分量和性质都有相当大的变化。系统地进行专门的身体训练及娱乐和跳舞的练习，被视作是对贵族教育制度的重要补充。操帆和划桨训练由于具有重要的现实意义，需要以它们作为训练海军兵士的补充手段，因此在贵族教育中加入了定期的操帆和划桨训练及各种娱乐内容。专门的海军学校不能满足海军干部的全部要求，这些学校的毕业生数目，还不能满足海军和造船厂方面对指挥人员和技术人员的需要。许多由这些学校毕业的学生也被吸引到另外一些工作岗位上去。最后，这些学校只培养指挥人员，而海军则还需要许多专门人才，如水手、舵手、划桨人员和操帆人员等。对海军的重视引发了人们对海军的热爱。在莫斯科，各种节庆时所举行的狂欢游行中，会有军舰模型参加；在彼得堡的涅瓦河上，则行驶着各种张灯结彩的船只，并鸣放枪炮表示庆祝。

---

[1] Г·С·德梅捷尔. 俄国体育史及奥林匹克运动概况［M］. 莫斯科："苏联体育"出版社，2005：32.

通过1718年的指令，在彼得堡实施了"帆船和划艇的操练"。为此，曾将100多只船分给贵族中的某些人，由他们永久免费使用，使用者须接受一个条件，即保证尽到保养和修缮船只的责任和义务，当旧的船只完全不能使用时，自己应出钱制造新船。在城市一定的地方升旗作为信号。专员一共规定有4个集会地点，每一个参加者需到指定的地点集合。除非遇有特殊情况，船主不得缺席，否则会受到罚金处分，如遇特殊情况确实不能出席，则须派代表参加。条件好的船上，同时还演奏音乐，以渲染气氛，增强效果。操练工作主要由划桨的船员和舵手担任。船员们在船桨、船舵和船帆的操练过程中，往往能得到真正的锻炼。操练一般是从天气渐趋暖和的四五月份开始，一直持续到最冷的时候，有时还要举行总检阅。1718年8月21日的一次检阅，规模盛大，总共有121名将官参加了总操练❶。1724年，在莫斯科也同样开始了这种操练。

冬季虽然不利于操帆活动，但可以进行冰上帆船活动。一位外国旅行者曾这样描述过当时的统治者彼得一世及其随从的冰上帆船活动："大帝是一个爱好水上活动的人，军舰和小船都会使他欢喜，并且他是那样的爱好操纵帆船，以致在涅瓦河和滨海的河口上已经结冻而不能在水上航行的时候，他还特意用人工制造一种适宜于冰上划行的小船，当刮风的日子，如果没有特殊的事情阻碍他，他就在飘扬着旗帜和将军旗的那个小船上操纵着船帆，乘风在冰上驶过，的确就像在水上航行时一样。"❷在其他的史料中，也有过同样的描述。

彼得一世在贵族中间还推广了其他一些带有体育性的娱乐活动，比如滑冰和乘雪橇。在此以前，这一类娱乐活动一般在民间流行。而以前作为主要娱乐活动的射击和打猎，逐渐退居次要地位，只是作为军事操练的补充内容而存在。

四、体育教育

为了培养陆军、海军、工业企业和国家机关等方面的各种熟练专家，俄国政府设立了许多新的学校。除前面提到的1701年在莫斯科创建的算术和航海学校外，1706年设立了军事医院附属医科学校，1711年设立了工业学校，1712年设立

---

❶ 诺沃谢洛夫.苏联体育史：第1卷[M].赵息黄，等，译.北京：人民体育出版社，1957：52.
❷ 诺沃谢洛夫.苏联体育史：第1卷[M].赵息黄，等，译.北京：人民体育出版社，1957：53.

了炮兵学校，1715年在彼得堡设立了海军专门学校，1721年设立了军事建筑学校等。这些学校虽然主要为贵族青年设立，但是其他阶层中愿意学习者也可以进入这些学校。在这些学校里，形成了与西欧教育制度不同的贵族青年教育制度。当时西方一些"武士专门学校"及其他一些类似学校的教育，重在教授诸如击剑、跳舞以及骑马等技能，但在这些学校中，教授的主要内容是专门知识和实际技巧。一些学校为此设立了专门科目，如在算术和航海学校，除一般的科目外，学员还要学习游泳、荡桨、操帆、攀登船索及击剑等科目。在莫斯科所在地的学校中，设有专为击剑用的大厅，而在其他一些学校，除击剑之外还要学习骑马和跳舞。剑术学得好的人会得到奖励。由算术和航海学校组成的航海专门学校，也有击剑和枪法训练的内容。体育教育在普通学校中也占有重要位置。这些学校不需要培养某种专业的专家，但必须教授学生关于人文科学和外国语方面的一般知识，训练学生的身体，设置的身体训练科目主要有骑马、击剑和跳舞。

各种体育活动和体育项目在不同地区的蓬勃开展和流行，加之当时俄罗斯社会文化热潮高涨、人们对体育兴趣增长和教育思想发展，为理论工作者进行理论思考提供了契机。18世纪末至19世纪上半叶，体育方面的情况遂引起了教育家和社会学家的关注。他们在大量接触调研体育活动和体育项目的基础上，对体育发展现状和未来、发展趋势和功能等问题进行了一系列的讨论，并从教育的角度对这些问题做出了探析。教育家、社会学家 В·Н·塔吉舍夫（1686—1775年）在哲学和教育学理论研究基础上，指出"人由两种不同的属性组成：精神和身体"，以此为出发点，他将整个学科分为"精神神学"和"身体哲学"两大类，强调精神和身体并重，成为俄罗斯最早强调人的身体和智力发展互相关联、同等重要的人之一。另一位旅居法国多年，熟知法国教育体制，了解法国教育情况的教育家 И·И·别茨科威克（1704—1795年）对推动俄罗斯18世纪60年代教育运动的活跃发展起到了重要作用。与 В·Н·塔吉舍夫关注智力发展和身体培养同等重要一样，他也强调体育运动中人的身体和智力并相发展，体育的目的是自由、游戏、娱乐，教育应使人的体格健康、强壮，智力发展，并达到完美的统一。

在俄罗斯科学文化史上占有重要地位，创立了俄罗斯第一所大学的学者和教育家 М·В·罗蒙罗索夫（1711—1765年），博学多才，在众多领域里进行过深入研究，形成了不少有价值的成果。他认为医学是有益于人类的科学，运动可以代替药物，提出疾病预防具有特殊的意义。他翻译过物理学家、院士Γ·В·克拉夫特的文章《保持健康》，阐发了不少自己的观点，指出正确的生活方式、卫生和饮食制度是保持健康的前提条件。军事卫生学教授М·Я·穆德诺娃（1776—1831年）在其著作《军事卫生对象和益处或保持军人健康的学问》中也提出了进行体操训练可以预防疾病的观点。另一位院士А·П·普罗塔索夫于1765年提出健康体育的独特思想，他在俄罗斯科学院做了两个报告："儿童体育"和"保持健康的必要运动"，力主倡导健康体育。

著名教育家Н·И·诺维科夫（1744—1818年），作为俄罗斯早期体育理论家、宣传家，致力于创办学校，发行杂志，出版教学图书。他在著作中研究了身体、道德和智力培养的问题，指出，"健康强壮的体格能大大提高我们自身的满意度，无论是健康强壮的，还是瘦弱多病的青年的身体都在青年时期打下基础"，认为游戏、散步和儿童生活学习的卫生条件是体育的重要内容。

1717年出版了萨尔蒂科夫撰写的指导贵族青年的著作——《青年生活宝鉴》，这本书的内容包括了许多贵族道德规范和一些生活中的基本卫生规则，"各级大小贵族如果在操练中，尤其是在语言、骑马、跳舞和击剑的操练中，都得到了完善的发展，而且能长于辞令，精通书史，那么，他就可能因此而成为一个宫廷中的人物"❶。在俄罗斯社会学和教育学史中占据重要地位的А·Н·拉吉舍夫（1749—1802年）❷，致力于培养成长中的青少年，力主在培养中发展儿童的力量，并把他们造就成爱国主义者，其体育同智力和道德培养一样服从于这一目的。按照他的观点，系统化的体育与劳动教育密切相关，在生活、劳动、保卫社会和个人利益中，能有效促进必要的技能和品质的形成，同时还能促进机体的锻炼，克服柔弱胆小，强身健体和延年益寿。А·Н·拉吉舍夫的有关体育教育的这些观点奠定了其后俄罗斯体育理论的社会教育基础，这些观点在杰出的思想家和教育家В·Г·别林斯基（1811—1848年）和А·И·赫尔岑（1812—1870年）等人那里得到了响应。他们在自己的著述和文章中都对此进行了高度的评价，认同体育在全面教育和培养年轻一代方面所具有的意义。从唯物主义观点

---

❶ 诺沃谢洛夫.苏联体育史：第1卷［M］.赵息黄，等，译.北京：人民体育出版社，1957：54.
❷ А·Н·拉吉舍夫同时也是杰出的哲学家，农奴制和专制制度的敌人，革命民主思想的首创者，叶卡捷琳娜二世称他为"比普加乔夫更坏的暴动者"。先被当局判处死刑，后改为流放西伯利亚。

出发，在看待意识本性、人的精神与肉体关系问题上，他们主张人的精神本性不应该脱离人的身体的物质性，二者互为关联。别林斯基认为"发展智力和获取知识要同强身健体相符，"因而致力于发展体育并将其作为教育的组成部分，赫尔岑则号召人们"别再轻视身体，别再和它开玩笑"。在他们看来，教育的最终目的，是全面发展个性——身体的、智力的和道德的，体育也应服从这一目的。按照这种观点，В·Г·别林斯基和А·И·赫尔岑都主张儿童体育教育在上学前的家庭教育中就应开始，要让体育"带有健康、愉快、活泼、清晰的印记"[1]；并逐步培养孩子遵守社会和个人卫生规则，发展力量、灵活、勇气和其他身体与道德品质。民间游戏和体操应作为体育的重要途径和方法。儿童集体游戏具有无法替代的作用，无论对正在成长一代身体的发展，还是对道德培养、社会追求和习性的发展都是如此。В·Г·别林斯基和А·И·赫尔岑上述体育教育的观点体现了人道主义、民主主义思想光芒，能促进孩子的身体发育和创造力的培育。

可以说，18世纪和19世纪上半叶，随着俄罗斯社会、经济、文化的变革和发展，体育章程的设置和制度的确立，尤其是体育被引入学校，军事体育体系基础创建，使得这一时期体育获得了进一步的发展，18世纪前体育的目的是军事身体训练。一些先进的体育教育思想和体育相关理论在教育家、体育家们的推动下也随之得到发展。尤其在18世纪下半叶，一些人主张将有组织的体育活动列入孩子教育过程，这些言论促使教育和体育领导人向学校推荐体育方法。体育接受的对象也扩大了，民间群众依然是体育领域民族传统的继承者，他们继续推行各种游戏和体操。在政府的帮助和推动下，出现了私人游泳、体操、击剑学校，贵族阶层也加入进来，虽然他们很多时候主要是为了消闲娱乐而加入进来的，但却在客观上带动了体育发展，甚至是因个人或者政府的名义推动了体育的发展。

第三节　哥萨克人的体育

哥萨克是一群生活在东欧大草原（乌克兰、俄罗斯南部）的游牧族群，在历史上以骁勇善战和精湛的骑术著称，并且是支撑俄罗斯帝国于17世纪往东扩张的

---

[1] Г·С·德梅捷尔.俄罗斯体育史及奥林匹克运动概述[M].莫斯科："苏联体育"出版社，2005：36.

主要力量。哥萨克一词源于突厥语，含义是"自由自在的人"或"勇敢的人"。从13世纪开始，一些斯拉夫人为了逃避蒙古帝国中金帐汗国的统治而流落到俄罗斯南部地区，包括顿河流域、第聂伯河下游和伏尔加河流域。15、16世纪时，大批农奴和城市贫民迁徙到钦察汗国被推翻之后的俄罗斯南部地区，并逐渐形成几个定居中心，建立了一些地方政权。哥萨克作为军事阶层始于14世纪，他们被俄罗斯雇佣到边疆军队服役。沙俄政府试图利用哥萨克人在战时保卫自己的边界。18世纪沙俄政府将哥萨克变成特权军事阶层后，使他们臣服于自己。20世纪初，在俄罗斯帝国有11支哥萨克部队。1916年前哥萨克人口有几百万之多，其中有俄罗斯人、乌克兰人、蒙古布里亚特人、鞑靼人，但大多数是俄罗斯人。哥萨克主要信奉东正教，也有一些伊斯兰教、佛教和古老信徒派的信徒。

哥萨克体育的主要形式是民间体育，体现出鲜明的特点，能比较集中反映俄罗斯民族体育的风貌。哥萨克的体育形成了身体训练系统，训练对象包括从儿童到老年人的所有男性居民。哥萨克人将军事体育系统地列入游戏、狩猎、节会、行军、侦查等活动之中，从而呈现出各种丰富多样的身体训练形式和方法。

哥萨克人勇敢善战，天生具备军事才能，热爱自由、不喜拘束，同时具有超群的智慧。大家熟知的C·拉吉、K·布拉维、E·普加乔夫等都是民间英雄，他们是17至18世纪要塞战的首领。

顿河哥萨克（18世纪末版画）

在哥萨克的习俗中，小孩一旦出生，所有亲属和熟悉的长辈都要给新生儿送上弓箭、火药、子弹和武器等礼物。小孩长牙后，父母把他放到马上，带他去教堂祈祷，希望他们的儿子成为勇敢的哥萨克。3岁的孩子已经可以在院子里骑马，5岁就能大胆地在街上骑马、参加儿童军事游戏了。到了12岁，哥萨克少年往往被登记到服役哥萨克名单中，军事首领预定一个合适的地点，20至30个集镇的首领和所有少年骑着精良的马匹全副武装聚集到那里，在半个月或一个月的时间里，军事首领亲自察看年轻哥萨克的表现。主要察看他们是怎样在疾驰中射向目标、站在马镫上带着马刀或武器疾驰、疾驰中争抢目标、在马上用鞭子对打或是察看一大帮骑兵全副武装飞奔到河边冲进河里并驰向对岸的情况。表现出色的年轻哥萨克往往由军事首领奖励给笼头和武器等。这些奖励是一种荣誉，会赢得其他人的极大尊敬。

哥萨克人在节会时一般都要举办射击、骑马、打斗、球类比赛和各种跑步、游戏等，其中最主要的比赛项目是射击和骑马。射击是用弓箭和武器射向目标。有的射击是在一定距离内用子弹射中人手指间的硬币，而不伤到持币者，或对移动的目标进行射击。由于从小就进行长期的训练，不少哥萨克人在射击前，根本不用瞄准。赛马则通常是在谢肉节上进行，参赛骑手一般是50到100名，参与赛马的马匹一定要能长途跋涉，比赛距离通常为15俄里以上。

顿河哥萨克
И·谢科夫尼科夫根据A·里戈尔玛拉（18世纪下半叶）绘画所作石版画

从19世纪开始，哥萨克军队中开始发展军事身体训练。与普通教育不一样，哥萨克军队中的训练规则具有军事性的特点，训练的对象主要是军官和军官子弟；训练地点集中在集镇和村庄，以及士官学校、军官中等武备学校和普通中学；训练内容主要有骑术、马术、射击、击剑、骑兵战术、目测距离、徒步和骑马完成军事行动、队列操练、警戒任务、游泳。

从地缘关系上看，哥萨克人实际上是俄罗斯南部边界抵御土耳其人和鞑靼人的守护者。沙俄政府很清楚，哥萨克人在需要的时候可以形成外围的保护墙。在哥萨克社会内部，哥萨克人人平等，没有地主和军事长官，他们在圆桌（聚会）上决定所有重要问题，选举担任职务的人（首领和大尉）和其助手。哥萨克社会关系比农奴制俄罗斯公平和仁慈。所有这一切都使贵族和地主对哥萨克不满。在这种条件下，哥萨克人不得不把军事身体训练作为重点，以军事训练保卫自己的土地。在专门的军事学校创建有效的军事系统，在哥萨克军官中等武备学校进行身体训练的原因就在于此。

民间身体训练内容与地域特点、生活条件和文化传统相关，北方民族的民间游戏主要是狩猎、捕鱼、养鹿等。实际上，不只有哥萨克形成了具有自己特性的民间体育形式和项目，其他民族都培育了自己的民间体育形式和体育项目。

第四章
19世纪下半叶至20世纪初（1917年）的体育

19世纪上半叶，资本主义因素在俄国农奴制社会内部逐步发展起来。大工厂逐渐代替手工工场，机器生产逐渐代替手工操作，自由雇佣劳动逐渐代替农奴劳动。在农业方面，商品经济有了很大的发展，自给自足的自然经济日趋瓦解。资本主义发展要求打破农奴制的束缚。克里木战争（1853—1856年）的失败[1]，彻底暴露了农奴制的弊端和腐朽性，加深了农奴制的危机。战争导致农民生活状况急剧恶化，阶级矛盾日益尖锐，农民运动风起云涌，要求改革的呼声越来越高。在这种形势下，沙俄政府决定进行改

---

[1] 克里木战争是1853年10月20日因争夺巴尔干半岛的控制权而在欧洲爆发的一场战争，土耳其、英国、法国、撒丁王国等先后向俄国宣战，战争一直持续到1856年，以俄国的失败而告终，从而引发了国内的革命斗争。

革，1861年3月3日（俄历2月19日），亚历山大二世正式签署了《废除农奴制的特别宣言》，农奴在法律上成为"自由人"。1861年改革为资本主义的发展创造了有利条件，由于农民摆脱了对地主的人身依附关系，出现了大批自由雇佣劳动力，资本主义工业获得迅速发展。地主的徭役经济逐步向资本主义经济过渡。继农奴制改革之后，沙俄政府还先后进行了地方机构、市政、司法、军事等一系列资产阶级性质的改革。1861年以后，俄国从农奴制社会逐步过渡到资本主义社会，社会各方面发生了很大的变化，科学、文化、教育发展突飞猛进。这时期的文化艺术、音乐创作、绘画、建筑和一系列其他领域都取得了极大的成就，形成了俄罗斯文化艺术上的"黄金时期"和"白银时期"，所有这些都对体育的发展产生了非常大的影响。因此，在19世纪下半叶至20世纪初的这段不长的时期内，俄罗斯处处体现出体育的风貌，具备了形成和发展现代体育的条件，形成了体育教育基础，奠定了体育的科学方法基础，创建了体育教育系统，发展了现代运动项目，出现了体育协会和俱乐部，在教育领域进行了体育实践。

第一节 体育教育的发展和实践

19世纪下半叶至20世纪初，俄罗斯体育教育在生理学、医学基础上得到了初步的奠立和发展，创立了基础的体育教育体系，进行相应的学校教育。

一、体育基础理论的建立

俄罗斯体育教育的奠立和发展很大程度上是以生理学和医学的发展为前提的。当时的俄罗斯在生理学和医学方面的发展处于蓬勃之势，这为体育运动生理学和体育理论的奠立提供了契机。俄罗斯知识分子的教育活动在很大程度上促进了俄罗斯体育理论的形成。在生理学和医学理论的推动与影响下，不少学者对体育理论的奠立和发展做出了自己的贡献。体育运动生理学的发展在很大程度上与俄罗斯杰出的生理学家И·М·谢切诺夫、Н·Е·韦坚斯基、И·П·巴甫洛夫的科学活动密切相关。И·М·谢切诺夫通过试验证明，积极的休息比消极的休息更加有效，由此建立了体力劳动疲劳理论。著名生理学家Н·Е·韦坚斯基的储备理论对体育运动发展具有重要意义。他认为："每个年轻的机体正常条件下都会给自己储备很多力量。通常只有一部分储备在人以后的生命中实际起作用和被有效利用，而且大多数情况下这只是很少一部分。本质问题在于，如何尽可能充分利用我们身体中的这些宝贵储备。"[1]人身体储备问题，特别是高技能体育中的身体储备问题，后来成为核心问题之一。生物学家И·П·巴甫洛夫阐明了生理机械运动技能和能力概念。按照他的理论，神经系统反射活动建立在用动作教会动物的基础上，并论述了刺激物的信号功能。他在生物高级神经活动（第

---

[1] 颜绍泸，周西宽.体育运动史［M］.北京：人民体育出版社，1990：117.

二信号系统、神经系统类型等）方面的研究对生理学、医学、心理学和教育学的发展起到了重要作用。之后的 П·К·阿诺欣、Н·А·伯恩斯坦、П·Я·加利别林等人都对运动训练理论做出了贡献。

在这些学者中，杰出的教育家、民主人士、俄罗斯社会民主先驱 Н·Г·车尔尼雪夫斯基（1828—1889年）和 Н·А·杜勃罗留波夫（1836—1861年）具有重要的地位，他们的思想和观念在同代人中具有代表性。车尔尼雪夫斯基多年主持《现代人》杂志，该杂志成为最受读者欢迎的定期刊物之一，这与他的思想观念息息相关。车尔尼雪夫斯基和杜勃罗留波夫二人的思想在19世纪60年代的改革活动中发挥了一定的作用，对发展先进的社会思想、民主运动具有相当的影响。他们在著作中深刻而独特地阐述了包括政治、经济、社会、历史、哲学、人类学、美学、文艺学在内的社会文化和社会生活的诸多关系。

在车尔尼雪夫斯基和杜勃罗留波夫看来，包括俄罗斯教育问题、体育问题在内的所有人类教育问题和体育问题，具有高度的一致性。他们对这些问题的看法同他们的社会、政治和哲学观点紧密相连。他们坚持唯物主义的教育观，认为必须全面培养身体和精神相统一的人的个性，没有全面的身体发展，就不可能形成特有的个性，因此主张人的身体和思想的统一、个性和共性的统一，尤其看重外部环境对人发展的影响。

车尔尼雪夫斯基更是将培养孩子成为健全、高尚和诚实的人这一教育目的看作高于一切。在具体的实施中，首先应关注的是培养者应是一个完整意义的人。按照他的观点，一个和谐发展的人是具有崇高道德品质、健全的智力和具备保证这些优秀品质的身体健康的人。他所谓的"健康"，是指身体的健康和心理、道德的健康，他相信，未来所有的人都将是"身体健康和思想纯洁"的人，并在小说《怎么办》中这样描绘未来的人们："他们如此地健康有力，如此地挺拔优雅，如此地精力充沛和富有表现力！他们自由地劳动和享受，他们是幸福的男女。"可以说，车尔尼雪夫斯基对人健康身体的憧憬，体现出来的正是一种体育观，因为要想身体健康有力，必须进行体育锻炼。当然，他的体育观是与他的美学观紧密相连的。而杜勃罗留波夫尤其主张人的精神和身体统一发展，为此他强调，为服务于正确的思想活动，体育是必须的。杜勃罗留波夫刊登在《现代人》杂志1858年第5期上的篇名为《人的机体发展与其智力和道德活动相关》的长文中，令人信服地论述了自己的这一观点。他认为，人的身体和精神只是一个完整的人的两个方面。没有舌头不能说话，没有耳朵不能听声音，没有大脑不能感觉和思维。由此他得出结论，教育过程中不能不注意身体发展，因为身体发展是不同程度思想表现的前提。人的健康应是培养的主要目标，健康不是目的本身，健康应是促进完整思想活动的因素。人不能仅仅像动物那样很健康（所谓壮得像公牛），人需要的是在发展身体的同时促进精神品质和创造能力的提高。他特别反对轻视儿童机体成长特性的教育，以及建立在无聊和抽象说教经院哲学基础上的教育。他指出，儿童过早的智力负担、不直观和不具体的教育，都加重了教育者和家长对受教者体育的漠不关心状况。1856年他向政府请求组建俄罗斯体操专家培训学院，还提出必须在俄罗斯学校引进科学体育体系。车尔尼雪夫斯基和杜勃罗留波夫的上述进步观点推动了俄罗斯社会对教育学科尤其是体育的关注和推动，体育运动的发展又带动了体育学理论基础的形成和发展。

E·A·波克罗夫斯基（1834—1895年）和E·M·捷梅季耶夫（1850—1918年）在体育学基础形成中也起到了重要作用。他们坚信科学可以通过一种合情合理的方式改变社会生活。他们认为，自然科学的高水平发展，科学知识，特别是卫生知识的宣传能解决所有体育问题，同时会改善人们的生活，尤其是孩子的生活。波克罗夫斯基作为著名的儿科医生，同时又是知名的体育活动家，他参加了1891年莫斯科卫生协会的创建，该协会的主要目的是宣传体育运动思想，加强年轻人的体育。他撰写了两部重要的著作，其一是《俄罗斯各民族体育医学人体测定研究资料》（1884年），具有很高的认识科学价值。该著作是俄罗斯第一部有关俄罗斯人体育和锻炼方法的书籍，也是第一部丰富记载了俄罗斯民族历史资料的书籍。其二是《儿童，主要是俄罗斯儿童的游戏》，这部著作前后出版了两次（1887初版、1895年再版）。在书中，波克罗夫斯基列举了俄罗斯人体育和游戏的多方面历史民族资料。他首次采用综合方法研究游戏的特性，赋予游戏以生理的、民族的、历史的和教育的特性，并深入分析了儿童游戏的教育意义和保健意义。他将游戏视为历史文化的一部分，倡导学校改变不利于孩子健康的教育方式，而采用发展和巩固孩童身体的方式。要达到这一目的，学校就应正确组织、实施体育活动，体育活动的主要方式和内容应为户外活动游戏，其形式可以是各种体操，游戏是正确的发展机体的自然和有效的方法，而孩子的教育，某种程度上说是医生和教育家的事。为了宣扬其教育、体育思想，波克罗夫斯基于1890年创办了《教育通报》杂志，并担任杂志的总编，直到去世。他将杂志的首要任务确定为体育宣传，并将自己的体育教育思想融入其中，广泛地进行了宣传。作为体育组织者和宣传者，他为建立母亲和孩子夜校、体育游戏场、儿童家具玩具和游戏博物馆展览做了大量工作，作出了极大贡献。

波克罗夫斯基的学生和追随者，著名的保健医生Ε·Μ·捷梅季耶夫，同自己的老师一样，倡导、拥护保健、卫生体育，主张采用游戏方法。在其著作《体操还是游戏？》（1892年）中比较了体操和游戏二者的不同功能，指出体操对机体的影响是局部的，主要是发展外部形象，而采用游戏作为发展体育的方式，则可以带来多方面的效应，提高人的主动性和积极性，能够促进肺部发育，提高机体功能，促进意志、感觉器官、神经系统的发展。他将诸如足球、网球、冰球等运动项目视为运动游戏，千方百计加以宣传。其著作《英国户外游戏：学生和青年手册》（1897年）出版后在很多年里都成为体育教师和从事运动游戏人最好的工具书和指导书。

俄罗斯教育奠基人К·Д·乌辛斯基首次科学地证明了体育在儿童培养过程中的重大意义。他认为，体育并不是目的本身，而是一个人全面培养教育的必要组成成分。医生А·Г·贝格林特作为1860年代彼得堡医疗及体操学校的领导者，第一次向俄罗斯介绍了瑞典体操（1860年、1861年），并撰写了一本体操史方面的书（1872年），书中详细介绍了体操产生的原因，体操在古希腊、中世纪和新时期体育体系中的地位和作用，并列举了德国、瑞典、法国体操产生和在俄罗斯普及的资料。Ф·В·伊格纳季耶夫的《体育史和卫生学》（1899）也在这一时期出版。

俄罗斯其他一些知名人士，如杰出学者、外科专家、解剖专家和教育家Н·И·彼罗果夫（1810—1881年）、教育家К·Д·乌申斯基（1824—1870年）、作家、教育家和思想家Л·Н·托尔斯泰（1828—1910年），生理学家И·М·谢切诺夫（1829—1905年）和И·П·巴甫洛夫（1849—1936年）以及其他一系列体育学者和活动家的观点与著述奠定了俄罗斯体育教育基础。

二、体育教育体系的确立

19世纪末20世纪初，俄罗斯学校教育并未完全纳入体育教育，也未建立有效的体育教育模式。以体操为例，由于没有专业的教师和相应的基础设施，学校就没有把它作为一门真正意义上的体育课程，也没有开展有效的教学实践。虽然国民教育部一直力图将体操引入学校，但始终没有落到实处。在那些开设了体操课程的学校里，教授的内容主要是军事体操，这被纳入了官方教育计划。计划明确指示在专门的男子学院教授体操，"以最简单的运动和俄罗斯军队中采用的队列操练男孩，让男孩了解，体操是军事课程的初级基础"❶，并要求按"步兵队列条令"规则训练受训者。军事队列动作练习占据国民教育部对学院体育规定的所有课时的一半左右。体操教学法的编写照例来自军人，他们对孩童体育有着模糊的认识。上述指示的军事化倾向甚至还反映在跑步和行军的建议中，按照指示，应完成"部队中完成的一切"，学院中的体操教师都是士官军官。

当时，体育领域内的教育工作者希望当局改变对德国、瑞典等国外军事体操过渡依赖的现象，应对军事体操进行理性评价，它们已经跟不上时代的需要和发展，但官方教育未能采纳他们的提议。一方面，具有先进民主思想倾向的俄罗斯教育者希望在体育领域采取有效方法解决教育、健康和培养等问题，他们将体育作为个人全面发展的必要组成加以研究并付诸实践；另一方面，官方需要的体育教育只是一种解决纯实用需求的工具，认为年轻人的发展首先是军事体育方面的发展。因此П·Ф·列斯加夫特、И·Я·格尔特、В·В·戈里涅夫斯基、Е·М·捷梅季耶夫、В·И·伊格纳齐耶夫、Е·А·波克罗夫斯基等人的见解与国民教育部官员的观点并不相符。迫于形势和压力，当局对国外体育体系有过宣传，但只建议采纳军事体育训练方法和内容。

1917年以前，俄罗斯学校内没有统一的体操系统，更谈不上按该系统制定统一的教学大纲。根据国民教育部的统计资料，1912年在整个俄罗斯的中学里，教授索科尔体操的有855所，教授瑞典体操的有296所，教授德国体操的有415所；除以上三种体操外，学校还教授军事体操和进行列斯加夫特系统体育教育。并且从1911至1912学年起，由于俄罗斯与德国关系逐渐恶化，国民教育部在其主管的学校内建议教授索科尔体操。后来在俄罗斯许多大城市的中学和高等学校内都建立了索科尔体操小组。从捷克邀请体操专家，购置大量体操器械和设备，大量出

---

❶ Б·Р·戈洛夏波夫. 俄国体育运动史[M]. 莫斯科："科学院"出版中心，2010：68.

版该种体操的教学方法的书籍,以组织教学练习❶。尽管官方要求学校体育教育以军事体操训练为主,不过俄罗斯民间和个人却组建了一些新型实验学校以实行他们所倡导的体育教育观,并制定了自己的体育教育大纲。与国立学校可以经常不上体育课不同,实验学校内体育课是必修课,课时为周四至周六,甚至有些学校每天都要上体育课。

有的实验学校在体育教育中能做到因材施教,针对学生的不同情况,提出个别处理孩子体育过程中的运动量问题。B·B·卢金医生在谈到个别对待体育的重要性时,建议不以年龄为参照,而以儿童身体发展的个体资料作为基础,认为不应通过体育课科目等级,而应按人体测定情况评定体育。依照这个思路和标准,他将学生分为4个人体测定小组:良好发展组、中等发展组、体质较差组、体弱组。根据身体发展偏差,他为每个组制订了专门的训练大纲,并按大纲对学生的发展状况进行观察。经过长达数年的观察和实验,这种训练效果很明显,引起了教育界和医学界的广泛兴趣。B·B·卢金的实验符合新型教学大纲的要求,该大纲强调在体育过程中对学生进行医疗和教育监督。同时,B·B·卢金的实验得到了医生A·K·阿诺霍的响应,他建议一年两次检查孩子的身体能力和健康状况,为每个学生建医学卡片,记录健康和身体发展指标。新型实验学校体育教育大纲还包含了允许体育教育以课外形式施行,可以进行各种旅游和旅行。大部分实验学校重视体育基础设施的建设,大都建有宽敞的体操馆,户外游戏操场,一些学校甚至还修建了游泳池。学校认识到使学生接受规范体育教育具有重要意义,为达此目的,"必备的卫生环境、固定的医疗监督、根据不同季节教学日中每天一小时的户外游戏、温热的早饭、规范划分和交叉课程让学生保持饱满的情绪"❷。这样的实验学校在当时的俄罗斯虽然只是少数,但却成为体育教育的试验地,对后来俄罗斯体育教育的确定和发展起到了基础性的作用,推动和刺激了体育教育体系的建立。

在实验学校的影响下,俄罗斯教育当局开办了士官学校和军事学校,而军官武备学校后来变成了军事中学。1863年建立了军事院校管理总局,同时组建了设

---

❶ 索科尔是捷克体操团体及其成员名称,采用特殊的所谓斯拉夫式体育教育体系,其他斯拉夫国家也有类似团体。
❷ 根据杰尼舍夫斯基学校纪念册的记载。

施良好的教育博物馆。1864年起军事院校管理总局开始出版月刊《教育汇编》，杂志刊登军队和军事院校体育训练方面的内容。

为在军队进行体育训练，必须在军队和军事院校组织培养体操教师。一些著名的学者、医生和教育家（А·Д·布托夫斯基、П·Ф·列斯加夫特、В·В·戈里涅夫斯基等）积极加入培训理论和实践基础的研究中，他们的工作客观上也推动了体育教育的建立和完善。

俄罗斯国内体育教育体系的创建与彼得·弗兰采维奇·列斯加夫特（1837—1909年）的名字分不开，他称得上是俄罗斯体育教育的奠基人，俄罗斯第一所高等体育院校——彼得格勒П·Ф·列斯加夫特体育教育学院（1919年）即以他的名字命名，而早在1896年，他就在学校里创建了"女体育教员和女体育官员培训班"。

П·Ф·列斯加夫特——俄罗斯体育教育系统的创建人

列斯加夫特早期曾在А·Г·贝尔格里得教授创设的医疗体操学校担任医疗顾问，期间对国外体育教育体系进行过研究，这成为他体育教育理论和实践的初期工作。1877年列斯加夫特在第二军事学校任教时，成功组织了两年制的军官教学体操培训班。培训班大纲包括：人类学、卫生学、生理学、解剖学、身体运动理论、体操艺术方法、数学、物理、化学，以及实践科目：击剑、体操、游泳、游戏和手艺。但由于缺乏经费和社会的支持，不能资助学生进行进一步的学习，培训班实际上只培训了十多人就被迫关闭了。在彼得堡大学工作期间，列斯加夫特一如既往地实行他的培训计划。1893年，体育发展促进会在彼得堡成立，列斯加夫特任该促进会秘书。促进会成员的主要工作是向人们宣传体育教育，以及组织人们游戏、旅游及消遣，这些都是纯粹的不计报酬的工作，目的是推进体育教育风尚的形成。短短的两年时间，促进会成员就发展到了400余人。在一次学院的讲话中，列斯加夫特阐述了自己有关体育教育的看法和理解："体育发展在于提高儿童力量和促进儿童健康，教育的任务是教会年轻人自觉对待自己的行为，使之与智力发展完全相符，并在最短的时间里、以最少的精力完成自己的工作"❶。

1895年，在促进会的一次会议上，列斯加夫特建议开设教师培训班，以培训那些专门和孩子做体操游戏的人，促进会采纳了列斯加夫特的建议，并委托他作为负责人带领大家编写了即将开设的教师培训班的条例和大纲。第二年，促进会召开会议，审议并通过了《体操和游戏女教师临时培训班章程》，任命列斯加夫特为该培训班负责人。由于列斯加夫特在学术界和社会上有着极高的威望，为此吸引了众多的知名专家来到培训班工作。在这个培训班里，有来自波兰、保加利亚、乌克兰、高加索、芬兰、乌拉尔、中亚及远东的学员，她们在这里得到了全面系统的专业体育教育知识的培训，为以后从事体育教育打下了良好的基础。列斯加夫特所倡议开设的教师培训班实际上相当于培训体育女教师和组织者的高等院校，只不过在当时被视为一般的培训班，甚至仅仅被称为"列斯加夫特培训班"，但其作用和功效却不可忽视。

首批在列斯加夫特培训班接受培训的体操和游戏女教师

---

❶ Б·Р·戈洛夏波夫.俄国体育运动史［M］.莫斯科："科学院"出版中心，2010：18.

在其主要著作《在校生体育教育指南》一书中，列斯加夫特详细阐述了他的体育教育系统论。主张体育教育应采用教育的、医学生物的、心理学的研究方法为前提和基础，科学论证体育教育的原则；制定了专业训练（本质上说是高水平的教育）体育教育人员的原则；提出了体操的分类的看法；分析了体育教育与智力审美培养的相互关系；指明了运动在人们日常生活、劳动和军事中的教育作用；介绍了妇女体育教育实践所取得的成绩。在另一部著作《解剖学与体育的关系和学校体育教育的重要任务》一书中，列斯加夫特公布了体育课计划，该计划以他的儿童年龄阶段发展观点为依据，因为他认为，体育教育体系应由少量的自然运动组成，这些运动包括步行、跑步、跳跃、投掷、角斗、简单的体操、游戏、旅游，而不应包括器械体操。他认为体育教育的教学法应采取不同以往的方法，应将身体和精神的结合作为体育教育的基础，他坚信"在人身体和智力发展之间存在紧密的联系"，人的"智力的增强和发展要求相应的身体发展"。出于道德的原因，他反对竞技运动，认为最有意义的是在做体操的过程中要有思维，即训练者要感知他在做什么。1906年，经过列斯加夫特的提议，此前已有上千学员的培训班变成新的学校，命名为自由高等学校。1917年前，在该校学习的学生超过两千人。虽然已变为自由高等学校，但在俄罗斯，该校仍然习惯性地被称为"列斯加夫特培训班"。

总体上看，列斯加夫特体育教育体系虽然存在这样那样的不足[1]，但并不影响它成为当时世界上先进的系统之一，一些理论在其后很长时间内都具有指导意义。它提出了不少有价值的理论，如体操游戏种类，各个年龄学生课堂操练内容、比赛和竞技方法的地位和作用等。但遗憾的是，由于当时沙俄政府没有专门制定教育领域的国家计划，也没有提供专业物质技术基础，没有更多高水平从业者的加入，所以这些理论没有有效地成为俄罗斯民族体育的基础，未能实施其最大的功效。

---

[1] 列斯加夫特提出的体育教育教学方法有时在体育实践中不适用。比如，他要求运动名称和说明应简短，但在实际教学中做不到，口述的教学法经常会变成令学生（特别是低年级学生）厌倦的冗长独白。他的体育体系很多是固有的形式理论。比如，他认为可以让孩子滑冰，因为可以在较小的场地上进行，他们能经常休息，但滑雪没有这种可能，因此会疲劳过度。基础知识的选取存在个人的偏好，比如，在其主要著作《在校生体育指南》中，涉及历史性地评价体育发展问题时，他回避了体育起源、教育阶级本质和体育发展中民间体育的作用等问题。

三、青年学生的教育和童子军队伍的创建

农奴制废除后,俄罗斯进行了包括教育领域在内的一系列改革,改革的一个结果是小学、普通中学、实验中学和大学的新章程促进了体育运动项目在民众中的普及,建立、完善了体育教育方法。尽管由于各种原因的影响,当时学校教育方面的改革在青年学生体育设置方面以及体育教育实施方面没有出现十分明显的变化。在这种背景下,一些致力于青年体育发展活动的教育家和医生开始行动起来,努力促进学校体育教育和青年体育教育的发展。19世纪90年代,他们在莫斯科、彼得堡、基辅、敖德萨等城市创建了青年学生身体发展促进会,到了20世纪初,这样的青年学生身体发展促进会在俄罗斯不同地区包括西伯利亚、中亚、外高加索、波罗的海沿岸的数十个城市里都建立起来。倡导建立促进会的人士中,最积极的是П Ф·列斯加夫特教授和Е·А·波克罗夫斯基医生,他们都是当时的知名人士。

20世纪初,在战争和革命形势下,俄罗斯当局试图在中、小学引入军事体育,进行军事化管理,为此,教育部也通过了一系列相关问题的决议。但效果并不如想象得那样好,实施起来有相当多的条件限制。而童子军的出现恰好改变了这一情形。"童子军"一词起源于英国,意思是"侦察兵"。提出建立童子军运动的是英国上校罗伯特·贝登堡,他在《给男孩们讲讲童子军》中叙述了自己的观点。童子军运动是少年儿童的体育和德育体系,该体系以儿童对游戏、大自然、行军、捕兽、做各种体操的喜好为依据。经常在大自然中进行引人入胜的军事化游戏可以引起孩子们的极大兴趣。童子军人生信条建立在善良、爱祖国、相互尊重的全人类标准,以及宗教信仰的基础之上。这本书的内容引起了沙皇尼古拉二世的极大兴趣并命人将其译成俄文。尤其是依照童子军运动原则编写的仪式和信条在实施后取得的良好效果打动了尼古拉二世,遂决定在俄罗斯建立童子军。

俄罗斯童子军成立于1910年4月30日,当时上尉船长О·潘捷霍夫在彼得堡附近的巴甫洛夫公园点燃了第一堆篝火。其口号"时刻准备着!"唤起了孩子们无限的激情,后来在苏联时期应用于少先队组织中。童子军队伍中年轻的"侦察

兵们"不仅发展身体、培养道德观，还参加实际的慈善活动，帮助老人和病人。第一次世界大战时，孩子们加大了活动的力度，帮助伤员，给前线写信。到1917年俄罗斯登记的童子军总人数有上百万人。十月革命后，童子军运动因不符合苏联的思想体系而被取缔❶。但这并不妨碍少先队的组织者借鉴童子军的很多仪式、方法条例甚至口号"时刻准备着！"。同男孩子一样，女孩子也建立了童子军队伍，俄罗斯第一支女童子军队伍出现于1914年的基辅。女童子军的日常训练强度虽没有男童子军那样大，但其精神、宗旨等则是完全一样的。

事实上，俄罗斯当局在组织国民体育发展方面没有计划性，但他们注意到俄罗斯民众体育训练和身体健康状况的问题。在官方信函的附件中，俄罗斯年轻一代体育状况被评价为"完全不令人满意"，文件表达了政府当局对俄罗斯体育运动状况的忧虑，对政府的态度做出了深刻的反思。其中，有一份档案文件很能说明问题，这份文件是1912年12月10日部长会议主席В·科克采夫致В·Н·沃耶伊科夫的一封信，信中说："本月7日圣上在皇村吩咐阁下提出建议，以采取合理措施发展国民身体"❷。"采取合理措施"以"发展国民身体"，可以解释为俄罗斯政府当局已意识到问题的存在，因而敦促职能部门采取合理措施，以改善国民健康状况。为此，沙皇曾命令，"应拟定建议，刻不容缓地对全民身体发展制定合理的措施，这里指的是，根据性质和意义，应设置有足够权利和必要资金配置的专门机关，既作为所有部门内上述事务的总领导，也作为所有致力于该项事务的私立组织的联合会"❸。

到了20世纪初，俄罗斯私立体育协会数量明显增多，但是只是单个的小组，即便形成了组织，规模也不大，彼此没有连接成一个严谨的整体。鉴于此，俄罗斯政府当局强调未来体育教育应具有国家意义，提出为达到此目的，就应"培养身体健康、有耐力和朝气蓬勃的一代"，从而完成既定任务。为此，俄罗斯政府当局重新建立了体育领导机构，制定了活动大纲及方向，该领导机构以俄罗斯国民身体发展总观察办公室为代表，成立于1913年7月7日，领导人是沙皇侍从В·Н·沃耶伊科夫将军。

---

❶1990年童子军运动在俄罗斯得以复兴。
❷国家军事历史档案馆．全宗61．目录Ⅰ．卷宗5，第2页。
❸Г·С·德梅捷尔．俄国体育史及奥林匹克运动概述［M］．莫斯科："苏联体育"出版社，2005：39．

上述情况表明，俄罗斯政府当局在意识到体育发展的基本情况，尤其是体育教育的不良状况时，明确提出了建立发展体育的国家领导机关的必要性，首先在政府一级宣告了创建体育体系的目的："培养身体健康、有耐力和朝气蓬勃的一代"。应当说，政府关注的是促进整个国民的身体发展，而不是个别、特殊的阶层人士。这足以证明，在第一次世界大战前夕，俄罗斯认真地创建了统一的国家体育体系。这正如当时的媒体所指出的那样，"在发展政府官方支持的俄罗斯体育中，给俄罗斯人民的身体恢复和保健事业开辟了新时代"[1]。

第二节 现代体育运动项目的兴起和开展

19世纪下半叶至20世纪初，俄罗斯现代体育运动项目开始兴起并得以蓬勃发展，成为这一时期俄罗斯体育文化的一个突出特点。但总的来说，俄罗斯体育运动项目相比大多数西方国家，其兴起和发展要晚一些。体育运动和项目的出现既是体育学自身发展以及教育界、医学界人士和众多体育从业者共同推动的结果，往往又取决于一个国家社会、政治、经济、文化乃至军事发展程度和发展水平。19世纪末，俄罗斯城市人口比例约为15%，城市居民中有不少人开始参与、从事各种运动项目。到了20世纪的第一个十年，沙俄帝国经济发展速度很快，1913年前，工业生产已排在世界前列。此外，俄罗斯体育比赛形式的发展具备悠久的历史传统，这些传统还在古罗斯时就已开始传承。在俄罗斯的彼得堡和莫斯科两个城市，先前已开始举办俄罗斯单项冠军赛，形成了体育运动的组织基础，研究了体育的理论问题和方法问题。而早期的体育杂志促进了体育思想的普及，如《狩猎者》（1887年）、《体育》（1900年），到1915年前，俄罗斯有34种体育期刊面世。这些因素对俄罗斯现代体育运动项目的出现起到了很大的促进作用。

19世纪下半叶至20世纪初俄罗斯出现的体育运动项目，大致经历了一个从最初的小范围到大范围直至全民参与的变化过程，有的运动项目开始是贵族运动，后来平民化，成为平民运动，有的属于专业技能型，专业队员才能参与，后来参

---

[1] 俄罗斯体育.1913（25）：118.

与者主要是业余爱好者。一些传统项目，如骑马（赛马）、自行车、摔跤等，情况也发生了变化，更加讲求技术、技巧，比赛场面更加激烈，开始趋于商业化等。一些工厂里的体育运动项目也开始广泛普及，从而形成了工人体育。

最初出现的俱乐部通常是上层社会人士娱乐和公务会面的地方。诸如帆船、划船、骑马、花样滑冰、网球俱乐部等都是封闭式的，并没有面向大众。

帆艇 创办于1860年前后的彼得堡"帆艇俱乐部"是俄罗斯最早的体育运动俱乐部，其成员是企业主和社会其他上层人士，他们不仅仅把帆船和划船运动当做一种娱乐，而且还将其当做一种事业来经营，以此支持商业帆船队的建设。彼得堡"帆艇俱乐部"从其活动的第一天起就开始举办帆船和划船的各种大奖赛和杯赛。1867年，莫斯科附近的莫斯科河上也出现了相同的"帆艇俱乐部"。后来俄罗斯的其他一些城市也出现了一些帆船俱乐部，这些俱乐部遍布于伏尔加河、第聂伯河、黑海沿岸和波罗的海沿岸的城市。19世纪末，俄罗斯总计约有40个帆船和划船俱乐部，成员约有4千人。在划船运动中取得较好成绩的是М·古热科，他在1910年、1911年和1913年的俄罗斯国内冠军赛上获得了冠军，在1908年和1910年的欧洲冠军公开赛（欧洲最流行的比赛）上夺得冠军，在1913年牛津大学冠军公开赛上取得胜利。另一位出色运动员是А·别列谢列采夫，他在英国和法国大型国际比赛中也曾夺魁。

举重 在19世纪80—90年代，俄罗斯体育运动项目发展尤为积极，出现了一些更新式运动项目：重竞技运动、田径、足球、滑雪、拳击（不同于以前的拳斗），项目的参加者包括各阶层人士。较早出现的体育运动项目是包括举重、角斗和拳击等在内的竞技运动项目。举重一般被认为兴起于1885年，那一年，彼得堡医生В·Ф·克拉耶夫斯基博士在自己彼得堡的住宅中组织了"竞技运动爱好者小组"，小组成员有70人左右。当时希望能参加进小组的人非常多，但鉴于条件的限制，无法接受更多的成员，这也使得此项运动不能有效地开展。此后经过多方努力，类似的小组陆续出现在莫斯科、基辅、乌法、叶卡捷林诺斯拉夫、下诺夫哥罗德、敖德萨和特维尔等城市。克拉耶夫斯基也被公认为"俄罗斯重竞技运动之父"，成为俄罗斯重竞技运动奠基人。克拉耶夫斯基将举重称为重竞技运动，他认为负重体操是最难和最重要的运动项目之一，因为整个身体的肌肉比其他部分得到更多的发展，并以此来解释与练习重物重量成比例的更大的肌肉压力程度，重物重量有时很大，肌肉受压力也很大，因此他认为举重就是重竞技运动。1897年，在Γ·И·利勃别尔伯爵的极力倡导下，创建了彼得堡竞技运动协会，协会推行重竞技运动。这一年产生了俄罗斯史上第一个重竞技运动（举重和角斗）业余冠军。俄罗斯举重冠军由20岁的学生彼得堡人Γ·梅伊耶尔获得，他还被作为拳击奠基人载入俄罗斯体育史册。20世纪20至30年代，Γ·梅伊耶尔是列宁格勒体育学院教师。那个时候，成绩只要超过前冠军，就可以成为新的冠军。当时的比赛还没有划分运动员的重量级。从1898年开始，俄罗斯的重竞技运动员成功地参加了国际比赛。

在拳击方面，优秀的拳击运动员А·Г·哈尔拉蒙比耶夫1915年被《致体育》杂志称为年度最佳拳击手，获得了俄罗斯第一个拳击冠军证书和奖杯❶。后来他成为体育中心学院拳击教研室主任、副教授，从事大量的教师和教练工作，培养了一批学生，其中，К·В·格拉多博洛夫是出色的拳击手和拳击运动组织者，在苏联拳击学校的建立中做了重要工作。

滑冰 滑冰运动开始于1877年，当时彼得堡组建了滑冰爱好者协会❷。协会的常任主席是В·И·斯列日涅夫斯基。该项运动包括速度滑冰和花样滑冰。在19世纪末20世纪初这段时期内，俄罗斯出现了一系列知名的滑冰运动员，主要有：А·潘申、Γ·格谢列夫、Н·谢多夫、Е·布尔洛夫、Н·斯特鲁尼科夫、В·伊波利托夫和А·П·列别捷夫等。

滑冰运动在俄罗斯发展水平比较高，组织体系比较完善，包括一些滑冰俱乐部和协会的创立。其中，圣彼得堡滑冰爱好者联合会就是众多协会中的一个。这些高水平的组织经常帮助、带领俄罗斯滑冰运动员频繁走向世界赛场，开阔眼界，参与竞争，以便帮助运动员在国际比赛中保持领先地位，比赛成绩达到世界领先水平。运动组织认为自己的贡献是派出运动员参加国际比赛，因为运动员在比赛中给祖国和联合会带来荣誉。为了更好地发展滑冰运动，该运动项目的体育联合会还开办了一些滑冰学校，吸引最优秀的滑冰运动员和相关人员。联合会经常进行完善运动员训练的工作，编写各等级比赛的方法，以施行于不同年龄的运动员。

---

❶ Э·鲁茨基.这是个狂热的俄罗斯人［M］.莫斯科："体育和运动"出版社，1970：82.
❷ 1864年在彼得堡创立了俄罗斯第一个滑冰俱乐部，在俱乐部内主要是从事花样滑冰。冰场设置在尤苏波夫伯爵私邸附近的公园池塘上，俱乐部和滑冰场都是封闭式的。

在杰出的滑冰运动员中，А·Н·潘申的主要贡献是在1908年第4届伦敦奥运会上的一次比赛，这次比赛给他带来世界性的荣誉和后辈的崇敬。他在自己的回忆录中写道："我比赛时，自豪地感觉到自己是代表俄罗斯。"

А·Н·潘申1858年出生于彼得堡，是尼古拉耶夫道路管理委员会的记账员，1886年他第一次参加速度滑冰比赛，就获得了第1名。1887年潘申在外科器械制作坊为自己定做了一双冰鞋，冰鞋由他自己设计，有着惊人的全直刀刃。很长时间里这种冰鞋都被称作"潘申式冰鞋"，被认为是当时世界上最好的冰鞋。用这样的冰鞋滑冰，速度大大加快，当年每俄里能达到22秒。杰出的滑冰运动员 Н·И·谢多夫被公认为是俄罗斯滑冰技术的奠基人。他的滑冰技术独特，滑姿准确、协调、奔放，代表了力量与美。另一位杰出的滑冰运动员 Н·В·斯特鲁尼科夫，他在一系列国内外的比赛中都获得了胜利，在1911年的世界冠军赛上，他在所有比赛项目上都取得了胜利，创造了罕见的奇迹。同年又创造了5000米的世界纪录（8分37秒20），并保持该纪录长达17年。另一位著名的滑冰运动员 В·伊波利托夫，在1913年首次获得了欧洲冠军赛冠军，其后两次在世界冠军赛10000米项目上获胜，一次在世界冠军赛的5000米项目上获胜。

俄罗斯第一个冠军赛在1889年举办，是根据莫斯科河流帆船俱乐部的倡导而设立，观众约有1500人，这在当时已经是一个很大的数字了。比赛只有一个项目——3俄里（320米）。滑冰跑道是个200多米的椭圆形，弯道很陡。选手们在转弯处几乎全是直角的赛场上比赛，展示的不仅仅是速度，而且是弯道艺术。

俄罗斯冠军赛的项目与世界冠军赛不同。最开始的5年里每次只有一个项目，即3俄里。在同等起跑条件下，组织选手们进行数次预赛，选拔出优秀的运动员进入最后的决赛。从1894年开始，预赛分组进行，决赛只有一组，项目变为两个：1500米和3000米。但要想成为冠军，必须在两个项目上同时获得第一才行，这就增加了夺冠的难度，因为能做到这一点的人并不多，以至于出现冠军赛虽举办了几届但都未能产生冠军的现象。鉴于此，组委会在1908年对冠军赛的规则进行了修改，在原来两项基础上又增加了500米项目，要求选手必须在一天内同时参加这3个项目，只要在其中的两个项目中取胜，就可以获得冠军。这就降低了取胜的难度。第一个成功做到这一点的选手是 Н·斯特鲁尼科夫，当时莫斯科的一家报纸对斯特鲁尼科夫进行了这样的评价："他现在在我国找不到实力相当的对手，他应去国外寻找。" 这不是媒体的妄加评论，事实上，在1910年至1911年间，国际赛场上几乎没有他的对手。

1913年举行了首届全国女子滑冰冠军赛。而最初的女子速滑比赛于1910年进行，比赛规则是女运动员牵着男运动员的手一起滑一圈。从1911年开始，女选手开始独自参加500米比赛。1913年全俄滑冰联合会和莫斯科滑冰联盟在莫斯科以强盛滑冰运动的名义举行比赛。来自莫斯科的Е·克列梅切夫斯卡娅获得了第1名，其500米成绩为1分05秒，从而成为俄罗斯第一位滑冰女冠军。

自行车 从19世纪90年代开始，在俄罗斯的一些城市里，便开始兴起了自行车运动。但早在1752年，俄罗斯下罗夫戈罗德省一个名叫Л·沙马舒列科夫的农民根据自己的理解，想象出了一种多座的自行式小车。他给参议院寄去一封信，信中描述了他所想象的小车的结构和特点。根据参议院的指令，他被叫到彼得堡，并于当年10月制成了小车。经过试验，小车非常实用，为此，Л·沙马舒列科夫获得了50卢布的奖励。后来乌拉尔工匠Е·阿尔塔莫诺夫对这种小车进行了改造，在原车基础上添加双轮踏板制作出了双轮踏板自行车。1801年9月15日在沙皇亚历山大一世举行加冕礼时，莫斯科克里姆林宫前的广场上出现了一架小车，车上的男子用手掌舵，双脚踩在前面大轮的专用拉杆上。当时这种神奇小车让所有人包括沙皇感到惊讶。作为犒赏，沙皇解除了工匠及其全家的农奴身份。如今，这辆双轮踏板自行车保存在下罗夫戈罗德省博物馆里。在19世纪60年代车轮橡胶内胎出现之前，自行车轮胎大都是木制或铁制。虽然出现了自行车，但那时候俄罗斯并不制造自行车，尤其是运动型自行车。当时人们的交通工具主要是马车，骑行自行车往往会让马受到惊吓，给行人造成危险，而且类似的娱乐对于骑车本人来说也是一种威胁，因此彼得堡曾有警察局长签名布告，建议采取预防措施。由于其制作技术尚不成熟，加之价钱昂贵，所以自行车并未普及开来，即便到了20世纪初，也只有极少数俄罗斯人才拥有自行车。

虽然自行车的制作和骑行没有得到普及，但自行车运动却有所发展。19世纪末，俄罗斯的一些城市如彼得堡、莫斯科、图拉、华沙（那时波兰是沙俄帝国的组成部分）、波罗的海沿岸、乌克兰和其他城市总共已经有50辆左右的自行车。自行车第一次骑行比赛于1883年进行，一年后在彼得堡举行了更大规模的比赛，当时比赛盛况空前，吸引了上万名观众，这说明自行车运动受人们的关注度比较高。

根据《自行车运动员和帆艇俱乐部》杂志在1892年第1期的报道，1891年前俄罗斯仅政府正式确认的自行车协会就有17个之多，这些协会都有自己的章程和许多爱好者小组，自行车运动员达到了6000人。俱乐部和协会能培养出代表俄罗斯参加世界比赛的运动员。М·И·齐雅科夫是自行车皇村俱乐部的成员，还在青年时期就开始从事自行车运动，在国内比赛中屡创佳绩。1896年俱乐部派他去伦敦参加英国公开赛（当时最大型的国际比赛），取得了轰动性的胜利，在2俄里和5俄里两个项目中创造了世界纪录，被誉为"自行车之王"。另一位杰出的自行车运动员是А·С·布得尔金，在自己的运动生涯中，他代表莫斯科自行车俱乐部总共取得了包括国际比赛在内的60多场比赛的胜利。他还是一位多身手型的自行车运动员（同时又是游泳运动员、帆艇运动员、赛车运动员）。他是俄罗斯纪录创造者，多次全俄和世界比赛的获胜者，在数个国内冠军赛上夺魁。他因提出极出色的战术方法——重点冲刺法而著名，并创造了四分之一英里比赛的世界纪录。

1891年，俄罗斯举行了首届自行车冠军赛，比赛只设置了7.5俄里（8公里）这样一个项目，莫斯科选手Г·杰维斯最终以15分31秒的成绩获得第1名，被授予"俄罗斯自行车冠军"称号。虽然这次比赛只设了一个项目，但却极大地引起了民众的普遍关注和兴趣，推动了自行车运动的兴起和发展。三年后的1894年，俄罗斯首次举办多日公路赛，总赛程为410俄里（437公里），比赛路线从莫斯科一直延伸到下诺夫哥罗德，莫斯科选手М·热沃奇科最终以25小时43分的成绩获得了冠军。而最受观众欢迎的比赛是从莫斯科到彼得堡的比赛，连一些外国选手都被吸引进来参加比赛。

在国际自行车赛场上，俄罗斯自行车运动员不但走出俄罗斯参加了国际比赛，而且取得了相当不错的成绩，其中，М·齐雅科夫和О·潘科拉托夫最为有名。М·齐雅科夫是皇村自行车小组的成员，很快他在小组内就没有对手。1893年他在莫斯科举行的自行车赛上成为俄罗斯7.5俄里冠军，时间14分22秒5。一年后的1894年，他又夺得莫斯科自行车赛的"俄罗斯自行车冠军"，用时12分55秒。1896年，齐雅科夫参加了英国冠军公开赛，在5个项目中取得4项冠军，一时成为英国人的偶像，被称为"自行车之王"。英国冠军公开赛后，М·齐雅科夫在俄罗斯国内接连创造了两项世界纪录：2俄里（4.324分）和5俄里（12.032分）。苏联时期，齐雅科夫在第一蒸汽机车基地列宁格勒站工作，工作期间，他和铁路职工及体育爱好者分享了自己的赛车经验，对体育运动的开展和体育的传播起到了一定的作用。

另一位自行车运动员 O·潘科拉托夫是彼得堡"大力士"俱乐部的成员，1911至1913年间，潘科拉托夫骑自行车完成了环球旅行。潘科拉托夫旅行的起点站是中国的哈尔滨，开始是和另两位俄罗斯自行车运动员一起达到赤塔（达到赤塔前其他两人放弃了旅行），然后到达彼得堡，之后一路向西，到了德国，之后经过阿尔卑斯到达意大利，后来又去了奥地利、保加利亚、土耳其、西班牙、法国和英国等国家。然后坐船从英国到达纽约，再横穿美国达到旧金山，随后航行到夏威夷，从夏威夷再到日本，最后拜访了韩国，再从韩国到达出发点哈尔滨。潘科拉托夫在两年的时间里骑自行车行走了4万公里，表现出极大的勇气。为奖励潘科拉托夫为该项运动做出的功勋，他被授予"金刚星"奖❶，其旅行线路也被国际自行车联合会确认。

赛艇　早在1822年，俄罗斯城市彼得堡曾经举办过赛艇冠军赛，当时参赛运动员只用单人赛艇，滑行距离690俄丈（1450米），莫斯科选手 C·舒斯托夫获得了冠军。但作为一项现代体育运动项目，俄罗斯的赛艇与其他现代体育运动项目一样，也是在19世纪末兴起的。

1899年，涅瓦河上举办了国际单人艇2俄里比赛，多次获得俄罗斯赛艇冠军的 M·斯维什尼科夫战胜了英国和澳大利亚的著名选手获得冠军。此后斯维什尼科夫在1909年和1910年的荷兰冠军公开赛上两次获得第1名，1912年在著名的赫列伊斯基国际赛艇竞赛中，他获得了第2名，当时全世界几乎所有优秀单人桨手都参加了这次竞赛。同年，作为俄罗斯队的成员，他参加了奥运会，并获得赛艇项目第4名。之后的1913年，他在"蓝色桨手"荣誉奖大赛中取胜，该奖由牛津大学创立，此前的60年里，该奖项都由英国选手把持。除斯维什尼科夫外，在国际比赛中取得过优异成绩的还有别列谢列采夫，他在1913年的法国冠军公开赛上取得了第1名的好成绩。

赛艇运动的开展促进了赛艇俱乐部的建立，当时在整个俄罗斯，赛艇俱乐部有20多个（1914年前大约有22个），俱乐部的成员主要是由社会上层人士和富裕阶层的代表，以及一部分外国人组成。其中彼得堡赛艇俱乐部经常有皇室成员光

---

❶ "金刚星"奖是国际自行车联合会的最高奖项，颁发给做出杰出体育运动贡献的人。

顾，俱乐部成员往往利用自己的身份和地位，对俱乐部提供帮助和资金支持，并在里面担任一定的职务。由于经常举办一些比赛，包括国际赛艇竞赛，俱乐部也网罗了一些优秀选手，以提高俱乐部的比赛成绩和知名度。1908年，俄罗斯所有俱乐部被联合起来，成立了全俄赛艇协会联合会。在1896年至1914年间，俄罗斯每年都进行单人赛艇冠军赛，至1917年总共举办了22届冠军赛。

游泳 游泳运动在俄罗斯始于1908年，1912年在莫斯科成立了游泳爱好者协会。当时俄罗斯游泳方面的物质基础和条件十分有限，而创建在彼得堡附近的舒瓦洛夫游泳学校算得上是游泳界的一件大事。在彼得堡当时有三个室内小游泳池，即航海学院、贵族子弟军官学校和军官学校的游泳池。莫斯科当时还没有专门的"游泳池"，为了满足游泳需要，甚至把个别浴池稍加改造就作为游泳池，以供运动员在那里练习使用。作为游泳界甚至是体育界值得一提的是舒瓦洛夫游泳学校的成立，这是一所开放式的大众化的学校，不同职业和年龄的人都可以去学习，成年人学习每年出资3卢布，未成年人入学后全部免费上课，工人、职员和大学生都可以去上课，而且先学会的人免费教新手学习游泳。学校采用的教学材料是戈尔辛弗斯基水下救助协会的《游泳训练条令》，教授的主要内容是蛙泳、拉金式游泳和自由泳（但只有很少一部分人能学会）、塔台跳水（塔台有10米高）、陆地体操（戴着悬吊背带）、软木游泳等，都非常实用。舒瓦洛夫游泳学校是一个样板，从学校毕业出来的学生，后来在巴库、尼古拉耶夫、奥拉宁鲍姆等地陆续创建了好几个类似的学校，带动了当地游泳运动的开展。

值得一提的是，巴库男子学校教师Л·А·罗曼琴科鉴于俄罗斯游泳运动员在1912年奥运会上表现平平，并受到英国人Т·布鲁金斯轰动性地征服拉芒什海峡（34公里宽，他创立了横渡该海峡的世界纪录）的刺激，于是决定做出点成绩以证明俄罗斯运动员不输外国运动员，为此，他在任何天气条件下都坚持游泳。1912年7月12日，在伴随船的陪伴下，罗曼琴科在里海进行了一场马拉松式的游泳，他一共游行了12天，直到7月24日才结束游泳，游完了约40公里的距离，这在当时的俄罗斯游泳史上是绝无仅有的。赛后罗曼琴科到了彼得堡，为那里的体育爱好者做报告，然后留在舒瓦洛夫游泳学校。回到巴库后，他和舒瓦洛夫学校的一名学生一起创办了巴库舒瓦洛夫游泳学校。

滑雪 俄罗斯滑雪运动兴起的时间被认为是1895年12月29日，其标志是莫斯科滑雪俱乐部的建立。该俱乐部在霍顿斯克原野（现在的"迪纳摩"体育馆）

上开设了滑雪场，第二年也就是1896年又在索科尔尼克开设了第二个滑雪场，1910年前俱乐部大约有300名成员。在莫斯科滑雪俱乐部建立后的第二年，即1897年，彼得堡附近的巴尔戈洛夫—托科索沃也开设了"极地之星"山地滑雪俱乐部，开始培训跳台飞跃。"极地之星"滑雪俱乐部实行人性化的管理，费用方面：成员年费5卢布，定期不定期参加者、个人和妇女3卢布；3月25日前每天都要记录小组的各项活动，比如教授的滑雪技术，滑雪的形式和内容，比赛、节日、晚会等的举办。每次比赛收费750戈比，比赛项目有250米、500米、1000米、1500米、5000米和10000米甚至更长距离，比赛分有雪杖、无雪杖、平原赛、各种障碍赛和跳过各种物体的跳台飞跃等。随着莫斯科滑雪俱乐部和"极地之星"山地滑雪俱乐部的建立，俄罗斯滑雪运动渐渐开始在其他城市普及开来。

莫斯科滑雪俱乐部和彼得堡"极地之星"山地滑雪俱乐部是俄罗斯滑雪界的两个主要代表，由此形成了日后俄罗斯两个滑雪比赛流派，即莫斯科——平原长距离滑雪（雪杖较长）和彼得堡——起伏山地滑雪（滑板很短）。滑雪运动主要也就在莫斯科、彼得堡和雅罗斯拉夫尔等地开展。1910年全俄首届滑雪冠军赛促进了滑雪运动的发展，该比赛是莫斯科滑雪俱乐部在彼得罗夫斯基公园举办的，滑雪距离为30俄里。来自莫斯科、彼得堡和诺夫哥罗德的14名运动员参加了比赛，П·贝奇科夫夺得了这次滑雪赛的冠军。全俄滑雪冠军赛还于1911年和1914年分别举行了两次滑雪比赛，冠军都为贝奇科夫获得。

1911年至1912年之交，索科尔尼克滑雪小组的成员历时12天，首次完成了莫斯科至彼得堡的滑雪。为纪念这次滑雪，索科尔尼克滑雪小组设定了滑雪奖——纪念册。纪念册扉页上写有这样的话："意图勇敢，执行果断"，该奖颁发给每年举办的传统75公里比赛的冠军。1913年，俄罗斯两位滑雪选手首次走出国门到瑞典参加在那里举行的国际滑雪比赛。这次比赛，俄罗斯运动员的滑雪成绩较之瑞典等其他国家滑雪项目开展得好的选手，有很大的差距，这表明当时俄罗斯的滑雪运动的发展还处于中下水平。

足球 足球作为现代最盛行的体育运动项目，在俄罗斯的兴起也是19世纪末的事。1893年建立的"圣彼得堡体育爱好者小组"，与俄罗斯足球的兴起有关。当时，在俄罗斯的英国人经常开展足球运动，他们在彼得堡、莫斯科和奥列霍沃-茹耶沃等城市创建了足球俱乐部和球队。初期俱乐部成员几乎全是英国人、苏格兰人和德国人，俄罗斯人只是其中的少数，且是作为代表加入的。随着这些足球俱乐部和球队的建立，足球运动在俄罗斯开始慢慢普及起来，其他一些大城市仿照彼得堡和莫斯科，也纷纷建立起了足球俱乐部。1897年俄罗斯第一支足球队建立。球队的组织者和队长是彼得堡大学的学生 Г·丘别隆（1877—1934年），他首次将英国足球比赛规则引进俄罗斯，是俄罗斯首位职业裁判，他为俄罗斯体育发展做出很大贡献，后来成为国际奥委会成员（1913—1917年）。1901年建立了彼得堡足球联盟，俱乐部之间（联盟成员之间）开始了足球冠军赛的争夺。接着，莫斯科、基辅、里加、敖德萨、尼古拉耶夫、哈尔科夫、塞瓦斯托波尔等城市都建立了足球俱乐部。实力最强的队是莫斯科近郊奥列霍沃–茹耶沃足球队，创建者是著名足球队员和赞助者莫洛佐沃伊。

1908年，统一了的莫斯科足球联盟和由英国人创建的彼得堡足球俱乐部组建了全俄足球联合会，稍后又有一些俄罗斯其他大城市的俱乐部加入。联合会的创建大大推进了俄罗斯足球的发展。随着足球联合会的创建，一些国际和全俄比赛开始举办。例如，1912年举办了莫斯科联队和哈尔科夫联队间的俄罗斯足球冠军赛。1909年，英国联队来到莫斯科，和彼得堡、莫斯科俱乐部进行了几场比赛。1910年，奥列霍沃"莫洛佐夫"运动俱乐部组建，俱乐部还在莫洛佐夫公园建立了足球场。奥列霍沃"莫洛佐夫"运动俱乐部作为唯一个外埠俱乐部加入莫斯科足球联盟。1910年，俄罗斯开始设置A级球队杯赛，这是莫斯科足球联盟最好球队间进行的莫斯科冠军赛。莫斯科足球联盟冠军赛第一个冠军是"莫洛佐夫"队，该队当时具有很好的物质基础和锻炼条件，1910年前球队中起作用的是俄罗斯人，这反映了当时俄罗斯足球发展的大致情形。

无论是在莫斯科，还是在奥列霍沃–茹耶沃，每天都有很多市民热衷于踢球。在奥列霍沃–茹耶沃，几乎每个工人集体宿舍都有自己空旷的地方，以满足大家踢球。不少球队名字是以地区、街道命名的。莫斯科近郊还有一些由中学生、大学生和工人组建的球队。像这样的球队，在当时的俄罗斯有很多。1905至1907年革命期间，为了配合当时的革命，还组建了专门的"奔放"球队和"大雷雨"球队。1917年十月革命后，足球几乎成为所有运动项目中普及程度最高的一项运动了，在城市、工厂、学校和部队都建有球队。当时较有名气的运动员有H·索克洛夫、Ф·谢林、斯塔罗斯金–尼古拉兄弟、安德烈和亚历山大。

其中，Н·Е·索克洛夫具有多方面的运动特长，很早就开始在"为了莫斯科人"运动小组从事运动，是俄罗斯10名10×1000米接力赛运动员之一，滑雪比赛冠军，同时还是足球队主力。他是列夫·卡西利小说《共和国守门员》中"冷漠守门员"安东·卡基多夫的原型，根据该小说后来拍摄了著名电影《守门员》；Ф·谢林是苏联足球杰出的后卫和前卫；斯塔罗斯金-尼古拉兄弟在俄罗斯体操联合会踢球，他们是当时俄罗斯最受欢迎的运动联合会"斯巴达克"的创建者。Н·П·斯塔罗斯金是"斯巴达克"和其后苏联联队最强有力的进攻者之一，后来长时间担任该球队的教练员和主管。

田径 田径运动兴起的时间大约是1888年，当时彼得堡大学的一位名叫П·П·莫斯科维大学生，倡议建立一支跑步小组。按照他的倡议，1888年夏天在彼得堡附近的加尔列沃别墅区❶建立了俄罗斯第一个跑步小组，其成员是大、中学生和职员，这个跑步小组后来被认为是俄罗斯第一个田径小组。

当然，跑步小组（田径小组）的建立是受到了国外职业赛跑运动的启发。1883年至1884年间，英国、法国、德国、意大利和澳大利亚等国的职业赛跑运动员来到俄罗斯进行巡回表演。他们的比赛分为两种，一种是运动员在1小时内连续不停地跑15俄里，第二种是运动员在1小时15分钟里不停地跑20俄里以上。这样的比赛对于当时的俄罗斯人来说是新鲜而离奇的表演，因而引起了民众强烈的兴趣和极大的关注，一些人甚至跃跃欲试，试图加入赛跑中去，与国外选手进行比赛。后来俄罗斯方面确实也举办了赛跑比赛，也有俄罗斯选手在比赛中战胜了外国职业运动员的情况，媒体主要是报纸也对此进行了大肆的报道。所有这些都在推动俄罗斯田径运动的发展中起到了很大的积极作用。成年人、少年甚至妇女开始喜欢上赛跑，他们在跑马场组织和举办"比赛节"，而女性的参与尤其是"女子竞走"表演特别引起了人们的兴趣。媒体更是经常和广泛地报道比赛进程，披露比赛细节：如运动员的脉搏、体重，他们的表现、状态，观众的反响等。出现了有关比赛的故事、诗歌、日记。如果说开始时大多数人对赛跑持一种观战和嘲笑的态度，那么后来逐渐喜欢上比赛并希望俄罗斯运动员战胜外国运动员，体现出民族主义情绪了。民众对赛跑运动如此关注

---

❶即现在彼得堡附近的普希金城。

其实也反映了俄罗斯田径发展情况与西方其他国家之间存在的距离。当时俄罗斯的实际情形是，基础设施欠缺，既没有像样的体育馆，也没有可提供练习和比赛的运动场，更没有这方面的师资力量。1908年俄罗斯田径运动员随俄罗斯代表团参加了伦敦奥运会，但没有获取名次。四年后的1912年斯德哥尔摩奥运会，他们参加了田径比赛的所有项目，仍然没有获取名次。其原因主要在于俄罗斯对田径运动的开展关注不够，对奥运会不够重视，对奥运队伍的配套和培训不足。当俄罗斯队员们到国外参加比赛，才第一次看到带有跑道、投掷和跳跃扇形区的真正体育场。

П·П·莫斯科维是一位功勋田径运动员，他倡导、建立了"加尔列夫斯基运动爱好者小组"，小组的主要任务是促进其他类似小组的创建。第二个田径小组于1895年在彼得堡建立。1897年在基辅成立了田径小组，后来该小组变成基辅田径协会。小组领导人是Е·Ф·加尔尼奇-加尔尼茨基。如果说В·Ф·克拉耶夫斯基医生是"俄罗斯重竞技运动之父"，那么在当时Е·Ф·加尔尼奇-加尔尼茨基就是"基辅重竞技运动之父"，他在不同时期从事过重竞技运动、摔跤、划船、体操、射击和自行车运动。他是乌克兰体育运动的积极宣传者和普及者，培养了许多优秀的运动员。

到了1895年，俄罗斯已经开展了赛跑、竞走、跳远、立定跳远、三米跳远、投掷铅球、投掷实心球、跨栏和越野跑等田径项目。首次正式比赛于1897年在彼得堡举行，比赛项目包括立定跳远、投掷铅球、撑竿跳高、半俄里障碍跑和300俄尺跑。首届城市间男子公开赛于1897年在彼得堡跑马场举办，举办者为圣彼得堡体育爱好者小组，主要比赛项目有：100米和450米跑、助跑跳远、550米（半俄里）障碍跑（栅栏、壕沟、屏障）、撑竿跳高、投掷铁饼、掷标枪和推铅球。19世纪90年代至20世纪初俄罗斯民众对田径的兴趣明显增大，田径开始在莫斯科、基辅、哈尔科夫、里加和库尔斯克风行。

1908年举办了俄罗斯首届田径冠军赛，来自彼得堡和里加等城市的6个运动俱乐部共50名运动员参加了比赛。1911年1月，俄罗斯田径协会在彼得堡召开大会，俄罗斯23个田径协会代表参加了会议。会议正式宣布成立全俄田径爱好者联合会，并通过了组织章程，选举了执行委员会。委员会第一任主席由著名体育活动家、俄罗斯第一部田径著作作者、优秀运动员Г·А·丘别隆担任。联合会成立后，即积极开展工作，推动俄罗斯田径运动的发展。1914年，俄罗斯运动员Б·阿尔希波夫创造了100米跑10秒80的纪录，这也是当时世界最好成绩。

随着俄罗斯田径运动的发展，田径比赛需要一定的评定标准和等级。最早的标准是莫斯科和彼得堡的一些协会编写的，这些标准被编好后会推荐给田径运动小组，以便加以实施。彼得堡体育爱好者小组于1902年首次引进了这些标准。这些标准确立后，除了做出过小的修补外，基本上都没有什么大的改动，对于全俄比赛的参赛者来说，这些是必须遵守的标准。遵守这些标准，运动员可以获得名次和奖金。当时制定的标准如下：100米跑——14秒，1500米跑——6分，跳高——115厘米，撑杆跳——180厘米，投掷铁饼——27米（左右手投掷总成绩）。一名参赛运动员要想成为冠军，必须完成所有的标准要求，这就需要有各方面的身体训练。田径在1913年和1914年的俄罗斯运动会项目中已开始占有重要的位置，而阿尔希波夫也正是在1914年俄罗斯第2届运动会的100米跑项目上取得了10秒80的世界最好成绩。到了1916年，俄罗斯田径协会对田径进行了分级：一级（12～15岁少年），二级（15～16岁青年），三级（18岁以上成年）。

俄罗斯女子田径运动经历了一个从不为公众接受、俱乐部禁止到公众接受、俱乐部接纳的过程。众所周知，不少国家，包括俄罗斯的舆论界，都对女性参加田径比赛持否定和怀疑的态度，一些国际体育运动活动家也曾反对女性参加奥运会。女子田径项目直到1928年才被列入奥运会。当时俄罗斯大多数俱乐部的章程甚至规定：禁止接收女人和下等军官。人们之所以反对女性参加田径运动，一个重要原因是他们认为女子参加比赛有伤风雅。虽然当时女子比赛时穿的运动装是带腰带的短上衣和长到膝盖的短裤，但媒体还是出现了女子参赛不道德的言论，因为她们露着小腿肚，"让人参观自己的身体"。1913年女子田径赛获得了官方承认，但俄罗斯报纸却愤怒了："女人做了她们不该做的事，无缘无故蹦跳什么。" 1899年在彼得堡自行车赛车场举办了女子1·5俄里比赛，这本是为提高观众对自行车比赛的兴趣而采取的商业娱乐措施，比赛为获胜者设置了25卢布奖金，但报纸对此讥讽嘲笑的报道使得女性在很长时间内不想也不敢参加田径比赛。

尽管如此，俄罗斯女子田径运动还是在困境中获得了发展，这与俄罗斯官方的支持分不开。1910年5月27日，在莫斯科官方举办的城市间田径比赛上，女子首次参加比赛。《俄罗斯体育》杂志对此评论道："毫无疑问，比赛在俄罗斯女子体育项目发展中向前大大迈出了一步。"获胜者利里耶别尔卡在200米项目中用时34秒20，是当时出现的女子参赛所取得的最好成绩。正如《俄罗斯体育》杂志所说的那样，坚冰被打破了，俄罗斯女子田径在1913年基辅举办的首届俄罗斯运动会上得到正式承认。从此，女子可以毫无顾虑地参与各项田径比赛了。1913年莫斯科女子队和男子队在索科尔尼克一起进行了传统的10×1公里接力赛。1914年5月在莫斯科举办了首届女子独立赛，比赛项目非常多，这是俄罗斯国内女子田径走出去的第一步。

体操 1863年体操协会"棕榈"在俄罗斯彼得堡的建立开始了体操运动的发展，后来又建立了"莫斯科体操协会"和"彼得堡体操协会"，协会的主要课程是德国体操。1883年成立的"俄罗斯体操协会"正式开始了俄罗斯的体操活动。1885年，俄罗斯首次开始举办正式的体操比赛。参加比赛的有11名选手，项目包括器械操和地上腾空跳跃。此后的1886年、1888年和1892年在莫斯科举办了类似比赛。1897年，圣彼得堡田径协会在彼得堡创建，协会于4月15日举行了第1届全俄田径爱好者冠军赛，比赛项目有体操、击剑、举重和摔跤。到了20世纪初，为了推动和发展本国的体操运动，俄罗斯还引进了德国、瑞典等国的体操。但对俄罗斯体操影响最大的应该是索科尔体操❶，它在很短时间内就在俄罗斯和其他斯拉夫国家流行开来。俄罗斯专门翻译了索科尔体操方法和相关书籍，并从布拉格邀请索科尔体操教师和教练到俄罗斯教授体操。索科尔体操不仅在俄罗斯城市普及，还流传到高加索地区，特别是格鲁吉亚，还建立了"索科尔"协会，为俄罗斯普及体操起到了很大作用。沙皇尼古拉二世曾把索科尔体操引入军队中，命令在军队中教授索科尔体操。1917年前俄罗斯登记的索科尔组织有42个，组织中有400名男性运动员、600名女性运动员和1000名少年。索科尔运动在俄罗斯发展体操的意义比较深远，主要表现在苏联政权时期，较快地提高了俄罗斯体操运动员的运动技能，带给他们世界级的荣誉。

---

❶该组织在19世纪末期建立，并于1907年后展开积极的活动。索科尔体操于19世纪60年代初诞生在捷克。"索科尔"协会有自己的剧院、图书馆，从事各种文化工作，但它的声望来自体操。"索科尔"协会在成立初期在捷克人民的生活中起到积极的作用，因为它致力于独立发展奥匈帝国君主制压迫下的捷克人民的文化。

在体育运动管理方面，1917年前的俄罗斯形成了相当严谨的体系，如图所示：

射击 19世纪末，在哈巴罗夫斯克举办了俄罗斯第1届射击冠军赛。之后冠军赛定期举办。从事该项目的主要是正规军人。在手枪和左轮手枪射击项目中取得明显成绩的是Н·帕尼-葛罗米柯，他从1906年起至革命前都是俄罗斯冠军。俄罗斯射击队曾在1912年奥运会上夺得射击银牌。

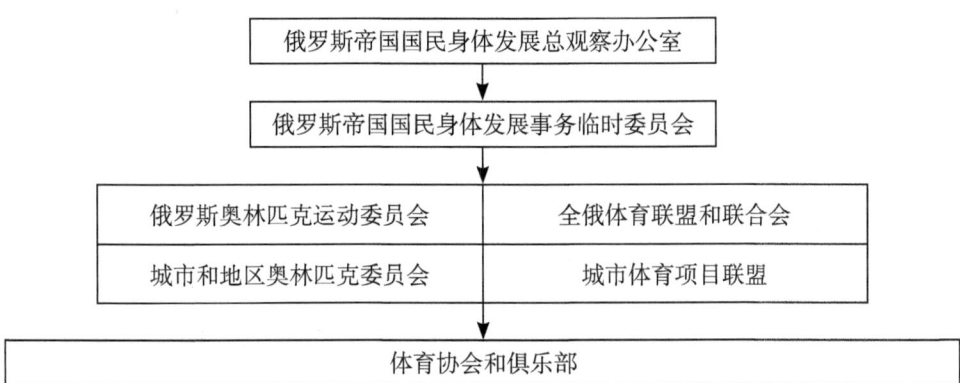

1917年前俄罗斯体育运动管理图

总之，在农奴制改革后，伴随社会经济文化的发展，俄罗斯体育取得了突飞猛进的成果，各项体育运动蓬勃开展，优秀运动员在国内外比赛中取得的优异成绩，带动并吸引了各个层次国民进行体育训练的热情，成为年轻一代崇拜和仿效的对象，而且也提升了国家形象，获得了国际声誉。各种体育协会和俱乐部、各种规模的联盟形式的建立❶，各级奥委会以及全俄高级机关——俄罗斯帝国国民身体发展总观察办公室，成为体育运动有效开展的组织形式和领导机关。创办、出版了各种体育报刊杂志，铺设了体育报道宣传网络，发展了体育学，出现了体育运动组织者、教练、教师和民间体育人士，形成了相当严谨的体育运动管理体系。

俄罗斯体育联合会和俱乐部与俄罗斯杰出的体育活动家密不可分，如Е·Ф·加尔尼奇-加尔尼茨基、Г·А·丘别隆、В·Ф·克拉耶夫斯基、

---

❶出现和发展了大型体育联合会和俱乐部：圣彼得堡田径俱乐部、圣彼得堡"格尔古列斯俱乐部"、基辅田径和体操协会、圣彼得堡田径协会、圣彼得堡体育爱好者小组、圣彼得堡滑冰爱好者协会等。

А·П·列别捷夫、И·В·列别捷夫、Г·И·利勃别尔、Н·С·皮特尔等。20世纪初，俄罗斯体育协会和俱乐部的数量逐级增长，1900年有50个（资料没有统计许多没有章程的体育组织和队伍），1904年有100个，1913年有406个，1914年达到1266个。在上述协会和俱乐部中从事运动的有关运动员数量，按1915年1月1日官方资料，俄罗斯体育组织聚集了来自332个居民点的5万人。但实际数据应大于这一数据。根据А·Л·奇斯佳科夫的观点，运动员数量只取自102个省中的63个，也没有统计相当多的没有章程的协会❶。

第三节 俄罗斯奥委会的成立及其活动

复兴古希腊延续了1000多年历史的奥林匹克运动会引起了包括俄罗斯的学者、教育家、社会活动家在内的世界各国有识之士的广泛关注，有的还尝试举办类似古希腊奥运会的比赛，而希腊本国也从19世纪50年代开始多次尝试举办奥运会，但没有唤起人们的兴趣，结果是不成功的。复兴奥运会需要具备相应的条件，而19世纪末这些条件成熟了。首先是代替分散和封闭的封建制的资本主义得到了发展，工业、文化和艺术取得了长足的进步，促进国际接触的交通方式比如铁路、邮局和电话得到了改善，体育自身的发展和普及也得到了提高，以及国际单项体育协会的出现等。法国社会活动家、教育家顾拜旦根据19世纪中期德国考古学家在奥林匹亚的一次考古发掘给予的启示，决心用奥林匹克运动的方式成为教育青年一代全面发展个性、完善道德、发展智力和文化的有效途径。在顾拜旦复兴奥林匹克运动思想的感召下，沙皇时期的俄罗斯积极参与其中，对现代奥匹克动的恢复和发展作出了不可磨灭的贡献。

一、俄罗斯奥委会的成立

19世纪以后，尤其是19世纪末，国际体育发展逐渐向体育赛事方向发展，当

---

❶ А·Л·奇斯佳科夫.俄罗斯帝国体育协会和俱乐部的形成和出现（社会教育部分）。教育学副博士论文摘要，1999：21.

第四章　19世纪下半叶至20世纪初（1917年）的体育

国际奥林匹克运动会开始孕育并成立之后，俄罗斯体育界也主动谋求发展，并逐渐具备了发展奥林匹克运动的基础和条件，在加入国际奥林匹克委员会的同时，于1911年成立了俄罗斯第一个奥林匹克运动委员会。俄罗斯奥委会建立的时间大体与现代奥林匹克运动兴起的时间一样[1]。

1908年以前，俄罗斯运动员没有参加过奥运会，1908年奥运会之后，俄罗斯开始试图建立俄罗斯奥委会。1910年12月由"彼得堡帆艇俱乐部"倡议，全联盟、体育俱乐部、小组和其他组织代表召开会议。国际奥委会俄罗斯成员Г·利勃别尔参加了会议。会议一致支持俄罗斯运动员参加奥运会的提议，选举了参加第5届奥运会的俄罗斯总队训练组织筹备委员会。委员会成员指出，所有决议必须预先取得政府的支持。一个月后，即1911年1月，为了编写未来俄罗斯奥委会的章程草案，选举了专门的委员会。经过专门委员会的工作，章程草案很快就编写出来了，并分别寄送给全俄罗斯的各体育组织，以便进行讨论。各体育组织积极配合，对章程草案进行了讨论，并将讨论意见反馈给专门委员会。

1911年2月25日，专门委员会组织筹备委员会召开代表大会，代表们来自俄罗斯各个城市的34个体育协会和组织[2]。这次会议成为俄罗斯奥委会的成立大会，会议确定了俄罗斯奥委会的章程，选举了该组织的领导和成员。俄罗斯奥委会成立的目的是统一所有运动和体操组织，训练运动员参加奥运会。奥委会的成员员由13人组成：荣誉主席1名、奥委会主席1名、奥委会副主席2名、奥委会会长6名、奥委会会长候选人3名（在会长因故离开奥委会时完成会长的职责）。会议确定了奥委会以下几项职能：

1. 与俄罗斯及国际组织进行联系。

2. 组织比赛和举行会议，遴选真正的俄罗斯代表，以及整体上了解奥运会和俄罗斯奥委会的活动。

3. 通过举办慈善晚会、比赛等募集资金。

4. 汇报奥委会的事物[3]。

---

[1] 1892年，А·Д·布托夫斯基在巴黎和皮埃尔·顾拜旦见面时，彼此就讨论了建立国际奥委会的问题，同时也谈到俄罗斯体育的现状，宣传奥林匹克精神的可能性。
[2] 体育生活.1911（22）：17.
[3] 莫斯科中央国家军事史档案馆，全宗1120，目录2，存储单元139，第74-80页。

俄罗斯奥委会的常住地是圣彼得堡。章程指出，奥委会主席、一名副主席、秘书和出纳只能在居住于首都的人中选举。奥委会成员由俄罗斯体育和体操组织代表在每两年举行一次的例行代表大会上选举产生，未被选取的成员有权再次参加选举。代表大会有权决定改变俄罗斯奥委会章程问题，同时有权通过禁止奥委会活动的决议。俄罗斯奥委会首次组成成员大多数都是热心于俄罗斯体育的人，他们为俄罗斯体育事业的建立和发展作出了贡献。

但俄罗斯奥委会的成立和通过并非一帆风顺，奥委会章程获得政府批准差不多就用了一年时间，公认的通过日期是1912年5月17日。这里存在这样一个问题：俄罗斯从奥林匹克运动开始孕育之时就积极加入发展它的队伍中，俄罗斯的代表А·Д·布托夫斯基是国际奥委会的创立者之一，也是国际奥委会的俄罗斯成员，后来俄罗斯有三人（公爵С·Б·别洛热尔斯基，伯爵Г·利勃别尔，公爵С·特鲁别茨基）是国际奥委会的成员，俄罗斯队又参加了1908年奥运会，产生过奥运冠军，但为什么在三年后的1911年才成立奥委会呢？究其原因，其一可能是俄罗斯对奥林匹克运动的关注度不够，当局没有成熟的考虑，因为当时奥林匹克运动处于形成阶段，在该机关建立过程中还没有意识到很多体育活动是必须的，而且国际奥林匹克运动同样才迈出自己的第一步。类似的情况在世界上很多国家都存在。其二是当时俄罗斯自身体育运动发展存在着某些方面的不足，俄罗斯当时未建立国家奥委会，因此缺乏专门的机构培训奥运队员，给予队员必要的帮助和支持从而发展奥运项目。为此有两个因素起到了积极的促进作用：第一，由于俄罗斯运动员在伦敦奥运会上取得了诸多优异成绩，体育组织进行了积极活动；第二，政府开始认识到体育在巩固俄罗斯大国的国际威望中的重要性❶。随着第4届斯德哥尔摩奥运会举办日的临近，促使体育组织的领导人更加关注俄罗斯参加奥运会的问题，这也在加速创建俄罗斯奥委会这一问题上起到很大作用。但根本性的原因还在于当时所谓的"芬兰问题"❷。这可以通过1912年4月部长工作日记——《部长会议的特殊工作日记》

---

❶ Г·С·德梅捷尔.俄国体育史及奥林匹克运动概述[M].莫斯科："苏联体育"出版社，2005：53.
❷ 此前，国际奥委会承认了建立于1903年的芬兰奥委会。国际奥委会有芬兰成员男爵维列布拉特，1908年起国际奥委会成员。1809年起芬兰属于俄罗斯。1809年前有6个世纪属于瑞典，俄瑞1808—1809年战争后，芬兰并入俄罗斯。

中的一份材料(《关于批准俄罗斯奥委会章程问题》)看出问题。该份材料透露了延迟批准章程的原因在于所谓的国际奥委会在1911年5月决定允许芬兰单独组队参加斯德哥尔摩奥运会,这一决定受到了俄罗斯政府、军方及体育联合会代表的强烈反对。政府如果批准俄罗斯奥委会的章程,实际上就是承认芬兰是独立的国家,在国际组织中拥有权利。经过反复权衡之后,俄罗斯向斯德哥尔摩奥运会的组织者提出一系列要求并得到满意回复后,俄罗斯政府批准了俄罗斯奥委会章程,正式承认了这一组织❶。

按国际奥委会规定,要正式参加奥运会的国家,其国家奥委会应首先得到国际奥委会的承认。但俄罗斯当时还没有国家奥委会。只在1911年3月16日,俄罗斯体育运动协会的31名代表赞同了俄罗斯奥委会的章程草案❷,并将其递交政府批准。这样,俄罗斯奥委会的建立标志着一个组织出现了,这一组织后来统一了诸多单个项目协会,这样,俄罗斯就成为国际奥委会承认的第13个国家。

二、加入国际奥委会的原因

俄罗斯之所以能与现代体育发展接轨,成立了奥委会,与俄罗斯长期以来所形成的体育文化传统、19世纪下半叶以来的体育运动项目的发展和俄罗斯体育人士的推动宣扬分不开。早在基辅公国建立之前,古罗斯就广泛盛行并普及了各种民间游戏、拳斗、马术、摔跤、流浪艺人的舞蹈和游戏。同时,东斯拉夫人部落节日表演时就举办这些具有重要作用的民间游戏和体操,这些游戏和体

---

❶ 顾拜旦在1911年5月国际奥委会布达佩斯会议上提出可以将殖民地国家人民引进奥林匹克运动,服务于他们的和平事业,特别是以实际行动表示支持芬兰和波西米亚,希望这些国家体育自治。当时,国际奥委会允许波西米亚单独组队参加第5届奥运会的决定,引起奥匈帝国的抗议。该国驻瑞典大使向奥运组织者声明,奥匈帝国不允许捷克人参加类似的比赛,如果他的抗议无效,奥匈帝国的运动员将抵制奥运会。奥运会组织者回复时保证,捷克人没有旗帜,只允许捷克人带一个特制的标牌,这才平息了风波。

❷ 1917年十月革命后,苏维埃政府宣布退出国际奥委会,俄罗斯奥委会被取缔。1951年4月23日,奥委会再度成立,并重新加入国际奥委会,两周获得了国际奥委会的承认,当时名为苏联奥委会,1991年,苏联解体后,俄罗斯奥委会的名字再次被使用。苏联奥委会主席在不同历史阶段一直由国内和国际著名的体育活动家担任,他们分别是:安德利阿诺夫、巴甫洛夫、瓦辛和斯米尔诺夫。

操深受人们的喜爱❶。基辅索菲亚教堂壁画真实地体现了古罗斯体育广泛普及的情况。壁画反映了狩猎、摔跤、流浪艺人舞蹈及技巧体操场面。所有这一切都足以证明，在古代，甚至是在中世纪罗斯就已经了解希腊的多神教比赛，包括奥运会。奥运精神逐渐渗透到他们的科学著作中。彼得一世时期的В·Н·塔吉舍夫（1686—1775年）在自己的一部著作中曾谈到奥运会，М·В·罗蒙诺索夫（1711—1765年）曾计划写一篇有关"奥林匹克"比赛的文章。叶卡捷琳娜二世统治时期的1776年，在彼得堡举办了独特的节日，节目除了有精彩的表演外，还有骑手、摔跤手、拳斗手的比赛，胜者奖给奖牌，П·Ф·列斯加夫特在其所编著的《学龄儿童体育手册》（1888年）中，科学地分析了古希腊的体育，包括奥运会。19世纪下半叶农奴制废除后，俄罗斯国内出现了体育体操运动。各地出现了各种运动俱乐部（体操、滑雪、滑冰、自行车、摔跤、重竞技运动、击剑、田径等），建立了体育协会和联盟，举办了全俄冠军赛；俄罗斯运动员参加了滑冰、花样滑冰、摔跤、重竞技运动、自行车运动、象棋等项目的国际比赛并多次获胜。根据П·Ф·列斯加夫特和其他先进学者的倡导，建立了青年学生体育发展协会。19世纪下半叶俄罗斯的思想文化取得巨大成就，当时的俄罗斯迈入世界最先进的国家之列。Н·Г·车尔尼雪夫斯基（1828—1889年）、Н·А·杜勃罗留波夫（1836—1861年）、К·Д·乌申斯基（1824—1870年）、И·М·谢切诺夫（1829—1905年）通过各自的著作奠定了体育领域的哲学、教育学和自然科学知识基础。建立了世界上第一个经科学论证的体育体系，其很多规则具有极强的现实意义。А·Д·布托夫斯基（1838—1917年）、Е·М·捷梅季耶夫（1850—1918年）、Е·А·波克罗夫斯基（1838—1895年）等在体育理论和实践中都做出了贡献。所有这些都为俄罗斯奥委会的成立提供了土壤。

布托夫斯基应该算作是俄罗斯第一位奥林匹克运动活动家。1892年他在巴黎与顾拜旦的会面是其活动的开端，当时他去西欧考察，研究体育状况。顾拜旦讲述了自己筹建奥委会的计划。他们成为彼此积极拥护对方思想的志同道合者。1894年作为俄罗斯代表加入国际奥委会。他热情赞同并支持顾拜旦所秉持的"国际比赛是个成功的理念，它反映了现代人类的迫切需求，是年轻一辈身体和道德重建的需要"的观念。虽然作为沙俄军队的将军，他个人的社会和政治观点是迎

---

❶古俄罗斯编年史《编年故事》（11世纪）对此有过较详细的记录。

合官方要求的，但在对待体育运动问题上他却有自己独立的见解，认为应根据具体情况发展体育，反对盲目照搬国外的经验。这与他的体育专业背景有关（作为体育专家，曾多年在彼得堡军事学院学习体育史、体育理论和方法课程），作为国际体育运动的著名活动家，布托夫斯基参加了许多国际代表大会和国际奥委会会议，亲历了1896年的第1届奥运会。他写了一部关于第1届奥运会的很有意思的书《1896年春天的雅典》。提到体育的作用时，他写道："除了现代体育，没有什么东西可以如此拉近人们的距离，促进形成和平、友谊的团体。"同时，布托夫斯基也是俄罗斯第一位奥林匹克运动宣传家，在其《法国的体操》的文章中，向国内读者介绍了顾拜旦筹备恢复现代奥林匹克运动会的活动和计划，三年后，在《1896年春天的雅典》一书中，他又向俄罗斯读者详细介绍了第1届奥运会的进程，分析了奥林匹克运动的思想和意义，这是第一部有关俄罗斯现代奥运会的书籍。作为第1届国际奥委会的成员，布托夫斯基还参与筹备第1届奥林匹克代表大会并被授予希腊最高奖——金骑士十字勋章。

在俄罗斯奥委会成立方面，布托夫斯基更是做了大量工作。1897年根据他和А·П·列别捷夫的倡议，俄罗斯10个体育协会的代表在一起聚会，谈论参加1900年奥运会问题。1898年11月20日召开了新的体育代表会议，会上成立了筹备第2届奥运会的总委员会。总委会主席是А·Д·布托夫斯基，成员是А·П·列别捷夫、Г·利勃别尔、Н·申坚科等。该筹委会实际上成为俄罗斯奥委会的雏形。

对十月革命前体育发展做出较大贡献的是俄罗斯奥委会主席助理Г·И·利勃别尔。继布托夫斯基之后，从1900年起，他即成为国际奥委会的俄罗斯委员。在国内，他是俄罗斯重竞技运动的赞助人，不惜花费许多个人资金以发展体育。按照他的倡议，1897年，由他资助的彼得堡田径协会在彼得堡建立，这是当时俄罗斯最大的重竞技运动组织。他不但了解俄罗斯体育的发展情况，并热心于体育工作，促进了各个城市协会的创建。利勃别尔和克拉耶夫斯基是1897年俄罗斯体育史上第1个重竞技运动冠军赛的发起者。利勃别尔邀请当时尚无名声的大力士И·波杜布诺伊到彼得堡，经过较严格系统的训练，И·波杜布诺伊参加了1903年的世界冠军赛，逐渐展示出自己的体育才能，并在1912年奥运会古典式（希腊罗马式）摔跤比赛中获得银牌。应当说，И·波杜布诺伊的运动生涯及所取得的成就与体育运动倡导者和赞助者的活动密切相关。Г·И·利勃别尔还对国际奥委会的工作提出了自己的建议，指出1908年奥运会的比赛项目的设置有待完善，认为花剑、举重等都应列入比赛，花剑是击剑的基础，却没有被列入。

俄罗斯奥委会的另一位主席助理А·П·列别捷夫是俄罗斯花样滑冰学校的创建人，同时他也是十月革命前俄罗斯第一位也是唯一一位奥运会冠军Н·帕尼-葛罗米柯的主教练。作为滑冰爱好者协会的荣誉成员，是该协会的著名活动家，常常带领协会参加比赛。作为运动员，他热心于滑冰、体操、划船运动。19世纪90年代末他被选举为彼得堡体育爱好者小组主席。1890年在尤苏波沃伊花园举办了第1届大型国际花样滑冰比赛，来自德国、瑞典、美国和加拿大的运动员参加了比赛，列别捷夫战胜了所有人获得冠军。自1896年起，开始和年轻的花样滑冰运动员一起在尤苏波沃伊花园训练。他拥有一个很好的体育文献藏书室，在编写俄罗斯体育史书籍时，他的藏书资料派上了用场。

Г·А·丘别隆是彼得堡体育爱好者小组的秘书。虽然从事过自行车、田径、足球、冰球等各种运动项目，但他更是优秀的体育活动家、宣传家和组织者。1893年在彼得堡创建体育发展促进会时，丘别隆起到重要作用。1911年他成为全俄田径爱好者联盟执行委员会第一主席。作为第一部田径著作的作者，他写作和出版了很多有关田径项目、体育比赛和体育理论的书籍。在俄罗斯帝国国民身体发展总观察办公室工作期间（作为临时委员会秘书），做了一件重要和有益的工作——将1870年至1913年期间俄罗斯出版过的所有体育著作编纂成书。

对俄罗斯奥委会成立付出过努力的还有Н·С·皮特尔，作为运动员（摔跤手和射击运动员），他是俄罗斯在第1届奥运会上的唯一代表，报名参加奥运会的摔跤和射击比赛（但后来因故放弃）。尽管未能最终参加比赛，但雅典奥运会的氛围和体育精神给他留下深刻印象，成为热心于体育运动的人，使其致力于奥林匹克精神的宣传，成为奥运的组织者和宣传者。他在媒体上发表了一系列有关奥林匹克运动的文章，作为奥运比赛的见证者，皮特尔开始在俄罗斯积极普及奥运理念，他在许多城市开讲座、做报告，积极地宣扬了奥林匹克精神，推动了俄罗斯奥委会的成立。

第1届奥运会之前，有关方面曾在俄罗斯的一些大城市培训过运动员，如彼得堡、基辅、敖德萨。敖德萨小组的运动员甚至到了希腊，但他们只是到了康斯坦丁诺波尔，因为没有继续走下去的经费，不得不返回俄罗斯。其中有一位基辅人（即Н·С·皮特尔），作为俄罗斯代表到了希腊，他先是声明要参加摔跤、射击比赛，但后来不知为何收回了声明。据资料记载，有一位来自俄罗斯的人参加了奥运会，但他是住在俄罗斯的希腊人，独自到了希腊，他参加第1届奥运会是做自行车比赛的裁判。

对于第1届奥运会这种大事、新鲜事，俄罗斯方面不但有体育界人士和民间人士参加盛会或前去观看比赛，就连年轻的大公Γ·米哈伊诺维奇也带着他的新娘出现在观众席上。在第1届奥运会举办之后，俄罗斯就试图建立一个支持奥运会的委员会。根据А·Д·布托夫斯基和А·П·列别捷夫的倡议，1898年圣彼得堡的俄罗斯体育协会代表会议提出了这一想法，但由于种种原因，俄罗斯奥委会只在1911年才得以建立。大公Д·巴浦诺维奇参加了第5届奥运会比赛（马术）；近卫军部队和圣彼得堡军事区总指挥Н·尼古拉耶维奇大公护送军官和运动员参加1912年奥运会；而尼古拉二世本人，如史料记载，同意部队军官训练并参加奥运会，并在1911年6月向奥运组委会赠送了金杯，作为以他个人名义的奖励。

俄罗斯运动员第一次非正式参加的是1908年第4届奥运会，代表团只有5名队员，但成绩相当喜人：一块花样滑冰金牌，两块摔跤银牌。由于一系列原因（特别是阶段性训练和选拔出色运动员的计划完全没有实现），在第5届奥运会即斯德哥尔摩奥运会举办的前一年，著名摔跤运动员在《俄罗斯体育》杂志上撰文建议俄罗斯仔细从全国各种俱乐部、协会和联盟中挑选出优秀的、实力超强的运动员组成奥运队伍，以便参加比赛。这样的建议引起了俄罗斯奥委会的注意。

在斯德哥尔摩举行的第5届奥运会，将是俄罗斯第一次正式参加的奥运会。1911年6月刚成立不久的俄罗斯奥委会发表了告俄罗斯所有体育组织和运动员的告白书，希望在奥运会上取得佳绩，并承诺为训练俄罗斯队参赛和取得好成绩，奥委会将给予力所能及的帮助，备齐代表俄罗斯参加奥运会的运动员资料，为运动员成行给予资金支持。告白书这样写到："1912年在斯德哥尔摩举办1896年恢复以来的第5届奥运会。俄罗斯运动员没有参加前三届奥运会，只在1908年一些协会才首次派俄罗斯代表参加伦敦第4届奥运会。五位参赛者中有一位夺得冠军，两位获得亚军。俄罗斯竞技运动爱好者在摔跤、滑冰、划船、体操、射击、足球等运动项目上取得的胜利，在俄罗斯和国外具有的声望，都足以让我们相信，在正确的组织下，俄罗斯能在1912年奥运会上展示自己的实力。"告白书一出，俄罗斯运动员纷纷响应这一号召，一些运动员开始着手训练，准备参加即将到来的奥运会。

为解决与备战奥运会相关的全部问题，俄罗斯奥委会代表团接收了皇室成员大公Н·尼古拉耶维奇，政府根据沙皇的指令责成他促进奥委会的工作。决定依靠国库配给军舰，"以减少支出和方便驻扎，以及减轻管理负担，既统一出差官员，又集中参加奥运会的运动员和所有去斯德哥尔摩的人"❶。同时决定委派将军В·Н·沃耶伊科夫为第5届斯德哥尔摩奥运会俄罗斯官方代表。1912年2月俄罗斯奥委会召开俄罗斯体育组织代表大会，参会者在发言中多次强调，由于即将举办奥运会，所有体育组织都在积极准备这一大事，而官方答应给予运动员以最大的支持。

为保证运动员能顺利参加比赛，自1912年2月起，俄罗斯奥委会定期召开会议，讨论有关斯德哥尔摩奥运会的问题。这里可以例举1912年2月俄罗斯奥委会在会议上研究的问题：俄罗斯奥运队员的制服，请求政府配备舰船出征斯德哥尔摩的申请书，奥运会之前的击剑比赛，奥运会之前的赛艇比赛，大公Н·尼古拉耶维奇将俄罗斯奥委会处于自己的庇护之下的协议书、在俄罗斯首都——圣彼得堡组织下一届奥运会❷。当各方面都在积极备战的时候，奥委会已深知奥林匹克精神的重要意义，在解决眼前备战问题的同时，也已经在制定更长远的奥林匹克运动发展计划了。

但是，由于俄罗斯奥委会在奥运会前夕才成立，没有统一单项体育组织的力量，没有起到协调各方面的作用，加之国内体育发展还很落后，没有准备参加这样大型国际比赛的经验，没有实际的政府支持。实际上准备参赛的所有事情都归В·Н·沃耶伊科夫将军的军事部门领导，加入奥运代表队的成员主要是彼得堡总军官体操击剑学校的军人，他们按索科尔体操系统进行训练。尽管在诸如摔跤、射击和划船这样的项目里有实力很强的运动员，但在这样的条件下训练效果不明显，因此，匆匆参赛的俄罗斯队未能取得理想的成绩。第5届奥运会上俄罗斯178人的代表团表现平平，只夺得古典式摔跤和手枪射击两块银牌，帆船和射击两块铜牌。

---

❶ 莫斯科中央国家军事史档案馆，全宗3346，目录1，储存单元66，第26页。
❷ 俄罗斯体育，1912（14）：70.

由于俄罗斯代表队在奥运会上表现欠佳，俄罗斯奥委会成为被批评的对象。俄罗斯奥委会进行了反思，认识到虽然存在着客观因素，但自身工作也有待改善，进而编写了新的组织章程，并于1913年7月22日在圣彼得堡召开俄罗斯体育组织代表大会，以讨论国家奥林匹克运动的一系列问题。俄罗斯体育协会和组织的49名代表参加了此次大会。俄罗斯奥委会主席В·И·斯列日涅夫斯基做了组织活动报告，向与会者提出Г·А·丘别隆为国际奥委会的俄罗斯成员。新任俄罗斯帝国国民身体发展总观察、斯德哥尔摩奥运会体育代表团领导人В·Н·沃耶伊科夫在大会上做了长篇发言。他在演讲中强调了协同工作的必要性，紧密团结单个体育组织、协会和联盟的力量，既要注意它们相互之间的团结，也要注意它们与国家之间的团结，认为只有这样才能提高俄罗斯运动员在奥运会上的比赛成绩。大会批准了俄罗斯奥委会的新章程。相比旧章程，新章程的变化主要体现在全联盟一些项目的代表被列入了奥运会的组成成员，同时，奥运会的组成也发生了很大的变化。

结束了代表大会的工作后，俄罗斯奥委会积极行动。由于奥委会增添了新的力量，他们既代表各个运动项目，也代表俄罗斯不同的地域。所讨论问题的范围自然扩大了。在俄罗斯奥委会成员的共同努力下，出台了训练俄罗斯运动员参加下一届奥运会的计划。在训练方法上，俄罗斯奥委会采纳了В·И·沃耶伊科夫在俄罗斯举办运动会的建议，俄罗斯运动会于1913年和1914年举办。

三、俄罗斯的奥林匹克运动会

俄罗斯运动员在第5届奥运会上的失利引起了社会舆论的反响，触动了人们的爱国主义思想，强烈提高了对体育的关注度，无论是政府还是社会各界，无论是国家中心还是边远省份，都特别关注奥运项目。奥林匹克运动在俄罗斯全国范围内发展起来。国内各个地方的一些体育组织开始设置明显带有奥林匹克倾向的比赛。据《体育、健康和娱乐》杂志报道，1912年斯德哥尔摩奥运会结束后，"地方体育协会"就组织了大型比赛，该比赛由现代奥运会组织者命名，按第5届奥运会所有比赛项目设置。

俄罗斯为参加1912年的斯德哥尔摩奥运会付出了不少努力，但运动成绩令国人失望。奥运会结束后，俄罗斯奥委会主席В·И·斯列日涅夫斯基发出了这样的慨叹:"以后必须更认真地备战奥运会,必须更深入发展国内体育和奥运会项目。"并提议每年举办一次运动会。

1913年建立了国家领导机关——俄罗斯帝国国民身体发展总观察办公室。由此可见沙俄政府支持俄罗斯体育运动发展的力度和前所未有的重视。这一年,体育管理部门对俄罗斯所有体育组织进行了一次统计清点。统计结果表明,当时俄罗斯的体育组织已经约有360个,只不过对于它们的活动尚无法进行系统和准确的信息把握。

各种体育活动和体育比赛在奥委会的推动、支持下,如雨后春笋般地开展起来。比如,基辅奥委会在"体育发展、运动和爱好分部"基础上建立起来,1913年3月9日,在例会上决定将即将举办的比赛命名为"第1届俄罗斯运动会",确定了俄罗斯运动会组委会。利用此前的类似经验,基辅体育爱好者和热心体育人士建议举办"国际业余爱好者全俄展览会奥运会"。为组织该种规模的比赛,要求寻求资金支持。全俄展览委员会、俄罗斯奥委会、В·Н·沃耶伊科夫都支持举办俄罗斯奥运会的想法。全俄展览会主席А·И·德斯柯维奇伯爵承担了主要费用,"能圆满完成这一大事是由于А·И·德斯柯维奇伯爵提供了资金……和В·Н·沃耶伊科夫将军的组织能力。他们二人应永远载入俄罗斯体育史册"❶。1913年8月9日召开了莫斯科奥委会组织会议,会议批准了该组织章程,选举了管理委员会。1913年8月,在基辅举办了全俄例行展览会,这在国际奥林匹克运动史上还是首次,即在奥运会举办的地点和时间有大型展览会举办。此外一些地方体育组织还举办了奥运十项远东冠军赛。类似的活动在俄罗斯其他地区也有过。

1913和1914年,俄罗斯奥委会分别在基辅和里加组织了两届大型综合体育运动会,以训练参加1916年奥运会的运动员❷。这两届运动会对俄罗斯体育发展起到了重要作用,具有重要的意义。

第1届俄罗斯运动会在基辅举办,之所以选择基辅作为运动会的举办地,是考虑到基辅当时是举办全俄工业展览所在地。当时的奥运会纳入世界工业

---

❶阿诺霍А·К·.1913年基辅第1届俄罗斯运动会.1914年全俄运动员日程附录.

❷即基辅运动会和里加运动会,个别项目的结果相当突出,例如里加的尼古拉·阿尔希波夫100米成绩是10·8秒。

第四章　19世纪下半叶至20世纪初（1917年）的体育　87

展览中，1900年、1904年和1908年都是如此。1913年初基辅工业展览开幕，А·К·阿诺霍领导的分部开始发挥作用，该分部是"基辅1913年全俄工业展览体育发展、运动和爱好部"，后来该分部变成展览的奥委会——基辅奥委会，主席为А·К·阿诺霍。俄罗斯奥委会确定，该奥委会是第1届俄罗斯运动会的组织者。

运动会的组织和开办需要大量资金，基辅奥委会向地方权力机关请求对比赛给予必要的帮助，市长И·Н·齐雅科夫则如此回复，"奥运会是私人的事，与我们无关"❶。这给组委会出了一道难题，直到得到大公Д·巴浦诺维奇（斯德哥尔摩马术比赛的参加者）的支持后，这一问题才基本得到解决。基辅人响应了俄罗斯奥委会的倡导，对此给予积极协助、支持和宣传，基辅媒体第一条有关第1届俄罗斯运动会的新闻就刊登在1913年5月的杂志《美与力》上。

组织这届运动会花去1万卢布。В·Н·沃耶伊科夫将军被选为基辅奥委会荣誉主席，他积极参加组织和筹办第1届奥运会的工作。Д·巴浦诺维奇大公监督组织和比赛。设立的13个奖项都是由尼古拉二世、巴浦诺维奇大公、沃耶伊科夫将军和其他高官显贵制定的。

运动会在经历了半年多的筹备工作后，于1913年8月20日开幕。一些体育组织举办了选拔赛，以选拔优秀运动员。来自20个城市的600多名运动员报名参加了比赛，其中田径174人、体操58人、足球62人、马术38人、重竞技运动和摔跤45人、射击38人、游泳37人、自行车35人。此外，还有一些运动员参加了划船、跳伞、骑马、击剑、足球、草地网球、摩托车运动等项目的比赛❷。运动会历时5天，按照斯德哥尔摩奥运会所设项目进行比赛。在运动会比赛期间，看台、包厢和专门为站着的观众划定的位置都人满为患，对比赛表现出从未有过的兴趣。包括巴浦诺维奇大公、沃耶伊科夫将军、基辅省长Н·И·索克维基、市长И·Н·齐雅科夫等在内的众多知名嘉宾出席了运动会的开幕式。比赛的主要奖项都由巴浦诺维奇大公颁发给获胜者。

运动会取得了令人满意的成绩：创造了14个全俄纪录，并且其中一些纪录与世界纪录相差很小。来自俄罗斯各个城市的运动员在比赛中交流了经验，展示出

---

❶阿诺霍 А·К·.1913年基辅第1届俄罗斯运动会.1914年全俄运动员日程附录.
❷力量与健康（俄）.1913:（34）81.

俄罗斯体育的强大潜能，使体育舆论界了解到一系列新运动员，促进了体育运动的发展，宣传了俄罗斯的体育和奥林匹克精神。

这样的成绩自然引起了舆论界的普遍关注。俄罗斯几乎所有体育出版机构都相当周详地报道了体育史上的这一大事。杂志《力量与健康》为俄罗斯运动会专门撰写了长篇评述文章，"……三年前我们不能想象，我们沉睡国家的体育会如此进步，体育的巨大车轮会如此飞转。如果说我们的文学和艺术在世界所有国家都已经占有牢固的位置，那么毋庸置疑，俄罗斯的体育时代来临了"。

1913年第1届运动会的成功增强了俄罗斯举办第2届运动会的信心。第2届俄罗斯运动会于1914年7月6至17日在里加举行。举办前，政府专门拨款5000卢布以示支持，国家马场联合会也赞助了6000卢布。成立于1912年的波罗的海奥委会组织和承办了运动会。除有13个非常普及的项目列入了比赛外，还增加了划船、马术、帆船、网球、拔河等比赛项目。代表俄罗斯24个城市和60个体育协会的约1000名运动员参加了比赛，其中，约有两百多名运动员报名参见了田径项目，而妇女则首次参加了田径和击剑比赛项目。同1913年一样，运动会上的几乎所有成绩都被提高：田径比赛运动员创造了5项俄罗斯纪录，举重比赛创造了4项纪录，射击比赛创造了世界纪录（步枪射击）。许多在基辅表现出色的运动员，在这届运动会上也大大提高了自己的成绩。如В·阿尔希波夫100米跑的成绩为10秒8（基辅比赛为11秒4），这个成绩已十分接近世界最好成绩。

里加运动会放宽了军人运动员的代表权。这表现在，按В·Н·沃耶伊科夫的倡议，军事部门颁发指令，根据该指令，参加比赛的军官属于出公差，而不是休假❶。这一决定明显提高了军人运动员参加各类比赛的兴趣。军人运动员参加了击剑、射击、马术、体操和五项全能比赛。

沙皇尼古拉二世和国家政府对运动会也表现出积极的态势和支持的力度，运动会的主要奖品是他们奖赏的奖杯。作为奖品颁发的还有大公Д·巴浦诺维奇、将军В·Н·沃耶伊科夫制定的奖杯❷。

---

❶早先属于休假，军人参加比赛要自己承担费用，现在所有出差开支，就是参加比赛的费用都由军事部门负担。

❷俄罗斯体育（俄）.1914（27）：1.

两届运动会相比较，第2届运动会水平大大高于第1届❶。这不仅仅表现在运动水平和运动成绩的提高，特别是举重和摔跤项目占据欧洲前列，成为俄罗斯体育的顶峰，在世界体育史和奥林匹克运动史上占有一席之地。而且公众对热情、社会对关注、政府对体育产业的支持，以及竞赛项目的数量都有很大的提升。因此可以说，1912年后俄罗斯体育发展处于上升期，俄罗斯体育运动（包括方法、科学、组织方面）都显现出进步的趋势。

总之，1913年和1914年俄罗斯运动会对俄罗斯体育发展具有重要的意义，这主要表现在：（1）俄罗斯首次组织和举办大型综合比赛，比赛的许多项目列入了国际奥运会项目。国家首次赞助比赛。（2）类似比赛的举办者确认，必须认真准备比赛，特别是必须建设相应的体育设施，如基辅在革命前首次建立了体育馆。（3）在第1届俄罗斯运动会中，有12名妇女参加了大型全俄比赛（参加田径和击剑）。而直到1928年奥运会才有妇女参加田径比赛项目。（4）组织和举办俄罗斯运动会体现出国家对体育的重视。对其他地区体育比赛是一种刺激和榜样。

现代体育运动项目的兴起和发展，需要相应的体育理论和体育教育与之配套，以便对体育运动做出指导，推动体育运动更好地发展。但当时，俄罗斯这方面的情况不一，有的学校重视体育，宣传健康的生活方式，有的学校却不太重视。19世纪下半叶，教育部在军事部门的公开施压下，多次尝试在学校引进体操，呼吁、号召和建议很多，但实际上学校里没有形成完善的体育教育。

在这种背景下，热衷于体育的人士进行了积极的活动，他们于19世纪下半叶开始创建俄罗斯社会体育运动组织，到了1914年前，这样的组织大约有360个。社会体育运动组织的建立在一定程度上弥补了体育教育及培养体系的不足。

---

❶虽然比赛条件比不上基辅。例如，为基辅奥运会修建了体育场，而里加的田径比赛是在跑马场进行的，跑马场的场地相当软，运动员公平地称其为"沼泽地"。

第五章
苏联时期的体育
（1917—1945年）

苏联体育的形成和发展始于十月革命之后，具有鲜明的时代色彩并形成了其独特的特征。一方面，其体育建立在马克思列宁主义文化思想基础之上，另一方面，又建立在十月革命前俄罗斯体育基础和已经取得的成就之上。革命前在体育运动领域的理论和实践中留下了体育团体创造的浪多遗产，对自然科学基础进行了研究，对体育干部进行了培训。团体中的许多人在十月革命后继续在该领域做出成绩。19世纪末至20世纪初，俄罗斯出现了诸多运动小组和俱乐部、社会体育运动组织，1914年前已达到360个。1911至1915年每年平均出版18本体育运动书籍。当然，作为新生的社会主义国家，无产阶级掌握政权，阶级斗争、政治化色彩、意识形态色彩浓厚，从主观上自然要对沙皇时期的俄罗斯的一切进行否定。因此，在体育方面，俄罗斯时期的体育成就、从前体育协会和俱乐部积累的经验、体育比赛体系和传统等，都被全盘否定，就像对待资本主义的东西一样，在新条件下不被采纳。但这种否定，事实上又不可能真正做到，包括体育文化传统、体育教育思想和体系、体育基础设施、体育风尚等都在社会实践中留存下来，为苏联体育的进一步发展提供了条件并打下了坚实的基础。十月革命后，苏联新生的红色政权和布尔什维克执政党面临的首要任务是巩固政权、战胜饥饿、恢复生产。在当时极其不利的情况下，苏联领导人做出指示，必须在劳动学校开设体育必修课。一些运动团体、俱乐部和体育小组相继建立起来，大批青年工人参加了体育组织。不少城市已开始举办各种球类、田径以及其他单项比赛。体育界专家、学者、医生和教育家也开始着手拟订社会主义的体育规划，苏联体育体现出恢复、发展的态势。

第一节　体育思想与体育训练方法

苏维埃社会主义共和国建立后,苏联政府颁布了一系列法令,以巩固和建立新生的红色政权。《俄罗斯人权宣言》宣布废除阶级,将教会从国家中分离出来,将学校从教会中分离出来。1918年4月22日,全联盟中央执行委员会根据《关于义务培训军事艺术》的法令,成立了军事培训管理总局,建立了红军预备部队,共青团代表大会通过两项体育决议,批准了处理体育运动事务运用阶级方法,从而使体育工作服从于共产主义培养的任务。同时,苏联国内进行了大规模的反宗教宣传,大量教堂被关闭或被毁坏,神职人员遭到了镇压。1918年开始持续到1920年底的国内战争和外国武装干涉使苏联社会动荡不安,迫使先前俄罗斯的知识分子包括体育活动家大量流失国外。新旧思想和意识形态之间产生了激烈的矛盾冲突,苏联体育发展需要自己的思想基础和价值指导。

一、体育指导思想

在苏联初期的体育发展过程中,在其思想基础形成和发展中起到重要作用的是军事体育思想和俄共(布)领导的共青团和苏联工会的指导思想。

在抵御国内外反对势力,扩建苏维埃武装力量的同时,苏联当局十分重视军事训练。1918年召开的第七次党代会做出决定,对成年人实施全面、系统的军事训练。同年2月22日,全俄中央执行委员会通过了《必须学习军事技术的决议》。根据该决议精神,成立了普及军训总部。普及军训总部的主要任务是对16岁到40岁的公民进行军事训练,将他们培养成苏维埃共和国勇敢、坚定的捍卫者。在具体的军事训练中,诸如体操、游戏与竞技运动等体育训练方法和体育手段被大量采用,使这时期的体育明显带有军事体育的特征。除负责对公民进行军事训练外,普及军训总部也承担了全国体育事务的领导职责,在它的积极努力下，这时期苏联的各种体育活动、各级体育竞赛纷纷开展了起来，体育教育方面的"俄罗斯劳动学校章程"得到了贯彻执行，第一个学校体育大纲——青少年学生体育大纲也得以制定。

随着人民教育委员会的建立，学校卫生部列入其中，该部门职能之一是"观察儿童身体发展和身体教育"[1]。部门领导人是医生 B·M·维莉奇金娜（1868—1918），她在新学校初期儿童和青年体育事业中起到了实质性的作用。

在当时艰苦的历史条件下，苏维埃国家的早期体育，虽然是以军事训练为中心的，但军事体育训练在一定程度上共同推动了苏联体育的开展。正如苏联早期从事体育组织和宣传及研究的波德沃伊斯基的回忆："培养后备役军人的所有措施都不应仅以参战为其宗旨，而同时也应以参加劳动为其目标。"[2] 1919年2月，苏联在莫斯科召开了第1届全俄体育运动和应征人员代表大会，大会要求"以青年一代的身体和精神力量的协调发展为目的"[3]，强调在体育培训和军事训练中应当广泛使用体育手段，使其为全面发展共产主义青年一代的教育服务。这使当时的苏联体育带上了明显的军事体育色彩，体现了那个时代的特征。

虽然军事体育思想占据了这一时期体育指导思想的主导地位，但20世纪20年代初还没有形成一个统一的思想。与西方国家相比，苏联体育原则和指导思想是不同的，其独特的发展道路产生了不同的指导原则和思想，按照社会主义特点，体育指导思想要求在学校里让学生只进行被认为是健康有益的游戏活动，其他体育运动尤其是竞技体育被认为是不合适的。之所以会有这样的观点，是因为他们认为剥削制度和不健康的生活方式影响了工人尤其是青少年的身体。因此，考虑到生产活动的困难，他们认为，大运动量运动会对工人的健康产生危害。1925年出版的"俄罗斯红十字协会大事记"中就认为足球会引起心脏负载过大，容易引起兴奋，而少先队员的心脏还很脆弱，还没有学会控制自己，通常不是玩半小时，而是3个小时，这是非常有害的……体育高级委员会

---

[1] 苏联国家十月革命国家最高政权机关和国家最高管理机关中央档案馆，全宗130，目录2，存储单元191，第3页。
[2] 杰麦捷尔（苏）．普及军训总部及其对建立苏联体育体制所起的作用.体育理论与实践，1974（4）：9.
[3] 同[2].

禁止17岁前踢足球。同样，少先队员不应当学古典式摔跤。按照这种观点，像足球、拳击、重竞技运动、摔跤、器械体操等都是属于大运动量项目，工人阶级的体育应完全加以摒弃。于是提出一种新的体育思想和体育标准，即年轻人只应从事运动量不大的运动、卫生和医疗体操、游戏和散步。更有甚者，有人完全否定所谓的"资产阶级的体育体系"。比如，1925年刊登的一篇有关足球教育本质的文章写道，这项运动多少是英国资本主义的反映，它教苏联青年搞欺骗，假动作，这就是欺骗，假动作对进行这项运动项目人的个人品质影响很坏。建议取消"资产阶级体操"，推行"劳动体操"，就是模仿工人工作动作（刨、锉、挖煤等）。因为是资本主义国家的项目，所以无产阶级国家就应反对，这种逻辑和思想倾向，正是"无产阶级文化"中央委员会在《无产阶级体育任务》中所规定的体育思想的反映。"无产阶级文化"中央委员会在《无产阶级体育任务》中做出过这样的规定："（1）从历史和科学观点出发，否定资产阶级体育的一切旧系统，无产阶级创建阶级体育；（2）目前应当建立的不是为无产阶级的体育，而是无产阶级的体育；（3）无产阶级新体育是对专业人士的心理身体培养；（4）无产阶级新体育有新型的劳动体操和新型的集体运动。"当然这样的指导思想在一定程度上影响了后来体育的发展，虽然在后来的实践中也得到了一定程度的纠正。

在苏联体育体系思想基础形成过程中，共青团代表大会第3号决议《关于民兵部队和青年体育》（1920年）具有重要意义，在苏联体育体系思想基础建立中起到了实质性的作用。作为第一份明确涉及体育的文件，完整地提出了苏联体育的目的和主要任务，该决议指出，"成长一代的体育是共产主义教育总系统中必要的一部分，是致力于发展和谐的人、共产主义社会的创造者"。随后文件更明确规定了体育的目的在于训练青年人参加劳动活动和保卫社会主义祖国。这体现了体育运动的思想和政治色彩，是有关苏联体育运动的一个标记。在这样的指导思想下，20世纪20年代初，共青团建立了一系列自己的组织，这些组织的活动满足了青年人的需求，促进了体育爱好者和运动员自主性、积极性和主动性的发展。为了满足体育爱好者的需求，在全国范围内建立了许多体育小组，如1922年在莫斯科、弗拉基米尔、卡卢卡和其他城市出现了协会"穆拉维"小组，在乌克兰、彼得格勒和克里木等城市出现了"斯巴达克"组织，在白俄罗斯出现了"红色青年人"组织。到了1923年初，莫斯科协会"穆拉维"拥有180个小组，成员有10万多人。后来，共青团成为苏联体育运动的先锋队。

与共青团一样，工会在苏联体育运动发展中也做出了很大贡献，其组织原则与指导思想也对体育运动产生了影响。1920年初，工会参与领导体育小组的工作，并为体育发展提供了急需的物质资金。同时，积极建立自己的体育俱乐部和体育小组，体育工作成为工会文化部的主要活动。

1923年3月，隶属全苏工会中央理事会文化部的中央联合会文化部负责人会议召开，会上听取了Н·И·波特沃伊斯基所做的报告——《关于苏联的无产阶级体育》。这次会议对工会体育工作具有重要意义。在通过的决议中指出，"针对工人和儿童的体育是工会文化工作的现实任务之一，并将其纳入该项工作的计划和系统之中"。同时建议地方工会机关注重体育工作的领导，建立工厂游乐场和体操广场等体育基础设施和公共场地。

当时，共产主义的口号"我们打碎整个暴力世界"意味着完全摒弃社会生活所有领域过去的经验。这引起了广泛讨论，讨论的问题包括是否需要体育纪录和个人比赛；是否应和"资产阶级"运动员比赛；根据新的共产主义道德要求，应推行什么样的体育项目；是否允许学校体育课有一定的运动量。这些问题及其类似问题在20世纪20年代初就展开了激烈的辩论，有些问题一直持续到20世纪30年代初。其中主要是与曲解"无产阶级文化"做斗争。无产阶级文化理论上拒绝采纳体育领域的既往经验，否定一系列体育项目（拳击、足球、体育体操等），只是因为这些项目是在农奴制社会和资本主义社会形成和发展的。"打倒体育！""打倒双杠！""建立无产阶级自己的体操和器械！"——这是当时无产阶级文化支持者提出的口号。口号的提出明显受到了无产阶级文化思想的影响，主张采用"劳动体操"就是这种影响的表现。即取消体操课，代之以锻工锻造打击型劳动运动，这样，体操就被简化为以艺术形式模拟劳动运动，类似的体操没有在国民中普及开来，使体操运动员和运动员数量减少。此外，当时还出现了另一种类似的体操发展思想，即通过修正后的体操使体育课和生产中的职业危险做斗争。支持该思想的人担心从事体育活动对民众健康有损害，因此，他们反对运动及其与之相关的运动量。这种思想观念反应在实际应用中，就是学校中的"标准课"——担心运动量，轻视体育，就连"斯巴达克"体系也出现了这一思想。该组织章程表示，要与单一发展体育、职业缺陷、追求冠军者和个人主义做斗争，应追求集体成就❶。

为了迅速开展新的体育工作，工会采取措施于1925年举办了第1届工会体育节，整个体育节有600名运动员参加。同工会组织一样，苏联人民委员会国家政治保安总局1923年建立的"迪纳摩"体育运动协会，以及红军体育俱乐部都进行了广泛的体育活动，这两个组织在苏联体育运动中开始起到重要作用。

受当时思想和意识形态的影响，体育运动中出现了孤立和隔绝的现象。体育运动员和所谓"资产阶级"运动员的比赛直到20世纪30年代都没有出现过，只是和工人体育组织有体育方面的联系；运动联合会不是国际体育组织的成员，不参加欧洲和世界冠军赛。这意味着，当时的苏联与世界体育运动相隔绝，这对体育发展和体育技能的完善是不利的。同时，一些儿童学家反对体育运动，他们认为，劳动人民的孩子本身遗传性不佳，他们对体育课的运动量力所不及。根据类似的论断建立了"标准课"理论，该理论的拥护者们反对与生理负载相关的运动，试图将整个体育工作归结为以"校正过的体操"和严格定量的体操方式与工厂的职业危害做斗争。与此相关，一些体育运动项目遭到了抵制和反对。一些体育运动活动家和卫生人民委员部的工人就反对摔跤，比如有人认为，只有21～23岁的人才可以从事摔跤运动，因为这项运动似乎对成长的机体有消极影响。不少人反对拳击运动，认为拳击对人体的伤害很大，为此，列宁格勒省体育委员会通过决议（1925年），以官方的名义禁止在列宁格勒和州内推广拳击运动（若干年后禁令被取消，许多体育工作者的抗议以及教育人民委员А·В·卢那察尔斯基的立场对此起了作用。）此外，不少城市甚至禁止体操和足球运动。

是否允许和外国运动员比赛的问题，同样存在各种不同的观点。所有人都承认和各国工人运动员比赛的重要性，认为这是巩固无产阶级团结、促进各民族间友谊、对运动员进行国际主义教育的一种方式，也曾出现过这样的比赛，但一些国家的政府抵制这样的活动，使行动变得艰难。例如，卢塞恩工人体育国际就禁止自己的成员与苏联运动员一起比赛。

20世纪20年代中期争论的问题还涉及和"资产阶级"运动员体育接触的可能性问题。红色体育国际活动家Ф·列伊斯涅尔反对接触，而该组织的其他工作

---

❶ Д·А·克拉德曼.体育是文化教育工作的一部分［M］.列宁格勒，1924：15.

者，例如И·А·若达科，则支持和"资产阶级"运动员的比赛，认为和外面世界接触、进行广泛经验交流有重要作用。

苏联国民经济恢复后，工业化进程开始了。在这一过程中完成了第一和第二个五年计划（1928—1937年），全国范围内建立了很多新工厂和新电站，农村中实行了农业集体化，农村面貌逐渐改观。大批人获得了知识，提高了自己的文化水平，同时走进体育分部，学习飞机驾驶、跳伞、汽车驾驶等运动。

在党对体育运动的领导下，通过共青团组织和工会的活动，借助强大舆论和其他信息方式的作用，体育体系思想基础建立了。

二、体育科学方法论基础

苏联政权建立初期，就开始思考如何科学地培训、教育干部问题，体育科学方法论很大程度上是在此基础上建立起来的。1919—1920年间，苏联建立了两所高等院校，分别是莫斯科的中央体育学院和彼得格勒的П·Ф·列斯加夫特体育学院。这两所学院在20世纪20年代初期科学地研究了体育运动问题。学者、П·Ф·列斯加夫特的追随者В·В·格里涅夫斯基，以及Л·А·奥尔别利、А·Н·克列斯托夫尼科夫、П·А·卢津科、М·Ф·伊万尼茨柯伊等人在研究体育和运动中的医学生物学、心理学和教育学问题等方面做出了杰出贡献。但是普通教育学校的高等体育教育专家，即体育教师直到1946年前还没有配备，卫国战争前体育学院只有6所。

人民保健委员和附属于全俄中央执行委员会的全苏体育委员会主席Н·А·谢曼什科（中）、
大学校长А·А·济科穆德（左）、教授В·В·格里涅夫斯基（右）

随着第一批体育院校的出现，苏联开始关注体育运动有效训练方法问题。首批建立的莫斯科中央体育学院和列宁格勒（彼得格勒）体育学院，本来就是作为学术教学院校建立的，这些学院的体育工作者、研究者对发展体育科学方法做出了成就，他们的成果对于苏联体育体系科学方法基础的形成具有特别的价值。

在研究体育运动医学方面做出重要贡献的是 В·В·格里涅夫斯基（1857—1937年）教授，他是 П·Ф·列斯加夫特的学生和追随者，苏联体育领域科研的先驱之一。十月革命后，他很快就在其任教的萨马拉大学建立了苏联第一个体育教研室，主要进行体育运动医学中生物力学理论问题的研究。1921年，受 Н·И·波特沃伊斯基的邀请，他赴莫斯科任劳动人民军事体育总校科学部门的负责人，后来建立附属于中央体育学院的科学检查教研室。同时，他还进行了富有成效的科学工作，广泛涉猎学校体育、体育锻炼、体操卫生、医疗检查等问题。与很多科学工作者和教育家不同，他不反对运动和体育锻炼，在自己的著作中提出拳击、摔跤、足球和其他运动项目的价值，认为体育运动不仅对成年人有益，在相应条件下，对青少年身心发展同样有益。他甚至还为培训体育医疗做了很多工作。除 В·В·格里涅夫斯基教授外，还有很多学者也致力于体育方法问题的研究，他们的著作也提到体育医疗检查问题。同时，学者们努力创建医疗检查综合方法，该综合方法包括临床、试验和人类学方法。很多专家的科学活动促进了体育解剖、生理基础的建立。其中，А·Ф·苏里莫-沙莫伊洛夫成功解决了体操卫生问题，Л·И·丘利茨卡娅发表了一系列儿童体育著作。

1930年至1932年，在莫斯科、列宁格勒、乌克兰（哈尔科夫分校，敖德萨）和格鲁吉亚（第比利斯）等城市纷纷建立了体育科研学院。1931至1933年，在斯大林格勒、基辅、高尔基、斯摩棱斯克、沃罗涅日、顿河罗斯托夫和其他城市组建了科学方法研究中心（办公室）。1933年建立了中央体育科学研究学院，这是苏联当时研究体育运动的主要科学机构。这些研究机构展开了相当广泛的研究工作，其中，起到主导作用的是莫斯科和列宁格勒两所体育学院。

由于体操运动在当时展现出重要性，开始逐渐普及，所以当时运动科学的首要任务是广泛深入地研究采用体操的依据。日益增多的"劳卫制"（有关"劳卫制"的具体内容将在本章第三节进行介绍）证章获得者、运动员率先提出了这一问题。为了获取正确实施体育运动保健任务的可靠数据,首先需要研究"劳卫制"系统和其他体操的标准对运动者机体的影响。А·Н·克列斯托夫尼科夫教授和他领导的列斯加夫特学院生理教研室同行们,以及列宁格勒体育科学研究所生理试验室的研究占有特别的地位。1933年在克列斯托夫尼科夫领导下,开始研究"劳卫制"系统Ⅱ级训练对大学生和学院教师机体的影响。

更多的学者、科研学院和体育办公室对"劳卫制"系统Ⅰ级标准进行了各方面的大量研究工作。这些研究工作体现出独特的特征:首先,工作直接在体育场或操场开始;其次,被调查的很多都是体育爱好者;最后,工作是配套进行的生理学家、生物化学家和各专业的医生共同参与。1932—1933年,这样的研究工作主要在生物学教授О·С·玛诺伊洛娃领导的斯摩棱斯克体育科研办公室进行。她领导的生理学家、生物学家和体育医生队伍研究了列入"劳卫制"系统Ⅰ级的100米和1000米跑、戴防毒面具步行1000米(男子)和步行500米(女子)对机体的影响❶。同样,基洛夫都市卫生医疗体育办公室的工作人员于1933—1934年研究了"劳卫制"系统Ⅰ级标准对体育爱好者健康的影响❷。而"迪纳摩"医疗体育办公室的人员则研究了"劳卫制"全能运动和滑雪、滑冰和射击等综合全能运动对机体的影响❸。上述各项研究工作都有一个统一的目的,即以机体的生理和生物反应为基础,判断是否可以开展不同类型的体育活动,以便将其作为"劳卫制"标准。总的来说,这些研究工作丰富了体育运动自然科学知识,起到了基础研究的重要作用。

除研究"劳卫制"标准外,研究者们还详细研究了各种运动项目的训练方法。列宁格勒的研究者们研究了举重、游泳、拳击、滑雪、田径、运动游戏等的训练方法。此外,А·Н·克列斯托夫尼科夫领导的列宁格勒体育科学研究所和荣获列宁勋章的国立中央体育学院生理学家、生物学家和教学法专家与К·Е·沃罗什洛夫索契工农红军中央疗养院的医生们合作,在索契高山地区研究了登山和爬山运动的方法。疗养院组织的研究目的在于论证登山作为一种积极

---

❶ ОСФК·科学研究办公室文集[M].斯摩棱斯克,1934:211.
❷ В·И·格列别什科夫,Н·И·古特曼."劳卫制"系统Ⅰ级标准对健康的影响[J].高尔基医学杂志,1935(1):37-44.
❸ 医学体育科研文集[M].莫斯科:"迪纳摩"出版社,1934:211.

的休息方式具有的可行性。但研究结果超出了问题的范围，很大程度上丰富了登山运动的科学依据。疗养院进行这些工作和其他研究得到格里涅夫斯基教授的高度评价，称其为"具有极高的科学价值"❶。同时，中央体育科研学院和中央体育学院的人员，根据科学依据，对一些诸如滑雪、滑冰、登山等运动项目也进行了一系列研究。此外，中央体育科研学院的研究人员还发表了很多著作，研究远距离滑雪和徒步行走（1934—1935年）。而格尔科夫斯基科研办公室研究了足球运动员赛季中机体内的生理变化，以及马拉松跑的生理特点（1935年）。

对于研究者们的研究成果，创立于1923年"体育运动"出版社，1925年起开始每月出版科学理论杂志《体育理论与实践》，对上述研究成果予以集结出版体育学文章总集，全苏体育委员会主席Н·А·谢曼什科在书中指出，"该总集标志着开始有计划、系统地研究体育学基础"。同时建立了中央出版机关，主要由国内外学者和体育运动实践者对研究者们的最新成果（包括试验型著作）加以编纂，以便为体育运动提供有价值的理论依据和指导。

以生理、生物、体育科学以及其他科学为基础，促进并发展了体育教学和科研学院的研究活动，1930年在体育运动研究中采用了更加深刻的自然科学依据。而这对运动训练和锻炼方法转向科学轨道创造了必要的前提条件，具有重要理论价值和实际意义。

虽然体育方法的研究主要是针对体操进行的，但实际上并不仅仅局限于体操训练方法，它还包含教学锻炼过程方法。为解决方法规则问题，专门进行了科学方法研究工作。当然，由于特定的时代原因，当时的出发点主要是解决迫在眉睫的群众体育问题，而不是提高个人的运动技能。群众性的体育运动决定了体育研究和实验直接在工厂的基层体育团体中开展，例如在列宁格勒，研究和实验的对象是"红三角""红旗"工厂、斯大林工厂等。列斯加夫特学院的教师和列宁格勒体育科学研究所的科研人员经常就在工厂里面展开工作。1931年起，为提高劳动生产率和改善工人健康，在生产过程中引入体育方法，成功地进行了试验。从一开始生产过程中的体育工作就与工厂、车间的业余体育工作连在一起，并以此为基础展开❷。这样，科研人员、生产过程中的体育组织者，在某种程度上也是

---

❶ 索契К·Е·沃洛什诺夫. 工农红军中央疗养院文集：第3卷[M]. 莫斯科：国家军事出版社，1938：4.
❷ И·М·科廖科夫斯基. 工厂体育：生产过程中的体操方法[M]. 体育运动出版社，1932：214.

基层团体业余体育活动的组织者。由此，在组织工厂群众进行"劳卫制"I级训练中，积累了丰富的经验。1933年，列斯加夫特、列宁格勒体育科学研究所和基层（工厂、企业等）体育学校组织一起，承担了研究与这些学校活动相关的重要问题的任务。研究工作选取橡胶鞋厂"红三角"的体育团体作为试验工作的主要目标。试验工作涉及组织和方法，学校被分为三个组：体操、田径和滑雪。对每个组制定出研究计划、大纲、工作方法，并进行结果统计和检查，这些问题对掌握体育技术具有重要意义。试验工作结果发表在《荣获列宁勋章和红旗勋章的列斯加夫特体育学院（列宁格勒）教学课程提纲》（第3卷，1935年）和一些小册子上。这是以体育专业与体育总训练组织配合为基础进行的重要试验之一。

在针对群众性体育进行研究的同时，也有针对提高个人体育技能而做的研究，只不过针对提高个人体育技能的研究工作和科学方法，在20世纪30年代才开始显现出来，并逐渐加大了比重。相关研究机关和研究人员从那个时候开始，相比针对群众性体育研究，在工作中更加注重科学依据，努力完善一些运动项目的教学法和训练方法。为提高体育技能，教育学家、心理学家、生理学家、生物学家、卫生学家和生物化学家都投入体育实践中。莫斯科、列宁格勒一些城市率先开始工作，揭示运动锻炼的生理特征。在重要理论指导下和大量实践验证基础上，研究人员揭示了在"标准运动量"下锻炼，会引起运动员机体内的生理变化，那么在超大运动量、冲刺纪录时，变化会增大这一现象。这一现象的揭示，给科学解决合理锻炼问题提供了可能性，以此为基础，1937年中央体育科学研究所的人员集体研究了锻炼量加大后锻炼课程之间不同时间间隔问题❶。此外，不少研究人员也对准备活动对体育技术成果的影响问题做了研究，其成果在很多科学著作中体现出来。而以俄罗斯生理学之父И·М·谢切诺夫的试验结果为基础进行了一系列的研究揭示了不同肌肉组群的运作对提高体育指标的意义。同时，这时期首次开始研究运动员的体质。生理学家对运动速率、耐力等与体操的关系进行了相关研究。虽然该领域的研究只是处于初始阶段，但其研究结果仍对当时体育实践提供了现实帮助，在培养必要的体质方面，给教练员和运动员以有益的启示。在科学论证和完善一些体育项目的锻炼方面，如体操、田径、滑雪、游

---

❶ 重复最大量工作时的生理变化[J]//锻炼分析.中央体育科学研究所体操生理研究：第1卷."体育和运动"出版社，1939：5-40.

泳、重竞技运动、登山等项目都取得重大成绩。国家的很多教学和科研学院以及体育教研室都参与研究这些问题。

在训练和体育锻炼方法方面，研究和科学方法工作的发展水平很快，对其任务和内容的看法发生了根本改变。所研究的锻炼不是单一的训练，而是全面的教育过程。体育理论的重要成果是编写和通过了苏联体育体系的原则：全面发展个性，将体育与劳动和国防实践相连，开始提倡保健体育，并保证了全年锻炼计划的实施。全年体育锻炼分为三个时期：准备时期、基本时期和过渡时期。1933年召开的全联盟体操会议通过的体育课方法基本确定下来，并促进了训练和锻炼方法的完善。于是摆脱了索科尔、瑞典体操和类似课程标准的束缚，走向真正的创新之路。体育科学的发展使得体育理论、体育史、体育生理、体育医学、体操卫生等现代体育课程得以开设，同时还建立了一些运动项目的体育教育课程，比如体操、田径、游泳、滑雪、运动游戏等。

沙俄时期和苏联建立初期，不少专家、学者的体育理论和体育实践及其他们的观点和论著，在国内外获得过好评，取得了相应的成绩。但到了20世纪30年代，它所表现出的特性与先前的教育思想和方法截然不同。由于马克思列宁主义哲学宣告成为教育学的方法论基础，并以自己的方法论为基础，提出了生物起源、反射学、社会起源、文化历史观点，取代了很多类型的论点，成为整个苏联的教育理论。作为国家意识形态的表现，与国家意识形态相适应的官方教育学宣告成立，任何独立于国家之外的教育思想和教育方法，都是不允许的，都会受到批判，这导致了国内学者积累的具有丰富经验的苏联教育思想和方法（包括体育思想和方法）的断裂。

1936年，俄共（布）中央委员会的决议《教育人民委员会体系内对儿童学的曲解》非常完整地反映了官方教育学的观点。决议认为，调查研究、试验方法，以及数学统计方法是非科学的资本主义的方法，认为儿童学家们研究活动是有害的活动，他们的观点建立在伪科学、反马克思主义论点之上。决议表明，这种与马克思主义的矛盾是不能容忍的，它降低了社会主义社会条件下学校的教育作用。这样，20世纪30—50年代的教育实际上失去了自身的生物学、物理学、社会学、遗传学的自然科学基础。如果20年代中期苏联主要教育家的兴趣中心在教育学和心理学方面，那么随着决议的面世，官方教育学站到了教育学和心理学的对立面，以至于苏联许多教育家在1936年决议后，不再研究成年人和儿童个人的发展特点。其结果是,20世纪30—50年代,许多体育领域的学者,随着他们的观点和思想被否定而不得不放弃了相应的研究工作。

值得一提的是,在研究体育运动体系科学方法论基础方面,20世纪60年代初期的情况显得尤为重要。那个时候出现了新学科——青年体育理论和方法论,该方法论既包括训练儿童、少年、青年和女性的主要内容、形式和体育条件,又包括该教育过程和对各个运动项目发展尤为重要的规律性内容,为此,1962年苏联定期召开上述问题的全苏科学实践研讨会。

在创建体育运动学方面做出贡献的是 В·П·费林,他后期的工作重点是发展高技能体育,即主要是科学的、物质的、资金的投入,继续提高作为体育组成部分的运动的意义,提高最高水平状态,即大众性和高水平的目的性,具有不能分割、不可对立的体育运动成分的特点,他在这方面取得了非常丰富的成果。但高技能体育中的所有方法,包括科学努力实际上并没有完全建立起来。造成这一状况的原因主要是20世纪90年代前体育运动发展的特点所致,即社会主义和资本主义两种意识形态体系的对抗和冲突,而不是创造合作成为这场相互作用争斗的主要原则。运动,特别是在这场角逐中高技能体育是显示一个体系比另一个体系优越的一种工具,但结果却不是这样。

建立教育学院体育系是解决培养科学教育干部问题的重要手段,体育系开始培训普通学校体育教师。1940年秋第一个建立体育系的方案被采纳。当时莫斯科聚集了约80名体育教师,他们在学校中都有丰富的教学实践经验。培训直至1941年春,战争开始后学业中断。1946年建立了两个体育系,一个是莫斯科州 Н·К·克鲁普斯卡娅师范学院,另一个是列宁格勒 А·И·赫尔琴国立教育学院。1947年又建立了21个体育系。这些学校的成绩在于,它们是研究接受过高等教育的体育教师培训方法的主要环节。1952年起体育系开始通过研究生班,培养国家师范学院高职业水平干部。据统计,1952年至1992年间,仅在莫斯科州 Н·К·克鲁普斯卡娅师范学院,成功通过论文答辩的就有约300人。

第二节 体育组织和体育行政管理

由于国内战争的需要,国家领导机关进入了当时苏联的体育运动系统,由此创建了苏联体育运动系统的基础。在1918年至1920年间，国家领导机关总管全军训练和建立红军后备部队。体育运动部是它的一个组成部门，该部门的任务是训练军队和预服兵役的年轻人。1920年又组建了体育高级委员会，1930年改名为"苏联政府全苏体育委员会"，1936年再次更名为"全苏体育运动事务委员会"。各层管理机关形成了一套上下垂直管理体系，即上级机关垂直管理下级机关，这种管理体制一直到1991年苏联解体前都没有改变过。只是在1953年，体育委员会加入了卫生部，但9个月后又恢复到先前的管理系统。1960年至1968年期间，苏联运动组织和协会联盟中央委员会——社会管理机关发挥职能，但是该管理系统被认为是不合理的。

在共青团建立之前，童子军通过体育组织和体育活动成为当时主要的组织。1920年，编写了童子军章程、规定和惯例、官职要求（第1、2和3级）、比赛大纲。比如对第1级官职的要求如下：（1）在组织中不少于6个月；（2）了解俄罗斯和国外童子军运动简史；（3）在医生到达前会急救；（4）会测绘地形；（5）能游泳不少于50米，掌握救助方法；（6）在夏令营待过2星期，并参加不少于5个旅行团；（7）单独或与同志一起完成15公里徒步，并对此书面报告；（8）目测森林、房屋和操场的距离；（9）可以带领30人的童子军；（10）有某项劳动习惯；（11）进行童子军题目的谈话。1920年5月20通过童子军章程和惯例的当天，是莫斯科省的体育日，在莫斯科和其他县级市举办了相关的活动。

1918年随着共青团组织的建立，童子军从某种性质来说成为它的竞争对手。反对布尔什维克的人士认为，童子军是无政府、革命、无神论的解药。按他们的观点，童子军体现了纪律、稳定、神圣罗斯的真实思想价值。而许多布尔什维克认为童子军是资产阶级政府和资本主义的"工具"。这样，两方面针对童子军运动进行了激烈的辩论。尽管如此，它却存在下来，并且获得了发展，1920年前在莫斯科省的各个城市组建了14支童子军队伍。这些队伍是莫斯科童子军义勇队的组成部分。然而后来，童子军和布尔什维克的关系一直逐渐冷淡，甚至恶化。除外界原因外，童子军的组织原则、思想意识与新政权、新社会不相符合，他们认为童子军的活动是以宗教信仰、人类道德为基础，而不是以阶级斗争为基础。儿童运动组织者理解的童子军活动是，它是有趣和有益的活动，不应该消灭丰富多彩的童子军运动，而是针对国内研究的教育问题，改变其活动中的意识形态化❶。

1922年18位莫斯科童子军发表号召俄联邦发起儿童运动宣言。宣言中特别强调:"将童子军从资产阶级腐蚀下解救出来,富含新社会的劳动内容,童子军体系应建立在儿童小组基础上。旧有童子军运动是在被摒弃的资产阶级原则下成长起来的,显然,它是新式童子军运动的反对者,所以我们除了为新式童子军的胜利而战,别无选择。"❷并认为"童子军"这一称呼多少带有旧式运动内容,它能被改变为新式的、而且是最好最鲜明反映运动本质的内容,可以被称为"少年先锋队"。这些公开声明证明,他们希望根据马克思列宁主义,改变活动中的意识形态化,保留童子军运动内容本质。所有不同观点只针对儿童运动的名称:一些人认为要保留旧有名称,另一些人建议改为"少先队运动"。当时俄罗斯共产主义青年团第二次全俄代表大会宣言也同时发表,大会通过了《儿童运动》决议,宣布建立少先队组织。这样,童子军运动变成了少先队运动,童子军组织也变成了少先队组织。当时两者的区别主要是活动的思想基础。用"少先队"代替"童子军"单词本身没有什么改变,按照童子军运动的创建者罗伯特·贝登堡的说法,"童子军就是志愿者、首创者和先驱人物"。少先队组织从童子军体系中吸取了很多组织和方法方面的东西:组织结构、形式、一些规章规则和惯例、口号"时刻准备着!"、一些仪式、夏令营(举行活动时让孩子追逐猎物,玩地方性游戏,包括军事游戏)等。以至在20世纪20—30年代,少先队运动非常普及,博得了苏联全国人民的赞扬❸。

但少先队运动在发展过程中,问题也渐渐呈现出来。一方面,当时的苏联人民生活愉快,普遍热情高涨,为自己的祖国自豪,感受到地位的提高,确信可以解决最困难的问题,相信物质困难是暂时的,可以通过突击劳动战胜困难,不久的将来苏联人民会迎来灿烂的明天。这一切在很大程度上肯定了少先队组织工作的成绩。另一方面,这一普遍的乐观在很多方面是外在的、形式主义的、没有

---

❶童子军运动蕴含着教育潜能,成为现代社会很普遍的校外培训体系。国际委员会当时曾联合了120多个国家的1600万童子军,组织了各国童子军组织间的接触和交流。

❷Б·Р·戈洛夏波夫.俄国体育运动史[M].莫斯科:"科学院"出版中心,2010:48.

❸1990年,俄罗斯恢复了童子军运动,确定了其活动的方向:处于俄罗斯东正教会的庇护之下,是东正教历史考察联合会;以国际宗教原则建立,是俄罗斯童子军联合会;以俄罗斯少年侦察兵组织原则开展工作。俄罗斯恢复后的童子军运动主要问题是物质、资金和组织困难。

物质和资金基础作保障的，这一矛盾很大程度上表现在少先队组织的活动中。当时，一些童子军骨干开始和少先队组织合作，但在少先队组织的活动中开始出现形式主义。少先队组织在吸收成员方面，不像童子军那样限制队伍的人数，这样一来，人数就呈几何数地迅速增长，1924年国内只有1.6万名少先队员，到了1925年末，这一人数就上升到了150万（1941年则达到1200万人）。但是人数的增长并没有相应的物质保障，而领导者和组织者也需要进行相应的职业培训，但实际上并没有。童子军的内涵在少先队运动中消失殆尽。童子军运动本身开始成为与苏联体制迥异的儿童运动。这也是苏联禁止儿童童子军运动的原因。

从1928年起，苏联开始实施第一个五年计划，在仅仅两年的时间里，各条战线都取得了可喜的成绩。这些成绩促进了社会主义文化高涨，也为体育的进一步发展创造了良好条件，并提出了培养社会主义建设者的迫切要求。但是，1923年成立的仅起协调职能、对全国体育运动并不具备国家机关领导和监督权力的最高体育委员会，已经不再符合势必更加蓬勃发展的体育的需要。苏联体育面临的任务是，必须对全国各级体育机构进行改革。

1929年11月23日，联共（布）中央委员会决议指出，必须建立由苏共中央执行委员会领导的全苏体育委员会。1930年4月，这一决议获得通过。这一机构的职权是：领导和监督各级体育委员会的活动，对苏联和各加盟共和国的体育立法提供咨询。此外，它还负责大型运动设施的建设、科研专业人员的培养、体育宣传和出版工作，以及组织举办国际、国内运动会等方面的领导工作。

由于全苏体育委员会及其下层组织在后来工作中出现过不少失误，为了更好地满足劳动者日益增长的体育需要，整顿苏联体育体制，加强国家对体育运动的监督和领导，1936年6月21日，苏联政府通过决议成立苏联人民委员会附属的"全苏体育运动事务委员会"。这个新的机构的职能，虽同全苏体育委员会基本相同，但更加强了国家对体育事业的监督和领导作用。

在体育组织方面，俄共（布）中央委员会的决议《党在体育领域的任务》具有重要意义。决议中确定了社会主义体育体系，任务和内容，组织结构和体育运动在社会中的地位。决议特别指出，必须不仅仅从体育和健康方面研究体育，将其作为文化、经济生产和年轻人军事训练的一个方面，而且要将其作为群众锻炼的一种方式（体育多少可以发展意志力，集体练就技能、坚定性、沉着冷静等其他宝贵品质），将工人、农民群众团结在党的苏维埃职业组织中的一种方法。决议还指出，体育不应只局限于一种运动、体操、户外活动和游戏等形式，还应该包括社会和个人劳动与日常生活卫生，以及正确的劳动和休息方式。由于运动体操在当时是联结国与国之间的纽带，所以被用来巩固国际阵线。作为社会政治、文化教育、群众健康不可分割的一部分，要求将体育列入工会、俄罗斯列宁共产主义青年团、红军、学校和保健机关等的活动总规划中。在与任何独立的体育体操联盟的组织关系上，它都不应是孤立的存在，否则将不可避免地导致与主要政治教育工作的分离，导致从事体育的人员与主要社会组织的隔绝。全苏体育委员会和其地方组织对领导体育工作的所有组织的活动进行统一和协商，其任务是：制定体育活动方针，制定科学方法和教学手册，协商互相使用操场、体育场等体育设施，组织体育比赛、体育表演等。

为保证各级体育组织执行该决议，俄共（布）中央委员会提出以下任务：（1）保证对体育的政治领导，不允许其与群众的、职业团体的分离；（2）赋予该项运动以群众特点，不仅吸收工人，还吸收农民，不仅有青年，还有成年男女。尤其注意在少先队员和民族共和国的本地居民中安排体育；（3）全苏体育委员会应加大保证科学领导体育和体育发展的工作力度；（4）采取措施将部门和组织代表分离到地方体育委员会，不允许将他们替换成技术人员。

该决议对于苏联体育体系基础的奠定具有原则上的重要意义，它以不同方式阐明了其主要组成部分：目的、任务、基础、原则、方式。该决议第一个指导文件在以后党和政府的许多有关体育的决议中得到发展，因此，体育管理中的政治和思想因素作用增强了，同时最大程度上体现了体育运动管理的行政指挥方法。全苏体育委员会主席团负责执行实施重要管理职能。主席团成员由5人组成：主席、副主席（通常是军事部门代表）、俄国共产党（布）中央委员会代表、俄罗斯联邦共产主义青年团中央委员会代表、全俄工会中央理事会代表。而总政治局代表是全苏体育委员会成员。由此可见委员会的重要性。

20世纪30年代，由于当时世界各国的体育发展呈现出良好势头，为了赶上这一时代潮流，苏联体育部门制定了全苏统一体育技能等级，成为苏联体育体系最重要的纲领性规范文件❶。该技能等级规定每四年一次周期性地对其进行修改、更正和明确。修改、更正和明确的标准依照各个项目按国际水平衡量取得的成绩

---

❶ 1980年代前，列入了约100个运动项目。

状况、各个项目国际比赛中的现象和特殊情况、民族项目的普及和训练程度、非常实用项目的发展而定。当时非常普及的十项运动项目确定了最优标准要求：包括体操、游泳、田径、速滑、摔跤、重竞技运动、击剑、网球、拳击和狩猎运动。运动员分为三个等级：Ⅲ、Ⅱ、Ⅰ级，运动称号：运动健将。

这个时期，共青团作为一支推进体育的重要力量，与普及军训总部一起，共同承担着训练和培养青年的任务，它的各个基层组织对青年实施体育培训，其成员参加了普及军训总部下属机构的工作，在各后备役训练点和军事俱乐部都是开展体育运动的积极分子。共青团在体育方面的主要职责是组织、领导青少年和儿童的体育发展。少年儿童体育活动的第一步是要克服一系列思想、组织和科学方法的困难。同时，工厂和学校中陆续建立了体育组织、成立了体育职能部门。学校体育的直接领导是教育人民委员部。工厂中率先出现了体育小组，活跃了气氛，带动了工人们的激情，年轻工人开始倾心于体育。革命前一些体育组织在初期曾继续开展过自己的工作，由于当时国家和政府没有支持，也没有鼓励他们的工作和活动，所以各类体育组织的数量逐渐减少，当新的体育组织建立起来之后，他们就完全被取代了，从而退出了人们的视线。

当时苏联的体育运动组织结构由两种形式组成，一种是国家形式，一种是社会形式（或民间形式）。国家形式的组织结构主要是国家领导机关。第一个国家领导机关是国家人民教育委员会，不久变更为人民委员会，由А·В·卢那察尔斯基任领导，人民委员会下设人民保健委员会，其领导人为Н·А·谢曼什科。人民委员会和人民保健委员会下面再分设了各个不同的部门，比如全民健康和体育的一些部门。体育运动成为党和政府集中关注的目标，被作为领导国家整个社会生活的一种力量。由于担心受到资产阶级思想的影响，脱离党的控制，所以当时民间形式的体育联合会是不允许建立的。

可以说，建立于1930年附属于苏联中央选举委员会的全联盟体育委员会是第一个享有充分权利的国家体育运动领导机关，其被赋予国家检查和领导的权利。而建于1936年，工会志愿者体育协会则是个相对独立的、群众性的民主组织，当时苏联新宪法得以通过，在法律上巩固了苏联社会主义关系的胜利。

另一个重要组织——军事总培训红军预备部队管理总局（以下简称管理总局）成立于国内战争时期，当时全联盟中央执行委员会通过法令《关于义务培训军事艺术》，根据该法令予以成立。在管理总局中有体育运动发展部，附属于军事委员会，建有军事总训练部和军事教学点，该部组织红军部队、应征前训练点以及居民的身体训练。管理总局机关和共青团一起在很多工厂组织了附属于军事委员会的军事体育俱乐部。对16至40岁的公民进行军事训练。身体训练内容为体操和各种运动项目。开始时军事训练设置为96小时，后来时间延长，而大部分时间用于身体训练。但管理总局活动具有阶级性，军事训练只针对那些不剥削其他人劳动的工人和农民。

与人民教育委员会和人民保健委员会一样，管理总局促进了将体育引进教育体系的进程，建立了体育组织，开展了体育工作。这样1918年在М·В·弗隆泽的积极参与下，组织了苏联初期的体育协会——"斯巴达克"和"运动"。1919年，从前线调回来的军事活动家Н·И·波特沃伊斯基（1880—1948）任管理总局领导。他做了很多工作，不只发展了应征前青年的军事身体训练，还为体育运动的发展做出了贡献。

关于管理总局的任务，Н·И·波特沃伊斯基后来在文章《列宁和体育》中说道："军事总训练的指令将体操和身体发展与锻炼的所有项目，与我国的军事总教育连在一起。该体育指令列入了劳动人民统一教育系统，训练的目的是保卫祖国和从事高效的多种类型的工作。"[1] 为宣传体育，管理总局将1920年5月20日设为体育节。体育活动设在城市的操场、俱乐部和公园。两个月后莫斯科举办了大型的体育节，体育节的重要内容是红场检阅和跑马场的公开体操表演，大约有1万名应征青年参加了节日表演。虽然条件非常艰难，设施异常简陋，有经验的体育人员很少，体育器材和装备不足，但在荒芜的操场和空地上，人们热情不减。

自1921年春天起，在体育界人士的大力倡导下，在"体育走向大众"口号的鼓动下，管理总局所有城市、工厂和乡村的操场都成为最引人注目的中心，吸引儿童和青少年，在艺术设计上成为最美的所在。共青团员和青年怀着极高的热情响应号召，2000个操场被修整出来。根据波特沃伊斯基的倡议[2]，附属管理总

---

[1] Н·И·波特沃伊斯基.列宁和体育［M］.红色体育，1940（4）：196.
[2] 波特沃伊斯基是体育活动家、宣传家。谈到体育的教育意义时，他强调体育在坚强的性格、力量、意志力、积极性、坚定、顽强、沉着、勇敢和其他道德意志品质中的重要作用。他提出口号："让体育走向大众！""空气、阳光和水万岁！"

局于1920年建立了体育高级委员会。该委员会统一了组织应征前青年训练和青年体育的所有机关和部门的活动，还编写了大纲、章程、专门手册，举办了体育比赛。1921年初组织了12个州、52个省的体育委员会，这些委员会同高级委员会一样，都是由相应的地方组织代表组成。在莫斯科多国工人运动员国际会议上，成立了新的国际体育联盟"红色体育国际"，其领导人是波特沃伊斯基。该组织特别讲求阶级斗争，以至于其章程中的第一个计划是运动员参加阶级斗争，而不是体育运动❶。当然，这是当时苏联体育组织中的极端现象，是为了迎合时代需要而设立的。

  国内战争结束后，苏维埃共和国进入和平年代，由于国家尚未成立专门的国家体育运动领导机关，所以管理总局在体育工作中仍起到重要的领导作用，为了能让民众体育运动发展起来，管理总局采取建立地区体育中心的方式，以促进体育的开展，并在企业、学校开始建立体育基层组织。这个时期，共青团组织体育活动也开始活跃起来。同时还恢复了革命前的一些体育协会。但由于当时经济困难，国家不得不缩减体育拨款，向地区体育中心体系的转变没有成功。当时管理总局建议以俄罗斯联邦红色体育组织作为新的组织结构，希望该组织成为整个体育运动的统一领导中心。但是共青团不支持管理总局的这一倡议，认为这是与共青团平行的组织机关。双方之间的分歧越来越大，为此，建立了党中央专门委员会来解决这一问题。共青团提出建立国家领导体育运动主管机关以代替俄罗斯红色体育组织联合会。结果俄罗斯联邦中央选举委员会1923年6月27日通过决议，建立附属于俄罗斯联邦中央执行委员会的高级体育委员会，该委员会由党中央委员会和各部门及组织代表组成。党中央委员会确定了高级体育委员会的组成、活动的基本方向和组织计划，研究了体育运动领导岗位的候选人。高级体育委员会的职能是，总体协调、统一和引导劳动人民体育各部门和组织的科学、教学活动。

  除了建立国家层面的高级体育委员会外，后来在其他加盟共和国和地方也建立了高级体育委员会，这些体育委员会分别附属于省和县执行委员会。附属于俄罗斯联邦中央执行委员会的高级体育委员会，是苏联政权时期为领导体育运动工

---

❶苏联.体育百科全书（第2册）[M].莫斯科：体育和运动出版社，1961：42.

作专门建立的第一个国家机关。但那个年代里整个苏联范围内还没有体育运动领导的国家检查机关，而且高级体育委员会的权限是由各个组织和部门的代表组成的委员会。高级体育委员会的领导人是Н·А·谢曼什科，他也是苏联保健的首批组织者之一。作为医生保健工作者，他依靠医学资料和自己的研究，编写了很多既有理论意义又有实践作用的体育运动条例。他为将医生检查引入苏联体育运动实践做出了很大贡献。为保证体育在科学基础上发展，他建议建立专门的体育出版机构。在他的倡议下成立了附属于高级体育委员会机关的出版部门，该部门在1924年成为独立的出版机构——"体育和运动"出版社。一年后苏联首次创办科学方法论刊物《体育理论与实践》，其后《体育理论与实践》在几十年的时间里完成了其重要的职能，即组织体育运动和宣传科学知识，与教育家、教练员和学者交流经验。

体育运动的发展要求巩固该领域的国家领导。为此，1930年4月1日苏联选举委员会主席团通过决议，成立全联盟体育委员会。全联盟体育委员会建立的目的在于规划和加强国家对体育工作的领导和检查。随后，各加盟共和国的地方体育委员会也被改组为国家领导和检查机关。全联盟体育委员会的主席是Н·К·安吉波夫（1894—1941年），他为体育运动的进一步发展和提升全联盟和地方体育委员会的威信做了大量工作。集中管理体育运动的体系得到巩固和完善，1936年政府以决议《为了更好地满足劳动人民迫切的体育需求、整顿体育体系和加强国家对体育运动的领导和检查》，取代附属于苏联选举委员会的全联盟体育委员会，建立附属于苏联人民委员会的全联盟体育运动事务委员会，地方的体育管理相应被改组。在30年代后期至卫国战争开始时的不长时期内，苏联国家领导体育运动的体系初步形成。

与革命前运动组织不同，苏联领导机关在工厂和学校建立体育小组，作为基本的组织形式。20年代初期与工会体育运动工作相连接，出现了附属于工会的小组。随着高级体育委员会的建立，体育运动活动逐渐活跃起来。工会加大了体育方面的活动力度，将体育作为文化教育工作的一部分加以研究，并将其列入自身文化部门。在全苏工会中央理事会的文化部门成立了体育委员会。全苏工会中央理事会主席团1924年4月批准了附属于工会俱乐部的体育小组条列。共青团和工会在工作中愈加紧密地互相协作，促进了体育运动组织结构的调整。为不分散力量，共青团将自己的体育组织转给了工会。但这些措施还远远不够，因为年轻人反对不关心体育的领导人的强权，以及反感体育小组中单一枯燥的训练内容。这就要求体育生活进行根本的改变，这种改变在转变为分部工作形式过程中得以反映。1925年9月全联盟工会体育运动第一次会议通过决议，工会组织体系转变为分部工作形式，目的是吸引成年工作人员从事体育工作，多方面发展体育运动❶。并建议按各个分部重建田径、运动游戏、自行车等小组，各分部联合为统一的体育小组，处于俱乐部管理委员会的总领导之下。

体育运动发展的另一种转变方式是按生产原则组建。如上所述，体育小组由各个项目分部组成，由俱乐部进行领导。但是这种结构后来开始阻碍体育运动发展。因此在1930年秋天召开的全联盟体育工会第一次代表会议通过决议，将俱乐部小组转变为在工厂、机关和学校中建立的体育团体。这是体育运动的一次生产化原则改革。体育团体靠近了生产部门、机关和学校。这在组织上巩固了团体，促进了群众体育运动，为提高运动技能创造了更好的条件。组织形式的转变推动了体育运动工作的开展，反映在从事运动的人数增多，运动技能水平提高方面，体育运动工作水平也得到了提高。之后不久的1928年，全联盟运动会即以高运动水平方式举办，从而成为苏联运动史和文化生活中的一件大事。

1936年5月全苏工会中央理事会通过决议，以先前出现的协会"迪纳摩"（1923年）和"斯巴达克"（1935年）为例，组织了64个志愿者体育协会。每个协会都统一了工会中原有的各种体育团体、体育干部和运动设施等。志愿者体育协会的建立不仅促进了体育团体的组织巩固，还为增加运动员数量、改善体育教学工作、提高运动成绩提供了新的机遇。

第三节 体育教育与"劳卫制"

1917年十月革命后，体育作为一门学科在普通教育学校内逐渐形成，它构成了学校教育的主要内容之一，并且成为文化教育领域不可分割的一部分。由于当时教育的一个重要目的是培养具有共产主义思想的一代新人，所以，整个教育包

---

❶ 苏联. 苏联体育运动［M］. 莫斯科："体育和运动"出版社，1967：67.

括体育教育在内都是围绕这个目的施行的,而国际上通用的教育原则和内容未被纳入进来。尽管如此,但从整体上看,在苏联体育体系的发展过程中,学校体育教育还是形成了自身的特点。

一、学校体育教育大纲

学校的体育建设主要针对中学和高等学校,按1917年11月9日学生体育决议,人民委员代表大会命令建立以人民委员A·B·卢那察尔斯基为代表的人民教育国家委员会,以执行原来人民教育部的职能。委员会部门中有学校医学和卫生部,用于解决保护学生健康问题。与医学管理和组织儿童饮食一样,医学和卫生部在学校里还要组织和管理体育,督促学校"观察儿童的身体和智力发展,应从事体操、运动、游戏、洗澡、散步……"对学校采取的一系列卫生措施提出建议,以"促进青年学生整个思想和身体的完全和全面发展"[1]。

为了有效地组织青年一代的体育活动,消除对儿童健康不利的因素,人民委员会成立了学校卫生总委员会,为保障体育活动的顺利开展,委员会将体育科学活动家和体育教师纳入进委员会作为委员,并专门就学生身体保护措施进行了研究,讨论了就如何培养体育教师、校医和劳动指挥官进行了研讨[2]。作为学校卫生部门领导人的医生B·M·维莉奇金娜(1868—1918年),她在新学校初期儿童和青年体育事业中起到了实质性的作用。通过她的工作,国内一些著名的教育家和医生被吸引到委员会工作。M·И·巴尔苏科夫教授是革命后苏联首批保健组织者之一,他称维莉奇金娜为苏联儿童体育先驱[3]。在学校内执行体育大纲时,要克服饥饿、供暖和照明不足,以及干部的严重缺乏等种种困难,所以,在这样的条件下将体育列入学校大纲,实行起来并不顺畅,即便到了1924年,全苏

---

[1] 苏联国家十月革命国家最高政权机关和国家最高管理机关中央档案馆,全宗130,目录2,存储单元191,第3页。另可参见《消息报》,1917年11月24日,《体育问题主要决议、指令(1917—1957年)》,"体育和运动"出版社,1959:40-41.

[2] 苏联国家十月革命国家最高政权机关和国家最高管理机关中央档案馆,全宗2306,目录3,存储单元106,第3页。

[3] M·И·巴苏科夫.伟大的十月社会主义革命和苏联保健组织(1917年10月至1918年7月)[M].莫斯科:国家政治出版社,1951:196.

联也只有800多所学校将体育作为一门必教课。

根据学校卫生部门的倡议，人民教育国家委员会于1918年5月29日通过了建立国家中央体育学院的决议，学制开始设定为1年，后改为4年。知名体育学者Ｂ·Ｅ·伊格纳齐耶夫医生担任校长❶。

根据1920年12月人民委员会作出的指令，国家中央体育学院成为高等学术教学学院。体育学院的建立是苏联体育文化生活中的一件大事❷，在其带动下，此后相继又有几所体育类学校也建立了起来。1918年政府决议由中央学院筹建试验学校，学院的工作人员在试验学校编写学校体育方法。试验学校是有150名儿童的寄宿学校，在照顾孩子的饮食起居的同时，有机会展开试验工作。1919年在彼得堡以Π·Φ·列斯加夫特高级培训班为基础建立了体育学院（现在的圣彼得堡国立Π·Φ·列斯加夫特体育学院）。其中，劳动者军事体育总学校是专门为红军训练高级专家的。与中央体育学院具有的培训、教育、科研等功能一样，其他几所体育学院也具有同样的功能。首批体育学院的建立对教育干部的培养，对体育科学的发展都具有重要意义。

1919年应征前普及军事训练处编写了少年儿童体育课内容。这些资料是省级人民教育部门形成示范大纲的基础。大纲在结构和内容上都非常有特点，但实际上从始至终都贯穿着军事化内容。体操是大纲的基础，在很大程度上更接近于之前的索科尔体系，或者是对其个别章节的完全复制。当时欧洲政治局势的变化对俄罗斯推行索科尔体操具有很大的影响❸。俄罗斯逐渐消除德国模式对自己的影响，并废除了德国人Ｋ·斯密特写的《部队和年轻士兵体操指南》，1910年采用了以索科尔体操为基础编写的《部队体操训练规范》，1924年前一直实行该规范。

1920年初，苏联教育部门向学校推荐了学生身体训练的一整套不同大纲和方法。其中以Ａ·Ａ·济科穆德于1923年编写的《以无产阶级体育为基础7～18岁年

---

❶Ｂ·Ｅ·伊格纳齐耶夫也是位著名的历史学家、体育理论家和卫生学家，1912年出版了著作《体育、体操、运动、活动游戏》。

❷Φ·И·萨马乌科夫，Β·Β·斯托尔波夫，等.苏联体育和运动.莫斯科："体育和运动"出版社，1967：48.

❸1882年建立了德国、奥地利—匈牙利和意大利三国联盟。1904—1907年与其对立地形成了英国、法国和俄罗斯联盟（协约国）。

龄内体育和劳动技能总大纲》当时获得的评价最高。该大纲建议采用以下方法：步行、跑步、跳跃、队列操、低难度器械体操和无器械体操、修复和呼吸操、户外活动游戏。其中修复操具有特别的意义，是一种预防方法，用于减小劳动环境的不良影响，其目的是"发展肌肉群，这些部位在职业劳动中不可能得到锻炼。需要注意发展左侧身体，促进发展胸廓、正确的呼吸和血液循环"。该体操大纲中所有运动结构方面的建议都很简单，很容易计量，不会引起身体功能系统活动的超负荷，具有明确的修复和加强功能。大纲的劳动技能包括具有手工特点的一类手工劳动。身体训练和劳动锻炼紧密相连是体育领域中无产阶级文化的重要课题之一，对此大纲规定："今后要解决的科学问题是将体育和劳动技能联合为一个统一的培养方法。"

1927年，教育人民委员部确定了义务制教育学校初期体育大纲，大纲主要针对的是Ⅰ和Ⅱ级学校（Ⅰ级——四年制小学，Ⅱ级——九年制中学）。大纲对于之后苏联学校的大纲来说是个独特的里程碑，后来作为所有学校的统一和必须的大纲被编写和确定。Ⅰ级学校大纲由以下章节组成：体育的目的、任务和方法；自然因素（太阳、空气、水），卫生习惯；户外活动游戏；体操；运动娱乐；体育的医疗和教育检查。Ⅱ级学校大纲包括对大纲的意见和大纲本身的材料：体操、游戏（户外活动游戏和运动游戏）、"运动体操和运动"、学生的初步教学标准。Ⅰ级学校大纲强调，"选择体育方法时必须既考虑儿童的生理特殊性，又考虑社会和经济、自然和日常生活条件。因此一所学校的体育不应是另一所学校的复制。学校里采用以下体育方法：保证感觉和运动器官正常发展的体操，与太阳、水和空气相关的卫生习惯，卫生普及教育。自然运动（跑步、步行、跳跃、攀爬、难度小的体操、投掷、游泳、自然保护和进攻方法），以及与人类劳动活动相关的自然运动（挖、刨、锯、砍等）应列入学校Ⅰ级体操基础。"大纲还明确指出，体育教学大纲应以义务课程形式，在Ⅰ级学校每周授课不少于3次，在Ⅱ级学校每周不少于2次。除"体操标准课"外，还推荐其他发挥积极性的形式：课前体操、群众游戏和运动娱乐、舞蹈和旅游。体育课本身的内容是对大纲单个章节的机械合并，这些章节主要选自国外体操系统。特别强调完成有实用特点的体操，不考虑其对学生主要功能系统的影响。大纲明显倾向于体育过程中的卫生、学生的卫生普及教育和使学生养成基本的个人和社会卫生习惯。同时，1927年进行了一场关于体育的教育和保健价值的激烈辩论,在这种形式下,作为体育方法,大纲列入了一些运动项目甚至比赛形式的体操。这种"运动体操和运动"在当时对同类大纲来说是一种新生事物。为了更好地编写教学大纲,一批有经验的学者、教学法专家、院校教师被组成教学计划和大纲编写小组,进行具体的编写和拟定工作。

从1930年开始,教学法杂志《学校体育》每月定期出版,成为促进学校体育运动发展的大事。《学校体育》杂志的出版是为了对体育工作和体育培训提供指导性的意见,因为当时体育教育存在的问题和困难主要在于没有足够的并经过理论和业务培训的专业干部,体育运动领导薄弱。比如,1929年在莫斯科区学校内几乎没有受过专业教育的体育教师,而根据1929年的调查资料,学生的健康状况非常令人担忧,儿童的健康指数非常低。因此以改善儿童体质为目的的体育方法的运用显得尤为重要,以此为内容编写的大量独特的"自修课本"面世时,对体育教育产生了积极的作用。《学校体育》杂志在这方面始终给予学校、教育组织和校外机构的体育以力所能及的指导和援助,在刊物中阐述方法论和实践问题以及先进经验,在广大体育工作人员和学生中进行积极的宣传。

在1932年"劳卫制"引入体育教育系统后,学校体育教学大纲结构和内容具有了特别重要的因素,中小学体育成为苏联统一体育体系中主要的一环,其内容、范围和方法来自"劳卫制"系统训练中提出的主要要求。根据"劳卫制"系统的结构,学校每个年级的整体大纲分为体操、理论知识、体育组织经验、卫生习惯和教学标准等几大部分。大纲的"意见"包含详细的教学法指导和对"标准体操课"、课前体操、课中短时间体操、群众性游戏、旅游和体育节的说明。同时解释了学校体育工作考核和计划的特殊性,建议形成统一的教学计划,将教学内容分配为1年、学季和10日的时间段。按照确定的提纲,大纲规定了由4节组成的标准体操课:第一节,伸展操——5分钟;第二节,普通准备操——10分钟;第三节,正操——25分钟;第四节,放松操——5分钟。一堂课的总时间为40~45分钟。体操分为两个主要的组:普通准备操组和实用操组。体操大纲中的实用操具有主导作用,与其密切相关的是选用全套准备操。而实用操在大纲中所占比例非常大,按照以下特点分组:队列要素,移动方式(步行、跑步、平衡操、滑雪、游泳),跨越障碍方式(跳跃、攀爬),搬运重物方式(搬运各种物体和"活物"),保护和进攻方式(投掷、摔跤要素)。同样,这些体操组中的每一项都有标准的指标,这些指标是"劳卫制"系统预先要求的。活动游戏和运动游戏是独立的一组体操。另一方面，1932年学校大纲明显与军事训练学生的体育相关，比如，中学大纲中曾明确要求"体育与军事行动相配合应在严格训练军事实用技能中表现出来"，因为这些技能要素是训练战士的基础，"必须注意培养心理素质，如：决断力、坚定、毅力、定向能力。应配备军事手册和教会使用防毒面具。在自然条件下（旅游时和军事体育行军时）应检查和巩固学校里学习的实用技能"。大纲的理论知识部分包括座谈和其他形式报告，这些座谈和报告向学生传授苏联体育的内容、作用和任务等基本知识。比如，给四年级学生推荐的题目是"资本主义国家的孩子进行什么样的体育活动和苏联正在成长一代的体育""呼吸主要规则的意义"；给七年级学生推荐的题目是"苏联体育的首要任务""工农红军如何训练战士身体""体育如何与职业危害做斗争"。

在体育组织和卫生习惯部分，针对一系列复杂的情况形成了如下要求：课中短时间操，设置户外活动游戏，评价体育游戏，注意姿态，遵守个人和社会卫生规则，了解锻炼原理等。为评价所有年龄学生的身体训练程度，初期大纲设置了试验种类和硬指标。为多数实用体操规定了标准指标。学校体育成绩主要总指标，是十年级学生完成"劳卫制"系统Ⅰ级标准。这样，30年代初期，"劳卫制"系统就是学校体育的大纲和主要标准。在后来的50多年里，编写的体育教学大纲都带有劳动和军事化特点。

1934年起苏联开始建立严谨可信的体育预备队训练组织，包括高技能体育：儿童青年体校、奥运（专业）预备队学校、高技能体育学校。如果说这不是当时最好的体系，那么也是最好的体系之一。在苏联的各个体育院校里有约450万儿童、少年和青年从事体育运动，启用了11.9万名教练员。

1940年，体育教学在普通义务教育学校教学计划中列入一门应征前军事训练的科目，为此，编写了相应的大纲——《中学、技校、工农速成中学和与其等同的学校中学生应征前军事训练大纲》。该大纲由附属于红军管理总局的初级和应征前军事训练局编写。对八至十年级学生每年进行120学时的军事身体训练。以学校其他课程为基础考评应征前军事训练成绩。大纲包括以下章节：红军和海军、红军组织和工农红军章程简述、体育和队列训练、步兵训练、军事地形、防空和防化保护、军事卫生事物、战术训练。大纲特别要求需教会高年级女生卫生事物并培训中等医护人员。实际上，卫国战争前和战争中，学校教学计划和大纲不是由教育人民委员部而是由国家防御委员部编写的。国家防御委员部

K·E·沃罗斯洛夫 1940年5月7日第51号令指出："（1）实行中学、技校、工农速成中学、工厂技校和高等院校学生应征前军事训练大纲。（2）在上述学校中按照全体军人职责法，设置应征前学生军事训练课程，所有学校的校长和军事领导应遵守应征前军事训练大纲。"战前时期学生的军事身体训练是学校工作的主要内容。卫国战争开始后，人民教育机关的主要活动和学校教学的内容，自然是将学校体育与军事训练紧密联系在一起，即军事身体训练。

1941年8月红军作战训练管理局领导批准了俄罗斯联邦教育人民委员部应征前军事训练中学八至十年级男女青年大纲。1941年应征前普及军事训练处管理总局指示组织1941—1942学年八至十年级学生应征前军事训练。据此对九至十年级学生应征前军事训练的内容提出更严格的要求，这些要求比俄罗斯联邦教育人民委员部的要求更高，应按照普及军事训练处大纲训练110小时。实际上应征前军事训练超过了普及军事训练处大纲九年级学生训练110小时的要求，增加了22小时，而十年级增加了55小时。同样，九年级学生身体训练时间增加了15小时，九年级学生增加了35小时。身体训练包括滑雪和越野跑训练，以及游泳、体操、运动游戏、军事化行军等。苏联人民委员会专门通过决议，对1942—1943学年所有在校生进行军事化训练。1942年通过《不完全中学和完全中学一至四年级和小学学生军事训练大纲》和《不完全中学、完全中学和技校五至十年级学生初级训练和应征前军事训练大纲》。在各加盟共和国教育人民委员部内设置了副人民委员一职，而在人民教育部门内设置了军事训练部门副总管一职。为在学校对学生进行军事体育和应征前军事训练，设置了军事指挥官一职。和学生一起进行过速成训练的预备队中级和初级指挥人员，以及进行过类似专门军事训练的教师可以担任军事指挥官。军事指挥官直接听命于校长。学年内一至四年级学生军事身体训练内容分配：一年级和二年级——33小时，三年级和四年级——66小时。三至四年级时间分配：队列训练——10小时，体操和游戏——40小时，滑雪——10小时，防化保护——1小时，红军讲座和座谈——5小时。

1942年学校体育教育大纲提出将培养年轻一代对祖国的无限热爱作为一至四年级学生军事身体训练的主要任务；通过体操和军事化游戏巩固和发展机体；培养勇敢、灵活、耐力、组织性和同志情谊；学会编队，在鼓点伴奏下唱军歌行军（2~5公里）。一至四年级体育教学内容包括，全面发展性格的低难度体操，传统的户外活动游戏，滑雪的简单基本技能。防化保护包括掌握使用儿童防毒面具的方法。一至四年级学生军事身体训练大纲中有7个意识形态专题，即红军讲座和座谈。例如，"伟大的斯大林，我们的领袖和统帅""国内战争统帅和人民英雄""伟大卫国战争中的苏联游击队员"等。五至七年级学生初级军事训练主要任务是掌握"训练单个士兵"大纲。大纲包括队列、射击、战术和防化保护训练，一学年总共99小时。大纲中身体训练内容约占40%，包括军事体操、运动游戏、越野跑训练、跑步、各种跳跃、投掷手榴弹、摔跤原理和方法、拳击、肉搏战、滑雪训练、跳跃障碍和游泳等。中学八至十年级学生应征前训练的主要任务是完善单个士兵训练，训练能在班和排中行动的士兵。该大纲与五至七年级大纲比较，在队列、射击、战术和防化保护训练方面，教学内容要复杂和有深度。例如，队列训练要求包括了解和初步掌握驾驶摩托车和从塔楼跳伞等。应征前训练每年为140学时。大纲还规定了两周宿营，以巩固队列、地形测量和战术训练。一周有5堂军事身体训练课。身体训练本身占应征前训练总时间的25%。高年级女生要掌握卫生兵、话务员、接线员、通讯员和发报员的专业知识，她们同时要学会军事队列训练的实用技能和用小口径步枪射击等。

对于所有学校来说，课前10~15分钟的体操是必须的。为进行军事体育课、初级和应征前军事训练，应征前普及军事训练处的体育组织和机关应向学校免费提供体育场馆和其他体育设施。战后体育运动的任务是发展群众体育保健工作，巩固苏联人民健康，伟大卫国战争时期苏联人民的健康由于经受严重考验而受到损害。战争年代学校体育与军事训练相结合的方式此时已失去存在的必要。1947年编写了学校体育课新大纲。教学内容和对学生的要求更接近1946年批准的"劳卫制"系统新方案的标准和要求。1947年体育教育大纲明确指出"劳卫制"系统是学校体育的基础。

以上体育教学大纲的变化反映了苏联教育体育内容的变化。1919年至1927年期间大纲的内容和结构彼此大为不同，1920年以前主要侧重于军事方向，1920年以后主要侧重于劳动方向，战后则以"无产阶级体育"为指导思想。1927年统一制定了苏联所有学校的初期义务教育大纲，大纲明确规定了学生体育运动中的卫生教育，力图使学生养成个人和社会卫生的基本习惯，体育课有时优先采用国外体操体系。1932年至1938年间，在普及义务教育学校和其他学校中的体育内容，与属于"劳卫制"系统的体操检查内容紧密相关。"劳卫制"系统是苏联体育系统的纲领性规范基础。1932年至1945年（战前和战争中）学校体育内容基本上是对学生进行军事身体训练。

二、"准备劳动与保家卫国制度"（简称"劳卫制"）

苏联体育体系的纲领性规范基础由国家和社会教学大纲、不同组别人们身体训练的等级标准、运动员训练标准等组成。为确定不同组别人们身体训练的等级，采用了运动测验，1931年全苏体育体系"劳卫制"首次尝试采用该测验方法。

其实，早在1925年，联共（布）十四次代表大会决议中就作出了对体育运动来说是具有历史意义的决定，规定了苏联体育运动的原则即全面性、实用性和健身性。它所确定的一条任务就是建立公民身体训练水平的评价标准。1927年3月，《体育消息》杂志提出了"关于体育运动者称号测验的规程草案"。这实际上可以认为是第一个"劳卫制"草案。

这套测验标准是为17~35岁的妇女和18~45岁的男子设置的，有6个测验项目，分成3个级别，达到标准的难度逐级提高。1931年3月14日，根据列宁共青团的倡议，苏联部长会议体育运动委员会颁布第一个"准备劳动与保卫祖国体育制度"，即通过运动项目的等级测试，促进国民特别是青少年积极参加各项体育运动，以提高身体的体力、耐力、速度、灵巧等素质，按年龄组别制定达标标准。此后曾分别在1939年、1946年、1955年、1959年、1972年、1985年对"劳卫制"进行了6次改革。每次大的修改是为了适应时代的要求，并与苏维埃国家当时的内外政策相一致。苏联中小学体育教学内容主要包括"劳卫制"的理论知识，以及体操、田径、滑雪、游泳、球类、古典式摔跤（7至10年级男学生）和艺术体操（7至10年级女学生）等运动项目。制定"劳卫制"的目的是为了培养社会主义建设者和为了捍卫国家的生存和独立。达到"劳卫制"标准各项指标的公民分别获得相应的镍质、铜质和金质奖章。奖章的正面是齿轮和短跑中正在冲刺的运动员，这是劳动和体力的象征，这一劳卫制图案一直保持至今[1]。

---

[1] 唐宏贵. 俄罗斯《劳卫制》的历史发展与面临的挑战[J]. 中国学校体育，2000（4）.

1931年3月,全苏体育委员会制定并颁布了"劳卫制"一级。劳卫制一级包括15个达标运动项目(涵盖跑、跳、投掷等类别和游泳),以及一些有关体育理论、军事知识、自我控制、救护及生产劳动等方面的要求。从1933年1月起,委员会又颁布了劳卫制二级。与前者相比该级对青年的身体训练水平要求要高。它包括25个项目:3个理论测验和22个达标运动项目。要达到运动标准,必须付出极大努力,并进行系统训练。伏龙芝军事学院部分学员是劳卫制二级的首批达标者。1934年又颁布的"劳卫制预备级",是最低的级别。其中列有16个运动项目,凡能从事一个运动项目,会一种球类运动,能充任其裁判工作,并且有最低限的卫生知识者,即可达标。1939年,又颁布了上述各级劳卫制的改订标准,劳卫制内容和结构也更为合理完善。

"劳卫制"系统形成后,逐步开始实施。实施的第一阶段由21个测验组成,其中13项有具体的标准。后来又编写了第二阶段的24个测验,有19项有确定标准。专门针对学生,"劳卫制"综合体又补充了"劳卫制预备级"。苏共中央执行委员会(1934年)全苏体育委员会决议中指出:"为了广泛开展儿童业余体育运动,全面发展少先队员和学生,巩固组织机构和培养体育技能,设置'劳卫制预备级'儿童徽章。""劳卫制预备级"有13项标准和3个要求,用于评估13~14岁和15~16岁学生的身体训练。"劳卫制预备级"证章获得者应学习成绩优秀,积极参加体育活动,能和一组同志进行体育练习,知晓规则并能对所选项目比赛进行裁判。"劳卫制"系统针对13~35岁成年人制定的第一个方案,就是确认了"劳卫制预备级"。1934年至1988年期间,根据时代要求、国家面临的任务,以及体育教育事业发展的情况又多次进行大的改动、完善和修正。

1931年全苏体育综合体"劳卫制"徽章

由于面临复杂的国际局势和战争的威胁，战前时期对该体系进行了修正。1939年确立了新的"劳卫制"系统，体系中加大了军事训练的力度，但仍保留原有的各级，每级由两部分组成：一部分是共同标准，针对所有参加者，是强制标准；另一部分是选择项标准。涉及共同标准的项目有：各种距离跑、青年带步枪越过障碍区150米、穿着衣服游泳、用小口径步枪射击、日常型体操、针对冬季有雪地区滑雪训练、无雪地区行军等，而且还要学习体育体基础理论知识和卫生学基础知识。

涉及选择标准的项目是各种练习，这样的练习首先是在速度、灵活性、投掷和射击技能、耐力、勇敢和果断、力量、防卫和进攻的能力等方面身体和意志力表现俱佳的人集中到不同的组中。同时明确了年龄组："劳卫制预备级"——14～17岁，"劳卫制"——17～41岁和更大（男），17～33岁和更大（女）。针对"劳卫制预备级"和"劳卫制"二级设立了"优秀者徽章"。获得"劳卫制"徽章者（在同等条件下）有优先进入高等体育学院的权利。

1939年在苏联人民委员会的专门决议中指出，必须以新的"劳卫制"系统为基础，修改国家的体育大纲。根据相关资料统计，1941年苏联有6.2多个体育团体，共有500多万体育爱好者。苏联国防和航空化学建设促进会组织中有260多万人掌握了飞行、跳伞、无线电、狙击、摩托车、卫生等军事专业。许多人特别是年轻人希望达到"劳卫制"标准。1931年至1941年的10年间"劳卫制"一级标准合格的人数达到600万人，二级标准超过10万人。苏联元帅、两次苏联英雄称号获得者К·К·罗科索夫斯基曾这样说过："我经常回忆美好动人的30年代，那时百万民众工作后都奔赴体育场和运动场，去考取劳卫制证章……小小的徽章是勇敢和高尚的象征。我特别怀念那遥远而一去不返的年代。劳卫制证章、神枪手、勇敢的跳伞队员都让人肃然起敬。我坚信，组织出色的军事体育在很多方面都帮助苏联人民经受住战争的巨大考验"❶。

1942年为适应战争要求，全苏体育运动委员会修改了"劳卫制"系统。降低了一些标准，同时加入了一些试验性项目，如投掷捆绑的手榴弹、急行军、越过渡口、攀爬、白刃战。这些标准是基本标准，要强制执行。1946年"劳卫制"系统又删除了一些军事实用试验项目，重新恢复到战前的标准。体系缩减了标准总

---

❶俄罗斯体育生活，1967（11）：14–15.

数。1955年的改变主要是缩减了标准数量，确定了体系和学校体育教学大纲之间的相互关系。1959年的体系变化是最明显的，几乎所有的标准和要求难度都增大了，要完成要求必须在试验项目上增加点数。既然从1958年开始普及八年制全民义务教育，那么对于八年级的学生来说，执行"劳卫制预备级"标准和要求是必须的。

1972年体系的变化相当大：放宽了体系的年龄界限——从7岁到60岁（7～9岁儿童级是1979年列入的），标准有相当详细的科学依据。苏联教育部公布了一封通函《根据全苏新的"劳卫制"系统前言更改和补充体育教学大纲》。通函强调，"劳卫制"系统是苏联体育体系的纲领性规范基础。通函指出，更改和补充教学大纲，列入田径、滑雪、体操、游泳和滑冰的新标准。教学标准类别同"劳卫制"，只是测试结果要求稍低。1985年起开始对体系进行完善。改变了体系结构，加入了对试验项目内容的修改。保留了那些体现主要身体素质和实用技能发展水平的体操。"劳卫制"在该方案中强调了要发展作为身体素质的耐力（耐力在很大程度上与人的健康相关），加入了每周活动制要求。1988年苏联国家体育委员会通过决议《关于在章程中更改和补充全苏"劳卫制"系统》。此前从1987年10月起苏联开始了有关体系的大辩论，当时公布了草案。直到1988年"劳卫制"系统被取消，意见五花八门。改变触及的是体系的结构：它开始由"劳卫制预备级"的两级和"劳卫制"的两级组成，涵盖年龄6～27岁。标准数量缩减到3个，应该在1天时间内完成。要求可以在学年或日历年内完成。废除了培养证章获得者的刚性计划。

"劳卫制"为苏联人民从事体育锻炼和测验身体训练水平奠定了良好的基础，成为国民参加各种体育运动以提高劳动效率和军事防卫能力的标准。"劳卫制"在卫国战争中，在战后发展国民经济的五年计划过程中，在发展苏联体育运动和发展青少年身体以及确立青少年运动志向、运动兴趣方面都起到了很好的作用。根据国情和实际需要，苏联政府分别在1939年、1946年、1955年、1959年、1972年和1985年对"劳卫制"进行了6次修改，目的在于适应时代的要求。

当然，通过对"劳卫制"系统内容和按照该体系所进行的工作加以分析后，可以看出以下问题。本质上减少了标准和要求的数量。减弱该体系在体育体系中的重要性和普及性的趋势明显，尤其是从20世纪70年代开始，直到80年代末提出取消该体系问题。在"劳卫制"执行过程中出现过没有根据地更改和补充体系的内容和结构,以及夸大体系对国民体育重要性的情况。20世纪80年代前普通教育学校和其他学校中的体育方法内容,与列入"劳卫制"系统的测验课程紧密相连,所以该体系被作为苏联体育体系的纲领性基础,从自身意义上说,这种情况是特别片面的。工作中的瞎指挥和官僚主义作风,特别是为培养证章获得者制定刚性计划的做法对"劳卫制"系统伤害极大,当时按完成标准数量来评估体育集体活动,后果是出现了对事情的形式主义态度,开始提交训练证章获得者有多少数量的虚假报告。1988年纠正了许多之前所犯的错误,体系主要作用简化为测验身体训练水平。但是1991年苏联解体后,该体系虽然没有正式取消,但实际上已经不复存在。这样就失去了统一俄罗斯国民身体训练规范的基础。

实践证明,由于严格执行、贯彻了"劳卫制"标准,各行业、各地区体育活动变得活跃起来,推动了体育发展,仅在推广"劳卫制"后的最初几年间,全国便大约有600万、10万和120万人分别达到了一、二级和预备级标准。

群众性的体育活动更为增强,运动会增多。在1933年夏天,莫斯科、乌克兰、白俄罗斯、中亚、下伏尔加和其他省区都举办了儿童运动会。

在农村,农业集体化的逐步实现也促进了体育的广泛实施。由于经济形势的好转,农村青年越来越多地参加体育活动。到了1931年,农村也开始推行"劳卫制"。

城市的体育组织对农村体育的开展给予了极大的支持。各地按照莫斯科等城市的榜样,开始对农村的体育运动进行辅导。

在工厂职工体育蓬勃发展的基础上,涌现了一些优秀新体育集体,1931年第1届全苏体育观摩赛上受到表彰的雅赫罗姆厂、"经济"矿山的体育集体等便是取得优异成绩的单位。在1933年体育表演时,莫斯科和列宁格勒电厂、"镰刀斧头""巴黎公社"等工厂的工人运动员,已成为体操表演的主力之一。

军队也掀起了体育热潮。苏联革命军事委员会命令,全军官兵都应达到劳卫制一级标准。受群众体育高潮的影响,长途滑雪赛、自行车赛、登山运动等都广泛开展起来。军队的运动成绩也有了明显提高,在全军运动会上,不少全国纪录被刷新。随着体育的不断发展,体育科研也取得了很大成绩。戈利涅夫斯基在人体测量学、生理学、心理学和社会学方面的研究成果,已经超过了同时代的先进水平;克里斯多夫尼科揭示了运动活动的反射结构、训练的需氧和缺氧过程,以及训练过程的机制和特点，从而为运动生理学奠定了基础；在伊万尼茨基和沙尔基佐夫-谢拉教授指导下进行的动力解剖学和医疗体育、运动按摩研究，都取得了显著成绩。

竞技体育运动方面，在1933年国际体操会议的推动下，体操逐渐成为苏联最有群众基础的项目之一，并且形成了自己的风格；1938年后每年有数十万人参加的越野赛推动了田径运动的发展，仅1938年赛季，便有21个成绩进入了当年世界50个优秀成绩之列；在1939年的世界50名优秀运动员中，苏联运动员便占了36名。其中，铁饼运动员打破了世界纪录，标枪和铅球选手也同世界纪录保持者实力接近。足球的发展尤为明显。苏联足球队根据一些优秀队的经验采用的"三后卫制"寓攻于守，取得了良好效果。这时的足球训练已经采用了增加跑步、滑冰、滑雪、体操、篮球运动等辅助运动项目的全面训练方法。另外，拳击、举重、摔跤、游泳、球类等项目已经有了自己的一套行之有效的训练方法。虽然很多时候，苏联体育组织被排除于绝大多数的国际组织之外，优秀运动成绩并未得到承认，但是，苏联体育所取得的成绩已是有目共睹。国外一些体育评论家看到苏联体育发展的良好势头时，不免发出这样的感叹，"美国必须正视自己对手的时候定将到来"！❶

第四节 体育运动的开展

任何民族的体育发展，都离不开体育运动项目的开展，如果说体育体系（包括体育组织和体育管理、体育思想和体育方法等）属于宏观层面的话，那么有关体育运动、体育成绩、群众体育等就属于微观层面的了。如果没有对体育运动发展的情况做出分析，那么相关体育研究就是不完善的，因为每个体育体系不能没有实际部分而存在，尤其是现代体育，更应如此。

苏维埃共和国建立后，国内就体育如何发展，体育运动如何开展产生过激烈的辩论和争论。在这些争论中，苏联体育运动开始发展起来。1918年1月

---

❶拉斯洛·孔.体育运动全史［M］.颜绍泸，译.莫斯科：体育运动出版社，1982：268.

20—21日举办了滑雪冠军赛,这是苏维埃共和国成立后举办的第1届冠军赛。选手Я·梅利尼科夫在总共4个项目的比赛中均取得了胜利,成为第一个冠军。一年后在类似的比赛中他创造的10000米纪录,直到1938年才被打破。国内战争时期,虽然物质条件很差,但还是进行了一系列运动项目的比赛。1920年5月20日为宣传体育运动,管理总局设定了整个共和国的体育日。没有像样的基础设施、比赛场地,运动项目就直接在城市操场、俱乐部和跑马场进行公开表演和比赛。尽管当局和政府对所谓资产阶级性质的运动会持否定态度,但类似的运动会还是在叶卡捷林堡、鄂木斯克、塔什干等城市和地区举办。当1922年国内战争结束后,国家、州和城市的单项冠军赛就开始普及起来。1923和1924年成功举办了全联盟体育节。在国内体育活动逐渐活跃起来的同时,国家也积极组织运动员与外国运动员进行交流和比赛。第一次和外国运动员交战是在莫斯科,1922年9月20日,莫斯科河南岸区体育俱乐部足球队迎战芬兰工人体育联盟足球队。8000多名观众观看了比赛,这个数字在当时是单场比赛最高观众数。比赛结果苏联代表队以7∶1获胜。1923年初,著名滑雪运动员П·伊波利托夫和Я·梅利尼科夫代表苏联运动员首次出访,在世界(瑞典、斯德哥尔摩)和欧洲(挪威、奥斯陆)冠军赛上和欧洲其他国家的运动员进行了比赛。比赛期间虽然没有教练和代表的带领和指导,不熟悉、不适应国外比赛节奏,之前也没有进行过系统、定期的训练,但苏联运动员的处女赛表现得相当成功:Я·梅利尼科夫取得世界冠军赛第3名、欧洲冠军赛第4名。同年苏联足球队回访芬兰工人联盟,进行了友谊赛。1925年哈尔科夫足球队受德累斯顿工人体育俱乐部的邀请赴德国进行比赛。在德累斯顿火车站,受到了上千名工人和警察的欢迎。苏联代表团领导后来回忆道,"尽管当权者如此地'客气',我们和德国无产阶级的见面还是非常隆重的。"❶

1925年第1届工会体育节举办,比赛设置了很多比赛项目,有600多名运动员参加,这是体育生活中的一件大事。不少医生前来诊察比赛,搭在各个比赛场地的医生帐篷鳞次栉比,十分引人注目,他们的检查数据指标在比赛结果相同时

---

❶ Г·С·德梅捷尔.俄国体育史及奥林匹克运动概述[M].莫斯科:"苏联体育"出版社,2005:86.

可以作为评判依据。1928年的全联盟运动会不仅仅是国家体育的一件大事，即便是在整个国家的文化生活中也算得上是一件大事。该运动会的举行是为庆祝苏联政权建立十周年和第一个五年计划的完成。运动会的开幕式设在"迪纳摩"体育场，7千多名运动员参加了运动会，其中包括600多名资本主义国家工人体育代表、2.5万名莫斯科体育爱好者、运动员代表和80个城市的摩托助力车游行车队一起参加了开幕式上的红场检阅。观众和运动员在皮埃尔·狄盖特（无产阶级作曲家，专程来到莫斯科）指挥下演唱了"国际歌"，并在列宁山上进行了"世界的十月"戏剧演出，参加演出的体育爱好者多达1万名。运动会共设置了17个项目的比赛，这些项目包括田径、体操、游泳、自行车、拳击、摔跤、重竞技运动、划船、运动游戏和民族舞蹈等，运动会总共创造了52个全联盟纪录。960名女性首次代表女子体育参加了比赛，她们创造了15个全联盟纪录。比赛结果是，俄联邦代表队获得团体冠军，乌克兰代表队和白俄罗斯代表队分别获得第2名和第3名。运动会的许多参加者、项目获胜者后来都成为杰出的运动员、教练员、体育学院教师和教授。这次运动会的举办，在全苏联掀起了一股体育运动的热潮，这股热潮一直持续到1930年。

30年代初，苏联体育运动开始着手建立纲领性标准的体育体系基础。在解决这一问题中起到初步作用的是全联盟体育"劳卫制"系统，以及全联盟统一体育等级。1931年3月全联盟体育委员会主席团批准了"劳卫制"系统，一年以后通过了体育标准大大提高的"劳卫制"系统第二级，1934年引入学龄儿童"劳卫制预备级"系统。"劳卫制"系统奠定了教学大纲的基础，促进了体育组织的工作。该系统是苏联体育体系中基本的标准要求系统。其在提高群众体育运动和体育技能中所起的作用毋庸置疑。在紧张的国内局势中，系统的防御作用不断增大。年轻人走向航空俱乐部，汽车和摩托车分部，以极高的热情考取各种证章，完成勇敢的步行、滑雪、滑冰和其他行军。建立于1935年的全联盟统一体育等级与"劳卫制"系统紧密相关，它是"劳卫制"系统的逻辑延续。1935年在个别地区一些项目（体操等）的体育等级中开始引入"体育健将"称号。这就必须调整、确定对待体育标准和要求的总方法。全联盟统一体育等级起到了这一作用。该等级的第一规章（1937年）设置了10个项目的一系列标准和要求：体操、游泳、田径、滑冰、摔跤、拳击、重竞技运动、击剑、网球和运动捕猎。可以说，全联盟统一体育等级的建立促进了体育团体中体育教学工作的改善和体育成绩、体育比赛水平的提高。

　　1930年联盟和自治共和国体育工作成绩初显。民族项目和公认项目的结合促进了加盟共和国体育运动的发展，能够正确理解它们之间统一和相互作用关系的体育组织取得了成绩。高等级运动员出现在中亚和外高加索共和国。女运动员数量猛增。但在一些共和国土著民族代表中，高水平运动员数量似乎并不多。

　　1930年初，整体增长的苏联体育组织的任务是，提高体育技能、运动员达到国际级成绩。附属于苏联选举委员会的全联盟体育委员会实行了一系列新举措，以改进体育教学工作的质量。采取措施调整比赛规则，改进体育裁判法。规定按统一计划组织比赛，从基本和重要的一环——工厂、集体农庄和国营农场开始，最后是各共和国和全联盟的比赛。体育技能的提高促进了一些大型体育团体中体育学校的建立，同时也促进了教学锻炼运动员集训班的举办。党对体育、体育成绩的态度发生了改变。领导层开始认识到，体育比赛的胜利对国家在国际舞台上威信的提升具有重要的意义。

　　体育教育的进一步推进，尤其是中学和高等学校学生体育课的改善，推动了体育运动的发展。根据体育教学大纲的要求，体育课与其他课程一样，是必须完成的课程。少年儿童体育也开始首次得以发展，这归功于1933年建立的儿童体校，儿童体校号召准备做体育的接班人，1941年前这样的儿童体校有240个，人数达到了4.6万人。在体育技术的指导和提升方面，中等技术学校，特别是体育学院做了许多工作。1934年莫斯科、列宁格勒和乌克兰体育学院都建立了教练学校，开始培训具有中等专业水平的各运动项目教练员。教练员们富有成果的活动，很大程度上促进了苏联体育技术水平的提高。1934年5月27日，列宁格勒举重运动员Н·沙托夫在莫斯科队和列宁格勒队举重比赛中，获得轻量级左手抓举78.4公斤的成绩，超过瑞典选手埃诗曼的世界纪录75.5公斤，成为苏联体育该等级的第一个最好成绩。此后，其他举重运动员也打破了世界纪录。同年，田径比赛中也出现了两个世界纪录：300米跑42秒6，500米跑1分18秒2。在国外比赛中，苏联运动员同样也取得了好成绩。1934年10月，足球、田径和拳击运动队出访捷克斯洛伐克，除了和工人运动员比赛外，他们还和所谓的资产阶级俱乐部的运动员进行交流比赛，其结果是，苏联运动员在捷克斯洛伐克的所有比赛中都取得了胜利。对于苏联拳击运动员的表现，捷克斯洛伐克的报纸曾这样感叹，"苏联拳击运动员是欧洲的新发现"❶；而莫斯科足球联队则以3∶2的比分战胜捷克斯洛伐克和欧洲最好的工会队之一的"日捷尼茨"。此外，苏联体操水平提高非常快。年轻人对体操的兴趣大增，建立了体操学校，举办了联盟优秀体操运动员教学训练集训班，苏联教学法的研究成绩很快在该运动项目的体育技术成绩上得以体现。1937年夏，第3届工人运动会在比利时的安特卫普举行。苏联队在与经验丰富的瑞典、捷克斯洛伐克、芬兰和其他国家一级体操运动员的角逐中，夺得男子4个第一和女子6个第一。这次胜利足以使苏联进入体操世界领先国家的行列。

与体操运动员一样，举重、拳击、游泳、足球、田径运动员也在安特卫普的比赛中获得佳绩。以田径项目取得的成绩为例，可以发现苏联体育水平的提高是很快的。Р·柳力柯、П·葛洛夫根雷二人取得了短跑的最好成绩；著名运动员С·季纳门斯基创中长跑项目5000米跑（14.387分）佳绩，使他在1936年赛季中以该成绩位列世界第9名，这一成绩超过英国、德国、意大利、匈牙利、奥地利、丹麦、挪威、荷兰等国家运动员的最好成绩；撑竿跳高世界第3名是Н·奥佐林（4米26），这一成绩超过了挪威人霍夫在1925年创造的保持了12年的欧洲纪录（4米25）；跳高比赛中Н·科夫顿表现出色，他于1937年创造了新的全联盟纪录2米01（很遗憾，由于特殊原因没有登记纪录。这一成绩保持到1955年，直到Ю·斯捷潘诺夫跳过了2米02）。女子田径运动员的成绩进步也很快，一些田径运动项目的女子选手开始显示出世界级成绩。拳击方面，每单个等级的最好成绩证明了苏联拳击技能的提高。1933—1934年的Ⅰ和Ⅱ级指标，是1936年的Ⅱ和Ⅲ级指标。因为拳击不只在中心地区，还在外省发展，苏联拳击之家的新优秀运动员充实起来。除了莫斯科、列宁格勒拳击手外，高尔基、哈尔科夫、巴库、第比利斯、埃里温的最好拳击手都夺得拳击健将称号。在莫斯科和列宁格勒培养了很多年轻的一级拳击手。那些年里优秀的拳击手都最大程度地展示了自己的天赋。国内外日益增多的比赛促进了拳击水平的提高。苏联运动员在此期间出访瑞典、挪威、芬兰、丹麦、比利时、法国，也接待了挪威和法国运动员，总共参加了159场国际比赛，苏联运动员胜121场、负30场、平8场。重竞技运动自1933年

---

❶ Г·С·德梅捷尔.俄国体育史及奥林匹克运动概述[M].莫斯科："苏联体育"出版社，2005：88.

起成绩喜人。该运动项目从共和国中心和城市向偏远地方的辐射促进了其发展，亚美尼亚、格鲁吉亚、阿塞拜疆、哈萨克斯坦、土库曼等共和国出现了很多优秀的重竞技选手。有一个事实可以证明苏联重竞技运动高质高速发展，即1933年苏联举重运动员没有创造一个高于世界纪录的成绩，而1936年他们有13项超过世界纪录。

　　运动游戏的频繁开展带来了足球运动的不断普及，促进了足球运动的发展，从而大大提高了苏联足球运动的比赛等级。1936年举办了三场全联盟大型足球比赛：苏联杯决赛（首次）、春季国家冠军赛和秋季国家冠军赛。外省球队的水平开始赶上首都球队，当时最好的球队有乌克兰队、高尔基队、喀山队、格鲁吉亚队、敖德萨市队等，这些球队在国际比赛中开始给苏联体育运动带来荣誉。比如，1935年乌克兰联队出访巴黎，以6∶1战胜了"奥林匹克之星"职业队，和法国工人队进行了14场比赛，总比分为94∶4。除了和欧洲球队比赛外，苏联足球队分别于1933年、1934年和1936年与土耳其队进行了比赛并获得全胜。在1924—1936年，比赛总比分为109∶57，可谓遥遥领先。

　　在冬季运动项目中，滑雪和滑冰得到了很大的发展，取得了较好的成绩。

苏联第一位获得体育健将称号的Я·梅利尼科夫（20世纪20—30年代优秀速滑运动员）

　　随着从事滑雪运动的人数逐渐增长，训练设置的建设和技术的指导，有效地促进了滑雪运动成绩的提升。1935—1936年，国家所有原纪录都被改写。1935年和1936年苏联参加了奥斯陆（挪威）工人速滑世界冠军赛。在1935年比赛里，经过激烈的争夺，苏联运动员功勋运动健将Я·Ф·梅利尼科夫获得冠军称号。苏联女运动员В·古日涅卓娃获得多项冠军，并且她的500米、1000米和5000米的成绩均是当时该项目的世界纪录。当时很多城市都出现了天才的滑冰运动员，特别是高尔基市和基洛夫市。游泳项目也发生了质和量的变化，苏联游泳运动员在很多项目中成绩都非常接近世界纪录。

第五节　卫国战争时期的体育

1941—1945年的卫国战争在苏联体育史上占据特别地位。卫国战争对苏联国民和体育运动都是一场严峻的考验，特别是"一切为了前线，一切为了胜利！"成为当时苏联人民和所有体育运动组织必须遵守的生存规则。同1918—1920年国内战争时期一样，从战争初期起，体育组织就进行了大量的军事身体训练工作，进行了全民军事训练。所有学校教学大纲内容、"劳卫制"系统标准、所有体育组织活动都以完成战时任务为前提。在应征前普及军事训练处组织和指挥下，职业教学法专家、教师和运动员都进行军事训练。战争前夕的劳卫制系统必须完成的标准是试验性军事实用项目，包括紧急救助、带步枪越过障碍区、穿着衣服游泳、25公里行军、用小口径步枪射击等。为了使运动组织的工作更好地服从战争时期的任务，全联盟体育运动事务委员会通过了修改"劳卫制"系统的决议（1942年），加入了勘测地形、卫生救助、步枪使用要领知识、日常着装跑跳、山地跑步、渡河、攀爬、刺刀战、卧式投掷手榴弹等的测验。有经验的体育工作人员和社会积极分子在管理总局的军事教学点、体育场和运动场培训未来的红军战士，培训的内容包括肉搏战、投掷手榴弹、滑雪、驾驶摩托车和汽车、排除水中障碍物等。以志愿体育协会为基础，在体育学校建立了应征前普及军事训练处的教学法中心，中心编写教学大纲、方法论材料和直观教具，教学法中心通过实际运用体育方法，为军事培训起到了重要作用。

由于是军事时期，重新研讨和修订了高等院校的体育大纲。在体育学院中，首先是莫斯科和列宁格勒的体育学院，编写了快速练习肉搏战、滑雪、过渡口、投掷等的方法。根据应征前普及军事训练处的大纲，荣获列宁勋章的国立中央体育学院在战争年代里培训了34万多人。仅在1941年列宁格勒Π·Ф·列斯加夫特体育学院的学生和教师培训人数即达14万。与身体训练必修课一样，大学生还按管理总局大纲进行了培训，俄联邦人民委员会还命令中学生进行军事身体训练。战争初期，体育学院大批的教师和学生志愿奔赴前线，而留在后方的人，除了进行教学，还为国防和国民经济而努力工作，他们在音乐会上演出，在医院和部队公开演讲，参加部队军事教学点的预备队训练。和莫斯科优秀运动员一起，首都体育学院的教师和学生构成了苏联内务人民委员会独立特种摩托化步兵师的基础。该师于1941年7月在莫斯科"迪纳摩"体育场成立。该师150多人荣获政府最高奖，24人成为苏联英雄。在该师的一系列分队中作战的有苏联长跑冠军和纪录创造者、滑雪运动员、拳击手、划船运动员、滑冰运动员、举重运动员、摔跤手等。列宁格勒Π·Ф·列斯加夫特体育学院的学生和教师在击溃敌人的作战中立下赫赫战功。以该学院为基础形成了13支游击队。1942年该学院被授予红旗奖章。在白俄罗斯的游击队中有完全由运动员组成的队和排。战争年代，乌克兰、格鲁吉亚、阿塞拜疆体育学院的许多教师和学生因战功卓著而被授予政府最高奖。

　　在战争面前，国家发出"一切为了前线，一切为了胜利！"的号召，体育运动同样发挥了防御功能。德国入侵苏联后不久，在"迪纳摩"体育场建立了"勇敢支队"队伍的独立特种摩托化步兵师，队伍中有很多著名的运动员。在艰难时期，当德国法西斯的坦克向莫斯科推进时，该步兵师排受命在法西斯分子鼻子底下的公路上敷设地雷，炸毁铁路和桥梁，用一切措施拖延敌人的行动。在一村庄，一支滑雪队遭遇了实力强大的敌人，敌方用两辆坦克轰击了勇士们占据的仓库，当时只有一人未牺牲。这位勇士等法西斯匪徒靠近后，拉响了反坦克手榴弹。步兵排同时也在前线积极作战。队伍的指挥官后来成为苏联英雄的Н·科洛廖夫在自己的书中对此做了描述。他当时是副官，强壮的身体、耐力和灵活性帮助他从战斗中救出负伤的指挥员，并消灭了数个法西斯匪徒[1]。滑雪队也为胜利做出了贡献。1942年1月4日《真理报》报道，费丘宁斯基

---

[1] Н·科洛廖夫. 特种部队[M]. 莫斯科：荣获红旗勋章的全苏支援陆海空军志愿协会出版社，1968：25-26.

将军的部队取得了胜利,在此次作战中滑雪队起到了特别的作用。滑雪营从侧面滑向敌人的后方,切断了道路,使敌人的弹药和食品不能运达……从侧面和后部打击敌人。这一切都是在通行艰难的道路上进行的。滑雪营的勇敢行动保证了作战的胜利。中央体育学院的400名师生、П·Ф·列斯加夫特体育学院的300名学生和工作人员自愿参加军队和游击队。中央体育学院的250多名师生在步兵排和歼击机营作战。其他体育学院的许多学生也开赴前线。国家高度评价师生的战功。荣获列宁勋章的国立中央体育学院150多名代表被授予政府奖,不少人获得苏联英雄称号。П·Ф·列斯加夫特体育学院在战争年代里是列宁格勒州游击活动的特殊教学基地。它是1942年被授予红旗奖章的国内唯一一所院校。帆艇运动员勇敢顽强地参与保卫列宁格勒战斗。在乌克兰、白俄罗斯上万名大学生参加游击队。一些人成为苏联英雄。许多参与保卫斯大林格勒、高加索等的战斗运动员因功勋卓著被国家授予最高奖。军人运动员永远都出现在最危险和特别需要耐力、力量、灵巧和勇敢的地方,一批狙击手、侦查员、空降兵、滑雪营战士就是这样的勇士。

医疗体育在战时具有特别重要的意义,它是医治伤员和使其复原归队的重要方法之一,为此,专门召开了"战争年代外伤医疗体育"会议。根据人民保健委员会的资料,1942年医疗体育涉及了超过一半的伤员和病人。В·В·戈里涅夫斯基等编写了苏联医疗体育的组织政策和方法政策。在伤员快速复原过程方面,外伤学家和外科医生Н·Н·布尔坚科、В·В·戈里涅夫斯基等论证了医疗体育的积极影响。战争初期开始,为给部队医院培训干部,就采取了按医疗体育方法进行培训的必要措施。高等和中等体育学校、体育教育家为此做了重要的工作。战争开始时约有50%的伤员在医疗体育培训班救治,而到战争结束前该数字已经达到80%。在更加快速和彻底促进伤员恢复健康的方法中,医疗体育占有重要地位。

战争虽然影响了正常的体育活动,但是苏联运动员却没有中断锻炼,甚至在最阴暗的日子里国家的体育运动生活也没有停止。1941年8月,德军冲向莫斯科时,在莫斯科河上举办了群众性水上比赛,同年秋德军再次紧逼莫斯科时,在索科尔尼克举办了传统的田径越野赛,1.8万名民兵、卫生员和护士参加比赛。一些体育运动员积极参加预备军的训练,向纪录冲刺。亚美尼亚长跑运动员Ф·万宁1942年秋创造了两项全联盟纪录,一项世界纪录。

基辅"死亡比赛"参加者、勇敢的足球队员纪念碑[1]

战争期间,总共创造了180个全联盟纪录,其中39个超过世界纪录。很多前方战士返回体育战线,顽强锻炼,很快在国内比赛中创造了佳绩。为纪念那些献出生命的英雄,开始举办纪念比赛。这些纪念比赛带来巨大的教育力量,祖国的忠诚儿女、军人运动员的功绩教育现代青年勇敢、坚定、爱国。留在后方的体育爱好者和运动员遵照"不仅为了自己,而且为了前线的同志工作"这一全民原则,忘我地工作,取得了巨大成绩。在企业、铁路运输部门和集体农庄,体育爱好者们组成生产突击队,每班完成1.5~2倍的定额。

战争需要鼓舞勇气,体育运动无疑具有这样的功能。1943年复兴了全联盟体操、田径、游泳、滑雪、滑冰、自行车和重竞技运动。很多运动项目都进行了群众性的综合比赛。1944年,苏联领土已从占领者手中全部解放出来,具备了组织群众体育活动的良好条件。同年苏联举办了已有14个项目的冠军赛,恢复了苏联

---

[1] 1942年夏在被占领的基辅举办了基辅"迪纳摩"足球队与德国"留弗特瓦费"队之间的一场"死亡比赛",苏联足球队员以5∶3获胜。几天后开始了拘捕。H·特鲁谢尼奇、И·古日缅科、A·科里缅科、H·格洛特金霍4人被枪杀。

足球杯赛，体育运动开始转向正常的轨道。

卫国战争是对人的精神和身体的严峻考验。苏联元帅、四次苏联英雄称号获得者朱可夫在《回忆与思考》中这样写道："我们所有战场上的老兵比任何人都清楚，只有经受过锻炼的强壮士兵才有能力承受战争的艰难。部队总体上的胜利取决于对每个士兵的训练。众所周知，在战争中无论白天黑夜、在任何天气情况下都要进行紧张的强行军，以及行军作战，对于敌人的突然进攻要立刻展开还击，经常在战斗结束后还要追击敌人，直至完全消灭。在战斗失利时，重要的是立刻退出战斗，进行重新编队。所有这些只有经过训练的部队才能做到。否则很快就会精疲力竭，四处耽搁，损失惨重，可能会成为未受训练的牺牲品"[1]。应该说，在这一过程中，曾经的多方面身体锻炼使他们受益良多。

总之，1917—1941年的苏联建立了完备的体育体系，以及该体系的思想、组织管理、科学方法基础，体育运动逐渐开展和活跃起来。体育体系在复杂的条件下建立，伴随着严重的社会和经济困难，国家领导阶层希望建立具有社会主义特点的特别的体育。经过各方的努力，苏联体育取得了相应的成就：群众体育运动得以发展，体育科学取得了成绩，体育技能水平提高了，建立了以儿童体育为代表的成年人体育后备军等。但另一方面，由于体育运动的政治化、阶级路线斗争的深入给体育工作造成很大的损失，导致了拒绝参加国际奥运会，与欧洲和世界体育运动隔绝，许多体育活动家和运动员受到迫害。虽然1930年建立的"劳卫制"系统在年轻一代中非常普及，并且在使年轻人了解体育和健康生活方式、参与体育运动、训练民众保卫祖国中起到重要作用，但其形式主义因素又阻碍了它发挥更大的功能，苏联体育就这样在曲折中向前发展。

---

[1] Г·К·朱可夫.回忆与思考[M].莫斯科：新闻社，1970：90.

第六章
苏联时期的体育
（1946—1990年）

第二次世界大战后，社会主义制度在苏联得到进一步巩固，随着经济的逐步恢复和发展，其体育事业亦取得了很大的成就。苏联体育在经过20世纪40年代中期到50年代末期的恢复和发展，尤其是经过从60年代到80年代20多年的持续发展后，竞技体育水平在世界上属于一流，成为世界体育强国之一。

第一节　战后苏联体育的恢复和发展

第二次世界大战中，苏联为保卫自己的祖国，付出了大约2000万人的牺牲和数千亿卢布的损失。体育事业也遭受到严重创伤，在沦陷区，4000多所中、小学校和300多所高校的体育基础设施和体育场馆被破坏，百分之八十的体育师资和百分之十五的教练员在战时或牺牲或受伤致残。而乌克兰和白俄罗斯等接近巴尔干半岛的几个共和国及一些省的体育运动设施、体育组织遭到了更为严重的破坏，有的几乎损失殆尽。因此，战后的苏联体育事业，面临着恢复和发展的紧迫任务。

一、恢复与初步发展

世界反法西斯同盟的建立，促使在历史上曾同苏联对立的西方国家不得不放弃他们过去对苏联推行的文化和体育封锁政策，而苏联也有着迅速恢复体育、扩大体育联系的强烈愿望。在这种背景下，1945年9月28日，苏联人民委员会通过了《关于资助各级体育运动委员会及改进其工作的决议》，决议强调必须重视体育专业队伍的建设，加强各级体育委员会的领导作用，完善其组织结构，补充专业干部。两个月后，苏联人民委员会又通过决议确定了体育运动事务委员会的任务，并对其活动作了新的指示。两年后的1947年，苏联部长会议再次通过了促进竞技体育发展的《关于鼓励运动员提高运动成绩的决议》，该文件规定，对打破世界运动纪录、全苏运动纪录和加盟共和国运动纪录的运动员，分别授予金质、银质和铜质奖章。这一措施极大地提高了竞技运动在国家活动中的地位，有力地刺激了运动成绩的提高，促进了体育科研的发展。经过努力，到1947年时，在全国体育运动方面的战争创伤已经愈合。正规地参加运动的运动员人数增加到540万人，即是说比临战前一年（1940年）的指标几乎超出10万人❶。

　　1948年12月27日，苏联共产党中央委员会又下达了新的文件《体育运动委员会执行党和政府关于发展群众体育，提高苏联运动员运动成绩的指示的几个步骤》，强调了体育的重要地位，文件指出未来的任务是加速运动设施建设，加强群众体育运动的开展以及提高竞技体育水平，要使运动员在一些最主要的运动项目中居于世界主导地位，运动员的技术和战术技能在国际体坛上能处于领先地位。文件还进一步要求苏联体育界要加强体育科研、体育理论、体育方法和体育战术的研究和应用。在这个决议的基础上，各加盟共和国及各地方工会委员会都附设了体育运动委员会，有的高等院校还设立了体育教研室。特别是对国际活动和体育比赛参与的增多，在很大程度上促进了苏联体育的发展。因为要应付面临的体育力量的国际检阅，首先得在竞技运动方面加强准备。为此，对国家教练员的职责做了规定，运动学校和新的体育运动学院也逐渐建立起来，至1949年底，这类学院已达到14所。所有的中学都采用了新的体育教学大纲，不少学校都组建了运动小组，扩大了幼儿运动学校网络。1951年，又制定了新体育教育大纲。根据这个大纲，在高等院校的一、二年级每周安排2小时的体育必修课，而在高年级安排4小时的选修课。由于运动的发展，1950年初期农村经常从事体育运动的男女青年已达600万人❷。

　　在国内体育逐步得以恢复并取得发展的同时，苏联积极开展体育外交活动，苏联体育在对外联系，参与国际体育方面逐渐扩大，先后加入了包括国际举重联合会在内的各国际运动联合会，成为其成员国，并陆续崭露头角，取得了一系列不错的成绩。1946年在奥斯陆举行的欧洲田径赛上，苏联运动员获得了6个第1名、14个第2名、3个第3名的好成绩。1948年，苏联国际象棋运动员获得了世界冠军的称号。1949年，苏联运动员在世界大学生运动会上的团体得分排名第一。在参加国际奥林匹克运动方面，苏联同样进行了积极的活动。1951年，国际奥林匹克委员会承认苏联为其成员国；次年，苏联代表队在赫尔辛基奥运会上夺得了22枚金牌、30枚银牌和17枚铜牌，苏联运动员在国际体坛上的出现和国际赛事上

---

❶拉斯洛·孔.体育运动全史［M］.颜绍泸，译.莫斯科：体育运动出版社，1982：360.
❷拉斯洛·孔.体育运动全史［M］.颜绍泸，译.莫斯科：体育运动出版社，1982：361.

的表现，使其成为国际体育界的重要一员。在1948年到1958年这10年间，苏联大约同70个国家和地区建立了体育联系。

国内体育有计划地恢复与发展，以及与国际体育联系的逐渐加大加深，促进了体育理论和体育科学的发展。苏联众多体育理论工作者，如姆·弗·依凡尼茨基、阿·茨·普尼、恩·格·奥佐林、普·阿·鲁季克、伊·姆·萨尔基佐夫、克·弗·格拉多波洛夫、阿·德·诺维科夫和阿·恩·克列斯托夫尼科夫，从1951年到1958年，通过一系列工作，出版了现代运动科学专业著作，初步建立了体育理论，统一了体育术语，制定了训练大纲，调整了运动项目结构，使得球类运动得到了广泛的开展，促进了足球、篮球、水球和冰球运动水平的提高。同时对苏联体育发展的模式和经验做了总结并进行了大力的宣传。

与此同时，群众体育运动也获得了一定的发展，取得了相应的成绩。1955年1月，苏联部长会议通过决议，要求大力发展群众体育，次年8月，苏联举行了第1届苏联各民族斯巴达克运动会。在这届运动会上，9000多名运动员代表国内40个民族参加了20个运动项目的比赛，并取得了骄人的成绩。运动会共创造了32项全国纪录（其中9项成绩超过了先前创造的世界纪录）。在苏共中央关于体育发展决议下达后的10年间，苏联运动员人数达到了2000万之多，在乌克兰、立陶宛、高加索、吉尔吉斯、摩尔达维亚等联邦共和国，运动员数量更是成倍增长。庞大的运动员队伍催生了优异的体育成绩。从1949年到1958年，苏联运动员共创造了3000多项运动纪录，其中有700多项超过世界纪录。同时还培养了超过1万名体育教师，800名教练员和裁判员。在1000多所运动学校中，有25万多人参加了30个运动项目的学习培训，总共修建了1.5万个体育馆和其他运动设施，但仍不能满足学习训练的需要，以至于体育学时增加三倍提议无法实现。为了缓解这一矛盾，保障人们最大限度地参与体育活动，有关方面以法规的形式要求文化、教育和保健部门的体育教师和保健医生有责任在受他们管辖的青年中开展以下活动：家庭早操、课前操、课间体育休息、课间休息时的户外活动宣传、课后的集体运动项目和旅行、野营活动中利于学生锻炼身体的游戏、旅行行军、维多利亚游戏等[1]。但这些措施仅是权宜之计，不能最终有效解决群众体育面临的问题，

---

[1] 拉斯洛·孔.体育运动全史[M].颜绍泸,译.莫斯科：体育运动出版社,1982：363.

满足群众参加体育活动的激情。为此，1959年苏共中央和苏联部长会议通过了《关于国内体育运动领导问题的决议》，该决议要求转变体育开办模式，进行新的社会办体育的尝试。在决议精神下，成立了"苏联体育团体和组织协会"以取代原有的部长会议所属的体育运动事务委员会，并成立了全苏和加盟共和国级别的体育联合会，同时在外省、边区、城市、地区委员会成立了单项运动社会部，以主持各级地方的体育工作。经过一系列措施的制定和施行，群众体育问题基本上得到了解决。

为适应国民经济发展时期对体育的新的需要，苏联体育运动事务委员会要求对各地方委员会和体育组织实施劳卫制的情况加强监督，并适时对劳卫制进行修改，以推动体育事业的发展。同时，共青团和工会也极力配合体育部门，采取了相应措施，做了大量工作。共青团分别在第7次（1954年）和第8次（1958年）代表大会上着重强调了必须重视青年的体育、休息和娱乐等问题；第8次代表大会的章程更是规定共青团员必须参加体育锻炼、参加运动竞赛，共青团的重要任务之一是为国家培养运动健将、体育指导者和运动后备人才。工会则在第10届和第11届代表大会上对工人体育问题进行了广泛讨论，其中的第11届代表大会章程明确规定其后的工作必须重视指导体育团体的活动，发展企业、机关和学校的体育运动和娱乐活动。至20世纪50年代末期，苏联体育运动结构发生了相应的变化，社会自我管理新条件趋于成熟，工会、高校体育组织与地区体育组织之间相互协作联合，在不同机关和职业运动协会（如"斯巴达克""狄那摩""罗戈摩基夫"）及加盟共和国运动协会内（如"劳动节""先锋"）共同开展体育活动。

由于各方面的共同努力，苏联的体育得到了迅速的恢复和发展。运动设施方面，兴建了大量的运动场馆，开辟了滑雪基地、登山营地、旅游点。政府用于体育设施建设的经费逐年增加，在国民经济支出中占有很大比重，从1948年的2.6亿卢布，增加到了1957年的3.8亿卢布。人才培养方面，由于体育运动专业人员的培养工作成为战后体育复兴计划的一个重要部分，因此战后仅仅两年时间，受莫斯科体育学院和列宁格勒体育学院培养和再训练的体育专业工作者便达2000名；高尔基、斯特沃罗波夫、塔姆波夫、哈巴罗什斯、图宾根等城市的体育学院也相继复课；在奥姆斯克、塔什干、伏龙芝等城市新建了一些体育学院，这些体育学院培养了大量学校体育教师和社会体育指导人员。受社会办体育精神的倡导，众多体育教师、教练员、裁判员、体育管理人员及运动员开始协助党、团、工会，参加各工厂、机关、学校、集体农庄的体育指导和管理工作，创办各类体育组织，指导群众从事体育活动。各级学校课外、校外的体育活动蓬勃开展，面貌焕然一新，中小学各自建起了体育小组，高等学校则创办了运动俱乐部，除参加本校的体育活动外，学生还积极参加校内外及地区性和全国性的学生运动会。

战后群众体育简况[1]

年代	体育团体数量（万个）	参加人员数量（万人）
1940年	6.2	53
1950年	18.3	1421.5
1958年	19.06	2024.9

群众体育发展的同时，竞技体育也获得了相应的发展。1952年，战后苏联首次参加奥运会，便取得了非正式团体总分第2名的好成绩；在1956年的第1届全苏运动会上，打破了32项全国纪录和355项加盟共和国纪录，其中包括7项世界纪录。在1956年的墨尔本奥运会和1960年的罗马奥运会上，苏联代表队两次战胜美国队，体操、举重、拳击、滑冰、田径等众多运动项目已达到世界一流水平，并涌现出一大批优秀选手，标志着苏联已成为世界体育强国。

二、苏联体育的进一步发展

1959年1月，苏共中央委员会和苏联部长会议在过去十多年体育恢复和发展基础上对体育工作进行了总结，对未来体育发展方向做了探索，认为在社会经济已经发生变化的情况下，应在未来十年内使体育运动成为群众性的运动，并于1959年3月成立了苏联体育协会组织联盟，该联盟的基本任务是在共青团和工会积极参与的情况下，以更快的速度进一步发展国内群众体育运动；创造建设体育运动设施的条件，更加积极地参与劳动者的保健事务，努力对他们进行培养，使之为从事高效率的生产劳动和保卫祖国做好准备。同时，体育协会组织联盟还承

---

[1] 颜绍泸，周西宽.体育运动史[M].北京：人民体育出版社，1990.

担着制订体育的未来规划、举办各加盟共和国运动会、协调体育的国际关系、培养骨干体育教师和领导科学活动的任务。1959年4月在莫斯科召开的苏联体育协会与组织联盟的全苏成立大会上，选举产生了联盟中央委员会，制定了苏联体育运动发展规划。随着社会经济的发展，人们的闲暇时间已越来越多地用于社会活动、文化交流与艺术创造，体育运动势必进入人们的日常生活之中。1961年，苏共二十二大党代会通过的党纲党章指出，要使体育运动成为全民运动，全力支持群众体育在不同层次和不同领域里开展活动，要把越来越多的人，尤其是青年吸引到体育运动中，使参加体育运动成为苏联人民日常生活的内容，成为一种习惯❶。为达此目的，在数年时间里（从1959年到1965年），体育相关机构和部门采取了以下一系列措施：（1）制订了建设综合运动设施的未来计划（在首批基本建设计划项目中，即包括了在农村、国营农场和集体农庄修建运动设施，因为这些地方的体育开展往往不够充分），研究了进一步发展学校运动设施的条件。（2）修订了学校体育教学计划，强调了球类运动的重要性，提升了运动小组和体育学校的作用；采取了相应措施，对幼儿园、少年宫、儿童乐园的体育和其他形式的、与体育有关的文化活动加强了监督。（3）在各地推行生产体操，提倡在工余时间参加多种运动活动，以加强成人体育和促进竞技运动的开展；开展了包括徒步旅行、骑自行车旅行、划船和滑雪旅行在内的各种旅行形式与活动，并与"认识祖国！"运动相结合。（4）采取了更加有效的措施培养教师和社会积极分子，加大了对干部培训的力度，定期或不定期举办干部培训班。（5）为扩大体育竞技运动、民主制、创造性活动和业余文娱活动创造了新的体育条件❷。当然，体育运动要成为一种全民性的运动，还急需增加运

---

❶ 这一指导思想延续到20世纪80年代，即是将体育运动视为现代生活方式的组成部分。在其后的一些文献中，这一指导思想屡次被强调和确认，如《关于进一步发展体育运动的措施》（1966年）、《批准苏联和各加盟共和国保健立法原则》（1969年），以及二十五大、二十六大党代会和1977年的新宪派提出的发展群众体育，改善城乡体育和休息条件，保障人民体育权利问题等。20世纪70年代末，苏联学者同包括西方学者在内的社会学家、哲学家和体育理论工作者就体育与现代生活方式的关系问题进行了深入的研讨，20世纪80年代出现的诸如《体育与现代生活方式》（1982年）、《群众体育卫生学》（1984年）、《群众体育工作的组织》（1985年）等著作，表明体育作为社会生活方式的一个组成部分、一种新层次的群众体育活动，受到了苏联体育界的高度关注。

❷ 拉斯洛·孔.体育运动全史[M].颜绍泸, 译.莫斯科：体育运动出版社，1982：375.

动项目的大量开展和增加，这是必不可少的。因此，苏联体育协会与组织联盟在其创造初期即着手为苏联过去不曾开展或不够重视的运动项目制订发展计划；同时对20世纪50年代末出现的一些民众参与热情降低的运动项目如足球、网球、短跑、滑雪、滑冰、游泳和自行车等存在的问题进行了诊断与分析，力图促使它们恢复到以前的状况。随着体育新趋势、新情况的出现与变化，促使当局对体育运动管理体系做相应的改变。由于1959年按社会办体育原则成立的作为社会团体性质的"苏联体育团体和组织协会"，已不具备完成党纲及党和政府其他文件提出的体育任务的足够权力，因此，1968年成立了作为国家机关的部长会议所属的体育运动委员会及其下属机构，该组织全权负责全国体育运动的领导工作，管理各体育组织，在人民群众中开展体育和娱乐活动。

苏联政府在1959年到1965年间所制定的一系列政策和措施，推动了体育的进一步发展。群众体育、青年（学校）体育、竞技体育、乡村体育以及妇女体育活动发生了很大的变化，得到了持续的发展。乡村体育协会人数已达到了农村群众组织人员总数的百分之八十，农民夏季运动会（1968年起）、冬季运动会（1977年起）、"庆丰收"体育节、民族传统体育比赛，以及接力赛等活动都引起农庄庄员的极大兴趣。在高加索、吉尔吉斯、阿塞拜疆、塔什干和乌兹别克共和国，政府消除了对妇女参加体育运动的传统偏见，妇女运动员占运动员总数的35%。

群众体育运动方面，经常有成千上万的体育爱好者参加各种各样的体育比赛活动，有的比赛已经成为传统活动，如《真理报》主办的体育比赛从1962年起，开始成为苏联的传统活动。在许多城市，家庭、街道、街区运动会举办之风十分盛行。在体育积极分子的倡议和带领下，休息娱乐团和保健俱乐部也大量建立了起来。"体育俱乐部"运动在20世纪60年代兴起并不断发展❶。当时荣获这一称号的单位还比较少，但到了20世纪70年代末，获得这一称号的企业已达到320家，国营农场和集体农庄已达到30个。当局也认识到，随着生活方式的变化，除增设工厂、企业和学校运动设施外，还必须发展居民区的群众运动综合中心。根据这一认识和指导精神，在成千上万的居民区建起了所谓"庭院运动场"。在

---

❶这些俱乐部是指授予有40%的成员参加体育运动的集体的称号。

远景规划中，还附设有体育馆、运动场、游泳池、按摩室、美容室和医疗室的保健联合中心，这些设施和中心为群众参加体育活动提供了极大的便利条件。此外，还新添了"最佳运动家庭""最佳运动居民区""奥林匹克雪花"的比赛形式，这些形式使人们积极参加运动竞赛有了可能。遵照1972年苏共二十大第4次党代会指示，开始推行新的劳卫制。这个新体制除包括参照日常开展的身体练习形式和根据年龄特点规定的标准外，还列入有关"体育"本身概念的理论问题。新的劳卫制体制包含了从7岁到60岁的6个互相衔接的等级及适用范围，其分别是："预备"级（7~9岁儿童）、"勇敢灵巧者"级（10~11岁男孩和12~13岁女孩）、"体育接班人"级（14~15岁少年）、"力量与勇气"级（16~18岁男、女青年）、"身体完善"级（19~28岁及29~39岁男子和19~28岁及29~34岁女子）、"快乐与健康"级（40~49岁及50~60岁男子和35~44岁及45~55岁女子）。新体制的颁布反映了群众体育的终身化趋势，在两三年的时间内，约有5000多万人达到了劳卫制标准。以新的劳卫制体制为中心，体育部门组织了一些新式的比赛活动，如"自由参加的比赛""体育节""当一名劳卫制冠军""从劳卫制纪念章到奥运会金牌"等，劳卫制的内容因而更加丰富，对群众也具有更大吸引力，从而推动了群众体育的进一步发展。

青年（学校）体育方面，进一步修订和完善了各级学校的体育教学大纲，体育运动条件得到了改善，加强了体育基础设施的建设，购置了大量体育运动器材。包括体育专业教师和运动指导人员在内的受过高、中等体育专业训练体育人员大量被分派到学校，大大充实和提高了体育师资力量，保证了体育教学质量。这些条件的改善使校内外体育活动的内容和形式变得更加丰富多彩，球类、旅行、野营、少年宫等各种活动深受学生欢迎。从20世纪60年代涌现出的各种全苏学生比赛活动，如"欢乐的海豚"（1962年）、"金色冰球和皮球"（1964年）、"奥林匹克希望"（1965年），"健与美"（1966年）等深深地吸引了青少年，成为他们参加体育活动的主要方式。从1976年起，在共青团的倡议下，克里米亚的阿尔特克少先队体育基地每年举行名为"希望的起点"的体育比赛活动，来自全国130个四至七年级优秀体育班的小学生作为参赛运动员，他们在"奥运会选手将来自我们中间"的口号下，进行田径、球类、体操、游泳、滑冰和射击等各项体育比赛。

竞技体育方面，群众体育的发展推动了竞技体育的发展，竞技体育取得了显著的成绩。球类、田径、体操、举重、摔跤、击剑、射击、速滑、花样滑冰、自行车和国际象棋等项目一直居于世界先进水平。优秀运动员大量涌现，如球类项目的贝洛夫、扎依采夫、萨文；田径项目的奇诺娃、卡赞金娜、勃拉金娜、波多特尼科夫、萨涅耶夫、鲍尔佐夫；体操项目的拉蒂尼娜、沙赫林、季托夫、沃罗宁、图谢里娃、安德里亚诺夫、涅利·金、季佳京、达维多娃、科罗廖夫；举重项目的阿列克谢耶夫、弗位索夫、沃罗宁；击剑项目的克里森、米德列尔、西多罗娃，射击项目的科瑟赫、图尔拉、鲍格丹诺夫；速滑项目的格里申、阿维金娜、阿尔塔克诺娃、科斯布利科娃；国际象棋项目的斯帕斯基、塔文、彼得罗辛、卡尔波夫等。苏联体育取得的进步与成绩引起了全世界的关注，以致国际体育人士布伦戴奇在访问了苏联之后，竟发出这样的慨叹："世界上没有任何一个国家，竟在这样短的时期内，取得这样大的成绩。毫无疑问，对这个国家建国后40年间打下的基础，应当表示敬佩"❶。

值得一提的是，苏联国内历届各民族斯巴达克运动会，从一个侧面也反映了战后苏联体育持续发展的情况。第1届苏联各民族斯巴达克运动会于1962年举办，是顺应1961年的苏共二十二大党代会通过的体育发展纲要的。这届运动会采取了系列比赛形式，持续时间长达半年，参加者多达1000多万。而1963年的夏季斯巴达克运动会（第3届）是在"我们一定要把体育运动变为人民的日常活动"的口号下进行的。最后在莫斯科进行的决赛中，选手们共创造了6项世界纪录、5项欧洲纪录和35项全苏联纪录。第4届苏联各民族斯巴达克运动会标志着苏联体育发展进入了新的阶段。根据当时的有关统计资料，为准备这届运动会，积极参加体育运动发展的人数超过了4500万，最后有1.6万多人参加了33个运动项目的决赛，比赛结果共打破了16项世界纪录和欧洲纪录。受运动会的影响，大多数加盟共和国成立了"健康区"，在"健康区"内，每3个人中就有1人实际参加相关的体育运动或活动，如工间操、户外早操、肌肉锻炼、打猎以及各自喜爱的体育运动项目。这时的共青团甚至还对入团做了相应的规定，将在体育指导下系统参加体育运动视作入团的要求之一。1971年、1975年举办的第5届、第6届斯巴达克运动会，在比赛规模和取得的成绩方面，已与奥运会相差不远。各个醒目的

---

❶拉斯洛·孔.体育运动全史［M］.颜绍泸，译.莫斯科：体育运动出版社，1982：376.

竞赛、艺术展览、文艺和音乐表演，都非常明显地与奥林匹克运动思想和精神相契合。第6届斯巴达克运动会的决赛阶段的比赛从三月份进行至七月份，长达5个月时间。比赛除在莫斯科进行外，还在其他加盟共和国首都，以及列宁格勒和考纳斯等城市进行。据统计，参加比赛的运动员达到了惊人的5240名，参加群众性竞赛的则达到了6500万❶。比赛并伴有智力竞赛、博览会、文学、艺术和音乐表演，使得原本纯粹的体育比赛带上了节庆的特征。

从1971年到1980年，苏联开始执行20年发展规划的第一阶段。这一时期，苏联体育运动和体育事业跨入了新的发展阶段，体现出以下一些基本特点：（1）群众体育政策和乡村体育政策克服了城市文化生活造成的运动不足的困境，促成了体育从群众性向全民性过渡，经验主义的体育发展探索法被体育运动的科学体系所取代。（2）在受社会领导的体育发展体制的影响下，体育、娱乐和运动的特殊形式越来越深入到人的集体关系和个人的生活活动中。（3）在反映国际体育力量对比的世界运动会上，苏联体育占有一定的地位。（4）苏联和社会主义国家间的体育友好关系进一步加强，范围也更为广泛；同资本主义国家体育界的国际联系逐步扩大；同大多数发展中国家也按照新订的双边协议建立了协作关系。由于得到苏联专家的协助及苏联物质和科学方面的援助，"第三世界"加快了消除体育落后状态的进程。

这一时期，苏联通过的新宪法（1977年10月7日）对体育来说具有重要的意义。该宪法第七章第四十一条有关"苏联公民享有休息的权利"的精神使体育问题特别凸显出来，体育成为全民的一件大事，从而使民众的生活方式发生了质的变化。"公民享有休息的权利"规定了工人和职员每月工作时间不得超过41小时，减少了一系列职业和工种的劳动日，缩短了夜班时间，实行年度和礼拜日带薪休假制，扩大文化教育与保健机关网，发展群众竞技运动、体育和旅行，为宿舍区创造良好的休息条件和其他合理度过工余时间的条件。这些规定实际上为每个公民提供了创造充分发展个性、接受教育、从事体育运动和参加娱乐活动的条件。遵照新宪法的规定，政府增加了修建运动设施、保障专业人员培训和举办运动会的预算，增加额度几乎翻倍。比如，1978年，政府从国家预算中拨出了1.26

---

❶ 拉斯洛·孔.体育运动全史［M］.颜绍泸，译.莫斯科：体育运动出版社，1982：378.

亿卢布作为保健事业和体育的经费。

有了这样的制度保障和经费投入，苏联体育获得了快速的发展，1979年苏联各民族第7届斯巴达克夏季运动会比较清楚地反映了当时苏联体育的发展状况。第7届夏季斯巴达克运动会参加的体育团体约有21.92万个，参加群众性竞赛的约有8700万人，与前届运动会相比增加了2200万人。参加比赛的运动员包括8388名苏联运动员和世界各国的2306名运动员，比赛共打破了12项世界纪录、1项欧洲纪录、18项全苏纪录、105项斯巴达克运动会纪录和257项加盟共和国纪录。全苏青年运动会、学生运动会以及劳动企业和公司运动会都成为这届运动会的组成部分。自上届运动会举办以后，政府兴建了158项新运动综合设施、202个游泳池和3637所体育馆。数字本身能说明问题，但数字本身又并不能完全说明问题。如果仅从数字和比赛成绩看，尚不能发现苏联体育的基本情况和发生的变化，基本情况和变化是，在竞技体育的背后，是民众体育的发展和支撑。在过去10年里，按照不同年龄需要，根据不同的爱好和要求选择运动项目的可能性在不断扩大，身体练习强度的分级法正在形成，众多体育项目的开展使得体育参加者能够随心所欲地选择运动项目。同时，参加比赛并不是唯一的体育活动形式，工间操、户外早操、肌肉锻炼、打猎以及不同形式的游乐，成为民众的选择，经常有几百万人乐于在工厂区参加体育活动，到保健综合中心锻炼，或到户外散步。

运动项目方面，迎合时代潮流，兴起了不少流行的体育项目，如雪橇运动、空手道、三角航线竞速滑翔飞行运动、草地曲棍球、橄榄球和特技飞行。1980年经过在阿拉木图、列宁格勒、莫斯科和里加地区进行筹备后，成立了苏联雪橇运动联合会，同年2月在拉脱维亚的米西斯城举行了苏联第1届雪橇锦标赛，并参加了在奥地利举行的欧洲锦标赛；1979年，成立了越来越受观众欢迎的空手道联合会；先后组建了男子草地曲棍球和女子草地曲棍球队，男子运动员在吉隆坡夺得了洲际锦标赛奖杯，不经预选直接参加了1981年孟买第5届世界锦标赛；橄榄球运动和三角航线竞速滑翔飞行运动越来越普及，运动员人数也逐步增加。除了上述运动项目外，科技性运动项目也逐渐普及，并也赢得了世界声誉。在1976年7月25日至8月5日举行的世界特技飞行锦标赛上，苏联运动员夺得了女子和男子的个人冠军及团体冠军。

在民族体育方面，苏联体育界积极为少数民族参加现代体育运动创造条件，努力给地方传统习俗增添新的内容形式,创办了一些专门学院和运动学校来培养从事民族体育运动的专业人员。加盟共和国和自治区运动设施建设计划的实施也加快了进程。该计划包括在北高加索地震区建设一些装有抗寒设备的北部疗养中心和装有抗震装置的体育馆。群众性体育运动的开展使得民间游戏和民族舞蹈得到了传播。体育成为民族地区重要的生活方式,加强了各加盟共和国之间以及各加盟共和国与国际之间的联系。

体育运动科学获得的发展,成为这一时期苏联体育一个新特点。体育科学的研究成果不仅被用来指导体育训练及体育活动的动作教学,同时也对人们的运动生理和心理适应能力、如何制定合理生活方式和延长生活活动时间等问题做出了指导。研究人员对人在特殊环境(如在水中、北方寒冷地带和高山地带)所承受的负荷以及人的适应能力进行了测试和研究,也取得了相应的成绩。同时,体育科学研究的触角还深入到了体育社会作用和揭示人的机体自然潜力的各个领域,并取得了相应的研究成果。基于人的机体自然潜力有利于体育训练选材和专业化问题的解决,基于对生活方式的变化进行的研究,有利于揭示影响掌握运动形式的时间和造成动作长期单调的各种因素的作用。在对动作的生化规律、训练程度、反射、速度和节奏进行综合研究的基础上,也使制订非周期性运动项目的比赛和战略战术有了可能。上述体育科学的研究和取得的成果,客观上促发了人们参加日常体育活动的强烈愿望,反映出体育科学对体育运动的影响。

体育的国际合作与联系也得到了进一步的发展。这一时期,很多情况下体育成为一种外交手段,并在国际事务和运动生活中扮演着重要角色。20世纪70年代,苏联签署了欧洲安全和合作会议协议书,包括美国、加拿大和众多欧洲国家在内的数十个国家都签署了该协议。协议书指出,"为了扩大运动领域的现有联系和友好合作关系,参加国将鼓励进行有关方面的接触和互访,其中包括按通用的国际规则、章程和实施办法,进行比赛和举办运动会"[1]。在赫尔辛基签署了该协议书后,苏联运动组织一方面根据协议书的相关文件,同法国、西班牙、葡萄牙、奥地利和瑞典等国的运动组织签订了长期合作协定,同时各组织还支持发展传统的苏美和苏加的运动联系。另一方面,苏联体育运动委员会、苏联奥林匹

---

[1] 拉斯洛·孔.体育运动全史[M].颜绍泸,译.莫斯科:体育运动出版社,1982:384.

克委员会和莫斯科奥林匹克组织委员会制订了援助发展中国家发展体育的长期纲领。在苏联体育界人士的帮助和支持下，不少发展中国家创办了提高本国国家教练员和体育人士专业水平的国际班。按照当时的双边协议，苏联与这些国家的体育交往和联络逐渐增强，不少国家的体育界人士纷纷前往苏联考察、参观和学习。比如，在奥林匹克团体纲领范围内，莫斯科中央体育学院接纳了游泳、体操和拳击国际班学员。同时，苏联方面每一年派出数量不等的体育专业人士和相关的体育专家，前往数十个不同的国家参与该国的体育工作和体育建设。比如在安哥拉、莫桑比克和扎米比利创办了运动学校，1979年同印度、墨西哥和牙买加签署了体育合作的长期协定。

当然，苏联体育持续发展的同时，也存在一些负面的和不利的因素，一定程度上影响了体育的正常发展。如在体育发展过程中过分追求数字和指标，有时缺乏创新精神，不愿吸取先进经验，致使一些地区或部门的体育长期停滞不前或发展缓慢。一些地方存在管理不善的现象，体育规章制度、文件措施拟出之后，不能得到有效遵照执行，甚至缺乏监督执行和检查的相应机构，致使不少措施不能收到预期的效果。频繁的比赛和体育活动加重了体育运动员尤其是学校师生的任务，导致一些教师无暇顾及本职工作，抽不出时间和精力去进行竞技体育之外的大众化体育教育和指导。这些不利因素和存在的问题引起了苏联当局的注意。1966年，苏共中央委员会和苏联部长会议在对1959年开始的国民经济七年发展计划进行总结时，分析了向全民体育过渡的第一阶段的经验。在对已经取得的成绩进行分析的基础上，中央委员会和苏联部长会议指出体育运动持续快速发展过程中出现问题的原因在于1959年成立的国家领导机关不具备贯彻苏共二十大第二次党代会提出的任务的相应能力，各加盟共和国体育发展不均衡，一些运动项目的重要性被过分夸大；优秀运动员所取得的成绩掩盖了学校体育发展和劳卫制运动开展状况，运动俱乐部的特权地位妨碍了完全符合要求的、有才干的队员选入国家队，有时迫使真正的最优秀运动员不能参加比赛。为了解决存在的问题，克服不利因素，1968年10月17日的政府决议将国家对体育的统一领导委托给全苏体育运动委员会。体育运动委员会附属于苏联部长会议，其履行职责伊始，即将进一步发展社会体育基础作为基本方向，并与共青团、工会和其他社会组织密切配合、互相协作，增强专业运动联合会、教练员理事会、裁判员委员会和科学教法组织的作用，开展各项体育活动。苏联共产党第二十四次党代会决议和苏联国民经济1971—1975年的发展计划，开始认识到体育运动设施的不足一定程度上阻碍了体育的持续稳定发展，因此，认为加大体育运动设施建设是今后体育工作的重要方向。在第3届全苏集体农庄庄员代表大会批准的堪称典范的农业组合章程中，一些条文要求改善农庄庄员文化生活，其中要求优先建设运动设施和推动保健体育的发展。遵照党代会决议和国民经济发展计划的指示，全苏体育运动委员会制订了未来20年体育发展计划，指出1970—1975年的中心任务是研究群众体育运动的理论、方法和组织问题，同时研究生理、心理、教育和体育史以及训练方法问题，其中包括创纪录运动员的训练科学问题。1968年，苏联最高委员会通过的保健法对参加体育运动者的权利和义务做了相应的规定。与此同时，在1970年举行的第16届团代会上，共青团把在全体青年日常生活中推行体育运动视为自己的职责。

第二节　体育思想的形成和发展

苏维埃社会主义共和国成立之时，在运用和发展马克思主义有关社会主义革命理论的同时，也创造性地继承和发展了马克思主义中的体育思想。人的全面发展学说可以看成是马克思主义体育观的核心思想。在马克思的学说中，体育是人全面发展的重要一环，具有重要的价值和意义，作为由社会发展规律所决定的人的全面发展离不开体育，"生产劳动与智育、体育相结合不仅是增加社会生产的重要方法，而且是培养全面发展的人的唯一方法"[1]。所谓劳动力，是人的体力和智力的总和，它在人体中存在，并在人们生产某种使用价值时加以运用。体育能够通过发展劳动者的体力和智力，为物质生产和精神生产服务，是社会生产力的一个要素，也是实施共产主义教育的一项基本内容和手段，这成为苏维埃建国时体育的指导思想。

受此启发和影响，列宁在马克思主义关于全面发展体育观的基础上，进一步明确了体育的功效和目的，指出只有培养青年一代具有"坚强的、健康的身

---

[1] 马克思，恩格斯. 马克思恩格斯全集：第20卷［M］. 北京：人民出版社，1971：348.

体"，钢铁一般的肌肉和意志，才能"实现和完成共产主义事业"，对于国家和民族来说，体育不仅仅是个体的身体运动，它还具有强大的社会政治功能，是"苏维埃国家的成就、繁荣和兴盛的标志之一"❶。

列宁之后的斯大林时期，国家更加强调体育的社会和政治功能。为了能够迅速摆脱贫穷落后的局面，赶上和超越西方发达国家，以实现国家的工业化和现代化。而体育在增强体质、磨练意志、调动苏维埃人民的生产工作热情和培养吃苦耐劳的乐观主义精神方面十分有效，因为生产活动本身很大程度上就是一种体力劳作。因此，必须"把社会文化成果发展到足以保证社会一切成员全面发展他们的体力和智力"❷。

20世纪50年代，体育服务于社会和政治的思想进一步延续和发展，甚至得到了加强。由于战后美苏争霸所形成的冷战愈演愈烈，美苏两个超级大国不但在政治、军事方面展开了激烈的竞争，而且在体育方面也展开了激烈的较量。在这一国际局势面前，苏联体育思想和体育理论自然而然地将体育作为共产主义思想政治教育的重要手段，通过体育运动对民众尤其是青少年进行爱国主义、集体主义和共产主义教育。同时，思想政治教育被作为体育教育中一个重要的国家任务来实现，并把思想政治教育始终贯穿于体育教育的整个过程中。

我们知道，苏联的建立是在破除旧有的农奴制基础上形成的，没有经过必要的社会生产力的积累和发展，经济发展水平本身是比较落后的。只有在物质经济上强于资本主义国家，才能证明社会主义制度优越于资本主义制度，社会主义国家比资本主义国家好，否则，民众就不会相信社会主义制度所具有的优越性。为了改变经济落后的局面，快速提升经济实力和竞争力，树立起社会主义大国的形象，苏联政府制定了"赶超"西方发达国家的发展战略，以求迅速赶上和超过西方发达资本主义国家。为服务于这一战略构想和现实社会发展的需要，第二次世界大战后苏联体育实行了与美国对抗的"奥运战略"，与此相适应的是优先发展竞技体育和金牌至上的体育思想盛行。这样一来，苏联当局在把体育作为共产主

---

❶ 许仲槐，王国辉. 列宁与体育[M]. 广州：广东高等教育出版社，1990：146.
❷ 斯大林. 论苏联社会主义经济问题[M]. 北京：人民出版社，1952：61.

义教育的重要手段的同时，进一步通过体育来发挥其政治功能，在这种背景下，体育自然就沦为了一种工具，因此可以说，"苏联体育思想奉行的是一种体育工具论的思想"❶。当然，这种工具论思想的形成与发展，与苏联长期以来所形成的体育价值观是分不开的。即体育被作为社会政治功能而得到了强调，在国内外特殊形势下，逐渐将体育的社会政治功能抽象化为体育工具论思想。然而，随着苏联在1991年的解体，其工具论体育思想、"竞技体育、金牌至上"的体育思想也随之弱化。

基于人道主义和人权思想，1993年俄罗斯颁布了《俄罗斯联邦体育运动立法原则》，运用法律手段而不是行政手段管理和引导体育。此后，俄罗斯形成了优先发展群众体育的思想。在这一思想指导下，投入到竞技体育的经费减少，竞技体育被推向市场化，需要自筹资金，而群众体育得到国家政策扶持，获得了大量的经费。这样的做法使群众体育获得了很好的发展，而竞技体育水平出现了明显下滑的迹象。竞技体育虽然明显下滑，人才也有所流失，但所坚持的体育思想是在向人本主义、人道主义回归，以个体为核心，改变了过去社会大于个体，社会价值凌驾于个人价值之上的现象。它满足个体需要和兴趣，讲求的是人的身心健全、人格完善，强调体育对于发现人的价值、开发人的潜能、发展人的个性方面的价值❷。随着俄罗斯重返世界大国、世界强国计划的实施，国家对体育的干预和掌控程度越来越深，开始重新强调体育政治功能和社会价值，通过体育的政治和教育功能来进一步增强国民的爱国主义情怀和强国意识。因为体育运动"有助于提升民族精神，凝聚社会"❸。俄罗斯体育指导思想应将采取人本主义和社会本位并重的价值取向，体现个体价值与社会价值的复合。一方面，体育满足个体发展的需要，另一方面，体育必须要面向社会、服务社会，主动适应社会政治、经济和文化的发展需求❹。立足于个体，回归人本主义，而不是工具论，这应是俄罗斯新体育思想的发展方向。

---

❶ 杨文轩，陈琦.体育原理[M].北京：高等教育出版社，2004：51.
❷ 杨文轩，陈琦.体育原理[M].北京：高等教育出版社，2004：53.
❸ 普京.普京文集（2002—2008）[M].北京：中国社会科学出版社，2008：644.
❹ 杨文轩，陈琦.体育原理[M].北京：高等教育出版社，2004：54.

第三节　体育教育大纲与体育教育发展

20世纪40年代末至50年代初，随着体育的恢复和进一步发展，苏联在国际体育界逐渐崭露头角，为继续推动体育的发展，苏联政府除对体育制度、组织管理等进行了一系列的修改和建立外，还对体育教育（尤其是学校体育）进行了相应的修改和建设。为此，教育部门于1954年制定了新的体育教育大纲，大纲要求"课外和校外的体育运动工作在学校、少先队之家、儿童公园和少先队夏令营中都应促进教学工作"。新的大纲阐述了体育教育的必要性和重要性，对体育运动项目的分类重新做了划分，将体操和田径划分为独立的部分。同时规定从1954—1955学年起，在小学、七年制学校和中学引入新的体育大纲。课时方面，新大纲规定所有年级的体育课时为每周2小时，每学年的体育总课时为66学时；教学内容方面，新大纲规定一、二年级的体育教学内容为体操和游戏，三、四年级体育教学内容为体操、游戏和滑雪❶。五至七年级大纲包括主要课程和补充课程，主要课程要求在所有学校内全部完成，补充课程取决于地理、气候和其他地方条件。主要课程含有以下几项：田径、体操、滑雪和活动性游戏。体操课程男女学生分开教授，女学生的训练内容减少了悬垂和支撑练习，注重腹肌的强化，田径中的奔跑和滑雪的距离要比男学生短一些，取消了一些跳跃项目。大纲针对每个年级都设置了基础运动项目（如田径、体操、游泳、滑雪和滑冰）的补充课程。同时设置了学生教学标准，要求参加身体训练的人员应通过劳卫制预备级七年级标准。八至十年级大纲按照五至七年级要求执行，同样实行男女生分开教学。大纲要求十年级毕业的学生应完成劳卫制I级综合标准和要求。而学校体育教育对各个年级的主要教学任务也做出了相应的规定：一至四年级应"在体操、运动和游戏等主要项目方面训练参加者的技能和技巧"；五至七年级应"训练参加者的基本运动项目、游戏和体操"；八至十年级应"训练参加者的体操、游戏和基本

---

❶男学生和女学生在滑雪上的教学标准不同，大纲是分开制定的。

运动项目"❶。同时要求教育任务的完成要按照循序渐进的原则进行，即按从低年级到高年级的顺序开展教学，从简单运动项目做起，然后再进入田径、体操、滑雪等技能和技巧项目的训练。为巩固和完善运动动作，大纲还规定了配套的家庭练习任务。

到了20世纪50年代末60年代初，苏联经济的持续发展、人民生活水平的不断提高为群众体育运动的普及和竞技体育运动更高水平的开展提供了新的契机和新的任务，体育职能部门同样也面临着新的任务。为此，1960年3月，国家教育部确认了一至八年级新的教学计划和大纲。与1954年大纲相比，新大纲规定的内容原则上没有什么变化，但在颁布形式上注入了一系列新的元素，大纲逐章为每个年级规定了主要的训练任务。比如，六年级的体操规定的任务达到了4项，而从三年级起，田径项目被划分出来，培养运动的游戏被列入活动性游戏中。新大纲特别强调学生综合体育的重要性，要求"体育组织不能局限于只进行体育教学"，因为体育课上的教学只有在一种情况下才能取得积极的成果，即"通过教学日的正确方法，包括体育保健措施（课前体操、课上几分钟的运动、课间休息时的游戏和体操、劳动课上的预防性体操）系统地巩固这些课程"，而课上几分钟的运动（短时间的休息可以缓解大脑压力）可以按普通教育课程在第三和第四堂课的下半堂上进行（在25~30分钟时），持续的时间为2~3分钟"。同时，应重视课外体育活动（群众性体育节和比赛、运动队里的训练等）。

新大纲对原大纲中的体育教育内容和结构做了一定的调整，以重点解决体育的教学任务问题。调整后的内容和结构由两部分组成：第一部分主要包括球类、田径、体操、体操卫生、滑雪、户外活动游戏等方面教学资料，教学对象针对所有人；第二部分则为依照学校教学需要，挑选任一章节材料，反复练习，以加深记忆、掌握知识技巧。为此，在大纲明确规定"除大纲第一部分外，学校还必须进行第二部分的一个章节。例如，学校选择体操，那么就要学习大纲第一部分田径、滑雪、户外活动游戏和篮球内容，以及大纲第二部分体操内容。"从1970年开始，学校体育教育大纲内容在三个主要方面又发生了变化：第一，简化了运动动作，删除了复杂的运动技能，教授运动时男、女生区别对待；第二，增加了课

---

❶ Б·Р·戈洛夏波夫. 俄国体育运动史 [M]. 莫斯科："科学院"出版中心，2010：73.

时，完善了组织和课堂教学法，着重发展学生体质，提高课堂运动密度；第三，论证了学生体育自主课的内容。大纲修订后，教学执行部门严格按照大纲要求积极采用"循环锻炼"方法，以增强教学效果，达到教学目标。时代的变化和体育的发展，要求体育教育要紧跟时代步伐。因此，教育部门于1975年再次适时对体育教育内容进行了完善。如对九至十年级的要求是，"学会体操、田径、滑雪、古典式（希腊罗马式）摔跤、运动游戏中的新运动项目，完善在各种复杂条件下应用这些项目的能力，为此发展必须的运动素质"。在内容和大纲的完善过程中，制定者主要关注体育的系统发展，为此首次在大纲的每个章节中以专门挑选的体操形式向教师推荐具体的实际材料。并从发展体质的目的出发，指出"为发展体质，有效采用体操，保证密度很高的练习，可以使运动者体质合理"，规定四至八年级应拨出不少于8~10分钟上课时间，九至十年级不少于10~20分钟。并在战后首次重新引入越野赛跑，推崇手球运动，因为手球运动有利于发展学生的多种动作和身体机能，"在该游戏中学生可以跑、跳和投掷，训练接近于劳卫制系统标准。" 对于高年级男女生体育教育，首次针对男生引入"古典式摔跤"内容，虽然这项运动不太符合体质发展（身体训练）应先于技能掌握（技术训练）的基本规律，不少学生在掌握该项运动技巧时也存在一定的困难，但却引起了高年级学生的浓厚兴趣，随之，学校体育教学相关人员尤其是体育教师大力推行这一新的运动项目，因为该运动项目符合新的体育教育大纲规定的着重培养运动美的要求。此时的体育教育内容发生的另一个变化在于，传统高年级体育教育内容与应征前军事身体训练相联系，"在每堂课上教师都应根据苏联武装力量队列章程要求，向学生提出严格要求，要求他们准确地执行所有指令和队列动作。" 为了能让青年学生掌握在各种复杂条件下行动的技能，教育部门特别推荐体育教育使用标准障碍区设施，即劳卫制系统的障碍区，同时辅助以苏联武装力量身体训练条令中的障碍物。体育教育内容在1970年代末变化不大，主要是简化了"体操"和"古典式摔跤"的相关内容。20世纪80年代初，重新拟定了四至十年级学生学校体育例行大纲。大纲和教学内容没有进行原则上的改变，只是做了一些小的调整。首次列入了两个以前没有教授过的科目和内容："自主课技能"和"科目之间的关系"，"自主课技能"确定了对每个年级理论课和实践课的要求，"科目之间的关系"一方面是指体育课之间的联系，另一方面是指与数学、物理、解剖、卫生课和自然课之间的联系。另外还列出了田径、体操、滑雪、滑冰、游泳、摔跤、运动游戏和越野跑等传统内容的运动技能，增加了体育理论内容和足球，但将足球置于运动游戏中加以教学，高年级艺术体操的教学内容则补充了现代舞和民族舞。新教学内容与此前教学内容相比，不再要求四至八年级学生掌握各个项目的要素，也不再要求九至十年级学生掌握基本项目的技能，但强调学会重要的运动技能将能适应各种复杂条件。新的教学大纲和内容对体育运动动作形式也做了一些微调，比如，简化了跳高和跳远的教学动作形式，要求分别以"跨越方式"和"弯曲双脚"动作法进行跳高和跳远的教授。而1975年的教学大纲和教学内容则建议青年人"以挑选的运动方法跳远和助跑跳高"，即"剪刀式"或"弯曲法"跳远，"跨越式"跳高。这次大纲的拟定和内容的调整，目的是进一步配合发展群众体育运动的理念。

20世纪80年代初，根据卫生部门和体育教学部门的联合调研资料，显示出学生身体健康状况不佳，且有日益加剧的迹象。1982年《卫生与卫生保健》杂志刊登了调查结果，记录了学生身体健康、训练水平和体育发展令人担忧的状况：约43%的学生患有慢性病，50%的学生支持运动器官受到损害，33%的学校毕业生有健康限制，63%的学生姿态不佳。全苏体育科学研究所和苏联人民教育国家委员会的资料表明，慢性病与学生身体发展及训练水平之间的联系越来越明显。这样的问题涉及了体育教育课时问题，因为一周2课时的体育课在常态下已不能满足当时学生活动的积极性，更不能满足学生身体自我完善和形成习惯的需求，也不能最终解决学校体育教育中存在的问题。为此，体育教育大纲中明确增加了"发展体质"的内容，"发展体质是每堂课必须遵守的条件，应能促进学生运动技能的提高"❶，同时规定普通学校的体育教学必须每天组织课堂上、课外和分部体育课，这在一定程度上缓解了当时出现的学生体育教育问题，但由于当时物质技术保障有限、城市学校的两班制工作、体育教师的严重不足和其他原因实际上减弱了问题解决的效果。

20世纪80年代中期，教育部门进行了普通教育学校和职业学校的改革，向社会各界公开了青少年的健康状况，明确提出了学校体育教育保健问题。1985—1986学年体育教育采用了"普通教育学校一至十一年级学生体育综合

---

❶ Б•Р•戈洛夏波夫.俄国体育运动史[M].莫斯科："科学院"出版中心，2010：78.

大纲",该大纲适用于全苏所有学校,它综合、统一了学校体育教育中学生已经付诸实践的各种形式的体育活动。该大纲主要由"普通学校体育运动措施""体育课""课外体育运动形式"和"教学日制和长日制情况下体育保健措施"共四个部分组成,同时首次建议自习课时开展示范积极活动和发展基本体质示范体操,具体包括基础知识、技能、经验、发展体质、教学标准等内容。四个部分中的"教学日制和长日制情况下体育保健措施"由课前体操、普通教育学校课上几分钟体育(针对一至四年级学生)、课间延长休息时的体操和户外活动游戏、长日制组中每天的体育课(针对一至八年级学生)等运动形式组成。由于考虑到"健康、身体发展和活动训练水平,保证对学生采取不同的方法;达到很高的运动密度、训练力度,使体育审美情绪得到提升,也完成了体育教育大纲规定的任务和指导工作;使学生在体育自习课上形成技能"[1],所以体育课被确定为学生的基本体育教育形式。与以往不同的是,此次体育教育大纲延长了跑步、滑雪、越野跑的距离,对作为身体素质的总体耐力提出了更高的要求,目的在于希望通过此举保证学生的身体健康。同时,教学内容补充了军事实用体操,列入"体操"一章进行教学,教学时设置障碍区以锻炼学生的体能和技能。将军事实用体操纳入到学校体育教学内容,其实是遵照苏联当局提出的"所有年级的每堂课必须划出一定的时间,以准确完成苏联武装力量队列章程规定的队列练习"这一相关指导精神。学生自习课作为体育活动的重要补充形式,被赋予了特别的意义。学生自习课的任务直接由体育课教师规定,学生也可以向体育课教师提出要求,而家庭也被要求帮助儿童熟悉系统体育课的重要作用和意义。校外体育课的内容包括一般身体训练、劳卫制、体育知识、军事实用项目等,按不同年级分别予以说明,校外课内容与学校必修课紧密相关,辅助必修课的教学。普通学校群众体育运动措施(每月健康运动日、校内比赛、旅行和集会、体育节)致力于使学生熟悉系统的体育课,提高他们的活动积极性,每月健康运动日内容亦分年级予以提出,并规定体育比赛应按"劳卫制"规定的项目进行。体育教育部门同时指出,成功实现学校所有体育形式的必要条件是学校教育团体、学生体育积极分子和辅导组织的共同行动。

---

[1] Б·Р·戈洛夏波夫.俄国体育运动史[M].莫斯科:"科学院"出版中心,2010:79.

20世纪80年代末，体育教育内容虽有一定的变化，但基本遵循以前执行的教学内容。如1987年制定的体育教育大纲做了一些非原则性的补充和更改。"体育课"方面，二至四年级的教学内容加入了越野跑训练，考虑到一些小学缺乏足够的专业体育教师，因此对一至四年级全体发展的体操、活动技能和经验进行了更加详细的阐述，五至八年级部分简化了教育任务，更加关注学生身体训练水平。高年级学生的课程中，针对军事实用训练，建议采用障碍区，军事实用体操和优先发展力量重新加入"体操"和"田径"部分。对11年级的学生补充了1000米越野跑、徒手爬绳、引体向上和10米×10米往复跑等内容。

体育教育大纲还对小学、不完全中学、中学毕业生（即四年级、九年级和十一年级）的毕业做了要求。比如，1987年的体育教育大纲对小学毕业学生的要求是，"掌握基本循环运动的技能：跑、移动滑板、完成有器械和无器械体操的技能、游泳、投球、助跑跳远和跳高、玩户外活动游戏；系统做早操和家庭作业，达到全联盟体育劳卫制系统标准（根据各个年龄）"。针对九至十一年级的学生，增加了"职业实用身体训练"内容，提出了8个组别职业的要求和训练方法。

不同时期体育教育内容的确立、适时增删以及体育教育大纲的拟定，主要反映了战后苏联体育教育的基本情形。1940年末至1950年初，由于苏联运动员开始参加欧洲、世界冠军赛和奥运会，学校体育的主要任务是教育，即让学生掌握主要项目的技术，所以学校体育侧重于身体训练。到了20世纪70年代，学校体育教育方向开始发生了变化：从常规体育教育、掌握基本体育知识到提倡体育保健问题。这在1984年苏联最高代表大会通过决议——《普通义务教育学校和职业学校改革总方向》后，更加明显地体现了出来。体育课时的增加成为体育界人士的共识，甚至提出了学生每天都应该上体育课的建议，但当时苏联存在的物质条件、技术保障、体育师资等问题使得这些建议和改革措施难以实现，体育教育也未能达到理想状态。

第四节　体育基础设施建设和体育经费

苏联体育持续发展离不开相应的体育基础设施建设、物质技术保障和经费支持。

第六章 苏联时期的体育（1946—1990年）

苏联体育设施和场地的建设开始于20世纪20年代，莫斯科、列宁格勒、基辅和哈尔科夫等城市在1923年就建有体育场，而1927年在莫斯科建立的"迪纳摩"体育场，技术上已经比较成熟，是一座具有现代特征的体育建筑，能容纳5万名观众。1928年全俄第1届运动会即在该体育场举办。体育设施和建筑的类型主要包括体育场、运动体操馆、游泳池和游乐场，这些类型在战前时期就已经确定了，主要根据当时开展和普及的体育运动项目而定。1940年前，苏联总计有8.2万个不同类型的体育场馆和建筑。战后规模宏大的体育综合体——列宁体育中心于1956年建成，该体育中心具备训练和30项比赛的功能，赶在全苏第1届人民运动会举办前建成，并在此举行了全苏第1届人民运动会。

1974年，国际奥委会决定第22届奥运会在莫斯科举办，这促使苏联政府花费大量人力、物力和财力改造旧有体育设施，修建新的体育设施。为此，莫斯科市修建了新的体育场、游泳跳水馆、自行车赛车场、自行车环形赛道、射箭场、封闭式拳击馆和重竞技运动比赛通用体育馆、马术和现代五项运动比赛马场体育基地、中央陆军体育俱乐部足球田径室内运动场（同样可以进行自由式摔跤和古典式摔跤和击剑）、通用运动馆"迪纳摩"（用于手球比赛）和"友谊"运动馆（用于排球比赛），在塔林修建了新的帆船中心。同时，对一系列大型体育建筑进行了改建，包括列宁体育中心小运动场（用于排球比赛）和列宁游泳馆（用于水球比赛）、"迪纳摩"射击场（用于碟靶和子弹射击比赛）、"迪纳摩"中心体育馆小运动场（用于曲棍球比赛）、"索科尔尼克"体育馆（用于手球比赛）。列宁格勒、基辅、明斯克等城市也都改建了体育场，以备足球比赛。

莫斯科修建的奥林匹克游泳馆

此外，苏联政府还筹集经费，修建了不少符合现代要求的大型体育场馆，如在白俄罗斯修建的现代两项滑雪运动的体育综合体，在哈萨克斯坦修建的高山滑雪体育综合体，在亚美尼亚修建的中心体育锻炼基地，在爱沙尼亚修建的帆船运动中心。在这些场馆中，亚美尼亚的中心体育锻炼基地能充分反映当时苏联体育设施的基本状况，该中心体育锻炼基地功能齐全、设施完备，多数运动项目都配备有高质量的各种设备。主体建筑主要由露天平面场地、室内场馆和运动员服务区构成。露天平面场地包括标准的足球场、带橡胶沥青地面的田径中心及露天温水泳池（50米×21米）；室内场馆主要包括田径室内运动场（256米×18米，橡胶沥青地面），体操、拳击、击剑、摔跤和重竞技运动大厅（78米×18米），跳板和10米跳台跳水池，室内靶场（50米×25米两个），浴室和蒸汽浴室，游戏大厅；运动员服务区包括可容纳600人的3座四层建筑，可容纳450人饮食区，可容纳400人影视俱乐部。此外，还设置有从3个地段至不同海拔高度的高山索道，配备有业务室、医疗和康复中心。

虽然苏联政府以大型体育赛事的举办，尤其以奥运会的举办为契机，改造、修建了不少体育场馆，但总的来说，还无法全部满足体育发展的需要。按照1973年1月1日的统计资料，当时苏联所有加盟共和国共有3062个体育场，51734个体育馆，1057个游泳馆，但要满足体育运动和体育教育的需要，这些场馆还远远不够，按照体育场馆与体育参加者的比例，以1980年为例，应有约5500个体育场，7.5万个体育馆，2.5万个游泳馆和大量平面体育建筑和场地，事实上，当时的苏联并没有达到这个标准[1]。"从莫斯科1万名居民应该配备的体育建筑来看，它少于其他所有加盟共和国（塔吉克斯坦除外），70%的莫斯科学生不会游泳。莫斯科工业为莫斯科人生产的体育用品比要求标准少平均5倍"[2]。为此，苏联政府在体育和国民运动发展方案草案中认识到，"阻碍体育发展的主要因素是只能保证30%国民需要的物质基础薄弱，以及体育资金保证非常不令人满意"[3]。

---

[1] Б·Р·戈洛夏波夫. 俄国体育运动史［M］. 莫斯科："科学院"出版中心，2010：84.
[2] Б·Р·戈洛夏波夫. 俄国体育运动史［M］. 莫斯科："科学院"出版中心，2010：65.
[3] Б·Р·戈洛夏波夫. 俄国体育运动史［M］. 莫斯科："科学院"出版中心，2010：65.

在体育经费投入方面,由于苏联实行的是计划经济,国家、社会拥有生产资金,所以体育经费是以社会主义方式分配福利和服务。体育经费的主要来源主要由以下部分构成:国家预算、社会保险预算、体育器材生产和出租收入、体育建筑和体育措施的开发利用、体育出版费,志愿者体育协会会费和入会费,工会、城市公共事业、国营农场和集体农庄消费合作社的扣款。苏联政府专门制定了改善体育物质基础和资金保障的具体措施和方案,以保证经费的正常投入和使用。苏联政府制定的《苏联及加盟共和国体育运动基本法》草案曾对体育运动的资金做出过规定,"体育运动的资金按法定程序获得",对体育运动机关和团体,以及体育运动协会,包括体育联合会、体育社团和体育联盟等,"不予征税",凡用于建设体育健身和竞技运动设施的银行贷款,"均不计利息"❶。该基本法草案没有严格限制体育运动经费的来源和使用数量,资金拨付和调配很灵活。

第五节 奥运会与竞技体育

从1917年十月革命到1951年的30多年间,苏联一直没有加入国际奥委会。一方面,国际奥委会没有向苏联发出邀请,另一方面,苏联政府和体育界也没有表现出与国际奥委会进行接触的愿望。因为当时奥运会在苏联被认为是阶级异端,奥运精神被认为是资产阶级的东西。十月革命后,由于政治体制和思想意识的影响,苏联体育界充满着浓厚的阶级论,使得苏联体育组织不承认,甚至革除了过去所积累的体育组织原则和运动经验,比如,不相信大众体育俱乐部的工作经验,取缔童子军运动和部分运动项目,不允许苏联运动员和所谓的"资产阶级"运动员进行比赛。

卫国战争后,苏联在国际上的形象大大提升,其体育组织受邀加入欧洲和世界体育联合会。1951年,国际奥委会邀请苏联参加在芬兰赫尔辛基举办的第15届奥运会,并建议组建国家奥运组织。苏联接受了国际奥委会的邀请和建议,决定

---

❶《苏联及加盟共和国体育运动基本法》第六章第37条,参见国家体委政策法规司《外国体育法规选编》(内部资料),第341页。

参加奥运会，同时成立了国家奥委会并申请加入国际奥委会，国际奥委会批准了苏联的请求。苏联的奥林匹克运动开始了自己的征程。

苏联的加入使国际奥林匹克运动更具有国际性，在全世界范围内进行高水平的体育竞赛，不但对整个世界体育水平和体育发展是一种促进，而且也激发和提升了苏联运动员参加体育竞赛的激情和竞赛水平。"决定参加国外的比赛后，我们就一定要取胜"❶，这成为苏联运动员的重要信念。在比赛后，苏联运动员受到巨大触动，努力提高自己的技能，苏联青年则以奥运冠军为榜样，努力学习他们的精神。随着奥运会在全世界范围内的推广，各民族、各国家之间互相认识、了解、交流和学习，促进和平共处，这在当时"冷战"情况下显得十分重要。

苏联运动员在第15届芬兰赫尔辛基奥运会上总共夺得22枚金牌，首枚金牌由铁饼运动员H·诺玛什科娃获得，总体上取得了成功，提升了苏联的国际威望。奥运会史料研究专家费列茨·麦恩为此这样写到："奥运大事记还可以写上一件出色的事：1952年苏联运动员首次参加了奥运会。凭着高超的技能，他们完成了比赛，取得了优异的成绩。谁也无法重现苏联体操运动员朱卡林的高难度表演。他在个人比赛中3次取得胜利，又在团体赛中获得战功，他的成绩无人可以比肩。"❷自1956年起，苏联运动员开始参加冬季奥运会，并逐渐展现出世界强队的特色。运动员们所取得的成绩极大地鼓舞了苏联人民的志气，在苏联众多体育爱好者中激起了强烈的自豪感。

但是，苏联政府赋予了体育过多的政治色彩，以至于不允许失利的出现。比如，在第15届奥运会上，苏联足球队在比赛中输给了南非足球队，这被认为是降低了苏联国家威望。于是当局对此进行了惩罚：解散形成奥运队基础的中央伏龙芝红军之家队，解雇教练员Б·阿尔卡奇耶夫并取消其"功勋体育健将"称号，取消相关运动员的荣誉称号。1980年的莫斯科第22届奥运会，苏联利用举办国之便，取得了极大的成功。但由于苏联推行强权政治和霸权主义，在1979年12月25日，苏军入侵阿富汗，破坏了奥运思想，有违奥林匹克运动和平、友谊的人道主义精神，遭到了世界其他一些国家的抵制，不少国家的运动员和旅游者没有来到莫斯科。

---

❶H·H·罗曼诺夫.通向奥林匹克的艰难之路[M].莫斯科："体育和运动"出版社，1987：57.
❷Г·С·德梅捷尔.俄国体育史及奥林匹克运动概述[M].莫斯科："苏联体育"出版社，2005：61.

为了跻身世界体育强国的行列，在竞技体育发展策略上，苏联一直奉行与美国对抗的"奥运战略"。竞技体育和金牌至上的体育思想盛行，要求国家集中一切有利资源发展竞技体育。在这一思想影响下，苏联政府遂于1969年8月成立了国家体育运动委员会，并通过全苏各加盟共和国部长会议及各地方的体育运动委员会行使管理职能，由此形成了一个覆盖全国范围的体育运动机构系统。国家体育运动委员会的成立标志着苏联将体育事业纳入国家的计划经济之中，体育管理权高度集中于中央政府，以计划和行政手段直接控制与领导体育事业的发展[1]。

在国家体育行政管理机构中，国家奥委会具有相对的独立性，政府给予奥委会经济和管理上的自主权，承认其法人地位。奥委会通过代表大会选举领导机构成员、制定奥运章程，组织、带领运动员参加奥运会以及其他大型国际比赛。20世纪80年代，国家体委对奥委会进行了改革，组建了中央俱乐部，分担了奥委会的部分职责。中央俱乐部作为管理高水平竞技运动的独立机构，承担着培养高水平运动队和运动员的责任，协同各体协训练运动员、筹建高水平竞技队伍和组织安排运动员的训练工作，并与国家奥委会配合，选拔运动员参加奥运会和重大国际比赛。这样，国家奥委会、中央俱乐部以及各单项体协共同担负起了高水平运动队和运动员的训练、比赛任务，提高了奥委会的工作效率，促进了竞技体育的进一步发展。

除此之外，苏联竞技体育高度发展，还得益于以下一些恰当的措施：

一是充足的经费保障。体育事业经费高度依赖于国家财政预算。国家财政预算的体育经费，主要投向竞技体育，比例常常高达90%，而投向民众体育的经费少之又少[2]。充足的经费保证了竞技体育的有效开展。

二是有效的教练员培养体制和高水平运动员的训练体系。为了能够使竞技体育始终处于世界领先的地位，制定各种赛事规划尤其是奥运规划，以提高各项目运动训练水平。这些规划包括专门为高级运动学校、少年儿童体校、奥林匹克后备专项儿童少年体校使用的教学大纲；奥运会周期（4年）规划、综合实施计

---

[1] 白海波.俄罗斯体育管理体制改革发展研究[M].沈阳体育学院学报，2007（1）.
[2] 比如1985—1988年的奥运周期中，苏联国家体育运动委员会投入奥运会的总经费为8亿卢布，年平均为2亿卢布。参见古西科夫《发展体育运动和向市场过渡》，《国外体育动态》，1991年第23期。

划以及培养国家优秀运动员的长远规划（8年训练计划）。综合实施计划和长远规划由各项目国家队总教练、医生和体委的国家教练以及综合科研组共同制定，主要内容为该奥运会周期某一项目的奋斗目标及各方面有关人员为实现目标采取的具体措施。计划制定后，经由体育学院专家学者、体委有关司局逐级评审，然后由体委有关领导听取汇报，经正式批准后执行。由国家体委各项目运动司指派的国家教练是该项目发展的关键人物，他们作为负责人主管这一项目，通过体协等有关方面人员协助与国家队员、教练人员一起负责全苏该项目的竞赛和训练工作，目的是保障优秀运动员的训练，保证该项目在下届奥运会上保持优势并取得更好的成绩。

努力提高教练水平。运动成绩的好坏很大程度上取决于教练员的水平。为了提高教练员水平，国家体委采取措施，首先提高教练员工资待遇以稳定教练员队伍。为防止教练员因待遇偏低而离开岗位或不安心工作，国家体委会同有关部门提出了调整教练员工资待遇的方案，根据教练员工作质量予以补贴和奖励。其次是制定并完善教练员等级评定标准（后来废除了教练员等级终身制，允许教练员可以自己申报和递送晋升材料）。教练员等级评定标准主要包括：根据运动员的成绩评价教练组中各教练员的劳动成绩，优先对最近两年的工作成绩作出评价；根据教练员向下一个培养阶段输送运动员的情况授予等级称号，授予等级称号的最长期限为5年；由于工作严重失误导致运动员过度训练、生病或大部分学员没有完成大纲要求、违反教育行为或其运动员受到纪律处分的，评委会有权取消或降低该教练员的等级；教练员的训练工作（或在教练组统一领导下）年限最低不得少于3年。这些标准的制定和完善，目的都在于促使各级教练员从长远目标出发，不断提高自己的水平以适应竞技运动发展的需要，培养出能在激烈竞争中获胜的优秀运动员和运动队；同时也在于稳定运动员队伍，使之安心训练。全苏先后建立起了数以百计的跨部门的奥林匹克训练中心，源源不断地向国家队输送高水平的运动员。为了刺激运动员刻苦训练和参赛的积极性，及时提高运动员尤其是优秀运动员在服役期间的收入，优秀运动员的年薪往往相当于一般工作人员平均工资的6～8倍❶，而在国际大赛上获胜的选手另外还可获得丰厚的奖金。同时，为解决运动员的后顾之忧，国家劳动委员会和国家标准局批准设置了"运

---

❶柳伯力.苏联发展竞技体育的措施［J］.体育与科学，1991（1）.

动员—辅导员"这一职务,建立了优秀运动员退役金制制度和运动员社会保障制度,凡运动经历不少于20年并取得过优异成绩者,退役后即可领取退役金,一般运动员退役后则可享受规定的社会福利待遇。这些措施从根本上解决了运动员的后顾之忧,刺激了运动员训练和比赛的积极性,使其能够潜心训练,创造出好的成绩。

三是制定完善后备力量培养体制。苏联坚持发展以各类体校为主体的后备力量培养体制,具有雄厚的后备力量队伍,高水平教练员主要担负培养高水平后备人才的工作。到了20世纪80年代末,全苏已建成1045所奥林匹克后备力量专项少年体校、157所高级运动技术学校、7428所综合性少年体校和46所运动寄宿学校,受训学生达到500万人,约占全国学生总数的9%[1],每年为体育比赛输送大量运动员,充分保证了国家对高竞技水平人才的需求。为了能使各类体校更好地培养后备人才,苏联政府在对各类少年体校体制进行调整和完善的同时,注意解决好体校学生出路和生计问题,部分学生毕业后可以获得教练员文凭并分配工作。

以上这些措施施行和制度保证,使得苏联在竞技体育方面取得了巨大成功。自1952年首次正式参加奥运会,竞技体育水平不断提高,成绩不断上升,打破了过去一直由美国独占鳌头的局面,成为世界体育强国。

苏联在历届夏季奥运会上获奖牌情况

届数	时间	举办地点	金牌	银牌	铜牌	奖牌总数	金牌名次	总分名次
15	1952	赫尔辛基	22	30	19	71	2	2
16	1958	墨尔本	37	29	32	98	1	1
17	1960	罗马	43	29	31	103	1	1
18	1964	东京	30	31	35	96	2	1
19	1968	墨西哥城	29	32	30	91	2	2
20	1972	慕尼黑	50	27	22	99	1	1
21	1976	蒙特利尔	49	41	35	125	1	1
22	1980	莫斯科	80	69	46	195	1	1
24	1988	汉城	55	31	46	132	1	1

(备注:奥运会比赛没有官方统计的团体积分,但根据获得的奖牌数,有非官方的统计。按照惯例,金牌积分7,银牌积5,铜牌积分4)

---

[1] 柳伯力.苏联发展竞技体育的措施[J].体育与科学,1991(1).

苏联首次正式参加奥运会是1952年在芬兰赫尔辛基举办的奥运会。除了因抵制美国没有参加1984年洛杉矶奥运会外，苏联共参加了9届夏季奥运会，其中6次获得金牌总数第一，7次获得奖牌总数第一，远远超过包括美国在内的其他国家。

苏联在历届冬季奥运会上获奖牌情况

届数	时间	举办地点	金牌	银牌	铜牌	奖牌总数	金牌名次	总分名次
7	1956	科蒂纳丹佩佐	7	3	6	16	1	1
8	1960	斯阔谷	7	5	9	21	1	1
9	1964	因斯布鲁克	11	8	6	25	1	1
10	1968	格勒诺布尔	5	5	3	13	2	2
11	1972	扎幌	8	5	3	16	1	1
12	1976	因斯布鲁克	13	6	8	27	1	1
13	1980	普莱西德湖	10	6	6	22	1	2
14	1984	萨拉热窝	6	10	9	25	2	1
15	1988	卡尔加里	11	9	9	29	1	1

苏联首次参加冬季奥运动会是在1956年，这一年，第7届冬奥会在科蒂纳丹佩佐举办。从第7届冬奥会到1988年加拿大卡尔加里第15届冬奥会，与夏季奥运会一样，苏联总共也参加了9届冬奥会，其中有7次获得金牌总数第一，7次获得奖牌总数第一。

随着苏联的解体，俄罗斯和美国之间"奥运战略"以及体育运动的政治化选择已成为过去，苏联的奥林匹克运动也从沉重的竞赛负担下解放了出来，不再是为奥运奖牌这一单一的目标而比赛，不再有一定要在奥运会上获胜，以证明社会主义制度比资本主义制度优越的思想认识，体育回归体育本身已经成为体育发展的应有之道。

第七章
苏联解体后的体育

1991年12月苏联解体后,独联体宣布成立。独联体包括除格鲁吉亚、拉脱维亚、立陶宛、爱沙尼亚外的所有过去的加盟共和国。1991年12月25日,俄罗斯苏维埃联邦社会主义共和国最高苏维埃决定,将国家命名为"俄罗斯联邦(或俄罗斯)"。这在俄罗斯历史上是一件大事,对俄罗斯的体育产生了很大的影响。影响涉及体育运动体系、国家和社会管理机关的结构和其职能以及体育运动的开展。

苏联曾是世界体育强国,竞技体育处于世界顶尖水平,在奥运会和包括世锦赛、欧锦赛等在内的世界重大体育赛事上取得过骄人的成绩。在1952年至1996年期间,苏联(包括后来的独联体)代表团参加了共11届夏季奥运会,其中,总共有9次获得奥运会金牌总数第一,2次获得金牌总数第二;参加了共11届冬奥会,其中8次获得金牌总数第一,3次获得金牌总数第二。

1991年12月苏联解体,分解为15个独立的加盟共和国,俄罗斯是其中最主要的国家,人口约占苏联的一半,土地面积约占四分之三。由于遭遇到前所未有的政治变革和社会动荡,俄罗斯经济长期陷入困境,人民生活水平下降。物质的匮乏和经费的短缺,使得俄罗斯体育发展受到极大的影响。竞技体育成绩下滑,民众体育受到严重影响。虽然俄罗斯代表队在1996年、2000年、2004年、2008年和2012年共5届奥运会上,两次获得金牌总数第二,两次获得金牌总数第三,一次获得金牌总数第四,但整体上已经雄风不再,无法与苏联时期的辉煌相提并论了。根据俄罗斯联邦委员会《关于提高体育运动在形成俄罗斯人健康生活方式中的作用》的报告显示(截至2002年1月30日)❶苏联解体后的10年间:体育行政管理机关和社会体育组织机构之间存在着冲突和矛盾,职权关系未能划分和理清,体育管理和体育训练之间不能良性衔接;体育机关失去国家财政及其他大部分资金来源,工会则完全失去了基金支持,体育拨款仅能艰难维持各项机构的基本运转;既有的体育运动地域管理模式不复存在,居民区、教学单位、劳动和生产集体等的体育医疗保健工作缺失,体育保健医疗网络一直呈缩减趋势,数量减少20%,企业和机关被迫放弃体育医疗保健项目;体育设施、场地、球馆和基地无法升级换代,无法进行现代化技术改造和建设;国产体育商品生产总量降低10倍,投资者很难找到合适的体育投资项目,导致体育服务成本多次提升,超出广大劳动者承受能力,经常参加体育运动的俄公民只占8%~10%(2000年,俄罗斯人家庭用于支付体育运动的费用只占

---

❶马忠利.俄罗斯体育重归政府管理的过程及缘由探析[J].成都体育学院学报,2008(3).

0.3%）；体育科研缺乏吸引力和创新力，水平降低，高水平体育专家、教练员和运动员因工作环境恶劣，高水平专业性训练得不到等值报酬，不断流走国外；国家对体育运动价值和生命健康模式宣传不力❶。

为了重返体育强国，推动体育全面的发展，俄罗斯制定了一系列体育政策，加强体育管理机关的职能，大力发展体育教育和民众体育，收到了一定的成效。

第一节 俄罗斯的体育政策与制度

体育政策与制度、体育法规与文件，是一个国家体育指导思想、发展目标的几种反映，一般都具有明确的指向性和较强的操作性，也是针对体育发展过程中出现的实际问题而采取的应对之策。苏联解体后，俄罗斯体育政策和体育制度经历了数度变迁。体育管理体制改变了过去自上而下、上传下达的垂直管理体系，将原本属于国家体育管理机构的职权过渡给社会、民间和相关企业建立的体育组织和机构，国家层面的体育组织和机构实行宏观调控和监督，社会、民间、社区和相关企业体育组织和机构具体开展体育事业和体育活动。这样，体育政策制定与施行就具有了社会化、民营化的特征。后来，由于出现了各种问题和矛盾，俄罗斯再度调整体育制度与政策，重新加强国家体育组织和结构的权限，从而"呈现出从缺乏国家调控到恢复国家作用、从偏重竞技体育到复兴大众体育的政策走向"❷。目的在于重新回到世界体育强国的行列中去。

20世纪90年代，俄罗斯初步制定并颁布了不同于苏联时期的相关体育政策、体育法规和文件。苏联解体后，包括政权、体制、行政、管理、法律、思想、意识等在内的俄罗斯政治经济和社会文化发生了一系列根本性的变化，与之相应，由于国家职能部门的管理权限发生变化，功能减弱，社会体育组织承担着体育发展职能，加之相互之间职权划分、交接存在问题，以及国家拨付的体育经费骤然减少，体育也面临着不同的际遇与困境。如何顺利完成国家部门与社会组织之间体育管理权限的划分、管辖权的交接，如何保证体育经费划拨与筹集，如何对上

---

❶ 马忠利.俄罗斯体育重归政府管理的过程及缘由探析［J］.成都体育学院学报，2008（3）.
❷ 马忠利.苏联解体后俄罗斯体育政策的演进及启示［J］.上海体育学院学报，2014（1）.

述问题加以规范化，使之得到制度保障，成为过渡时期俄罗斯体育的重要问题。为此，俄罗斯政府于1992年制定并颁布了《全俄奥林匹克委员会法》和《俄联邦体育教育和运动的管理机制法》两个法规文件，这两个法规文件基本上为过渡时期俄罗斯体育管理体制转型打下了基础，后来，俄罗斯体育管理体制的转变大致是依照这两个法规文件进行的。1993年4月，俄罗斯联邦最高苏维埃颁布了《俄罗斯联邦体育运动立法原则》，确定了对体育领域各种关系进行权利调整的原则。与苏联时期有关体育经费问题的规定不同，该法则更加明确地规定了俄罗斯体育经费来源和数量，明确了投入竞技体育的资金所占发展体育运动经费的比例，体育经费的使用被严格纳入行政管理渠道。规定建立体育运动基金会的资金来源包括"不少于2%的俄联邦预算"，用于发展高水平竞技运动的经费"不得超过发展体育运动经费的30%"❶。这个法规文件的颁布，为转型期俄罗斯体育体制的转变提供了法律依据。

但过渡时期的俄罗斯经济状况的恶化还是明显地影响了体育的发展。体育管理机构和组织也随之经历了数度调整和变更，政府只能对体育采取"自然、自我发展"态度，经济困难，体育经费也就只能相应减少，在保证了竞技体育的经费外，民众体育经费就勉为其难了。苏联时期形成的包括劳卫制体系和工会、共青团系统所发展的体育运动基本上不复存在，体育从业人员只相当于原来人数的10%左右，开展体育运动、预防疾病资金仅占用来治病和买药资金的4.55%；体育保健医疗网络一直呈缩减趋势，数量减少20%；高水平体育专家、教练员和运动员不断向国外流失；大约有90%的青少年身体指数不达标，身体训练指数只有1960—1970年同龄人的60%❷。

在这样一种情况下，俄罗斯政府于1999年制定并颁布了《俄联邦体育运动法》，首次为俄罗斯体育团体作了立法规定，明确了其组织原则、法律责任、经费来源和社会基础，确定了国家关于体育和俄罗斯奥林匹克运动的政策原则，制定了国家支持体育文化和运动发展的措施，包括每年资助大众体育的发展以及创造条件创办各类青少年体校❸。新的体育法规倾向于群众体育，有利于其发展。

---

❶ 国家体委政策法规司.外国体育法规选编（内部资料），108.
❷ 戴桂菊.当代俄罗斯［J］.北京：外语教学与研究出版社，2008：502.
❸ 同❷.

除了相关体育法规外，俄罗斯国家杜马所制定的税收法律，对俄罗斯体育俱乐部等相关部门的各项成本费用进行了削减，使得各体育俱乐部安心于专项体育训练，不为通过商业化活动获取经费而分心，此举在一定程度上推动了俄罗斯体育文化活动的开展和体育事业的发展。尽管苏联解体后俄罗斯体育事业面临诸多困难，但随着政策倾斜和扶持力度的加大，俄罗斯体育开始复苏并逐渐有所发展。《俄联邦体育运动法》是对1993年制定颁布的《俄联邦体育运动立法原则》的修正，基本上奠定了俄罗斯体育运动的法律基础，在俄罗斯体育发展史上具有重要的意义，成为俄罗斯体育发展的一个转折点。该法令以法律文件的形式规定优先发展体育，使体育发展具有了法令的意义。该法令颁布后，俄罗斯政府逐渐将曾经一度给予社会体育组织和机构的职权回收，再次赋予俄联邦体育管理机构重要的体育管理职权，使之与教育部、健康部、劳动部处于同等地位，积极协同开展各项工作；划分了各个社会体育组织、体育协会之间的职责，成立了跨部门的体育工作委员会，共同制订体育发展方案。这样，国家对体育的干预和调控力度重新加强了。在体育发展方向上，青少年体育的发展成为国家体育政策重点关注的对象。政府加大了对体育的投入，加强体育基础设施的建设，为此，成立了专门的拨款机构，以便为体育组织和机构的体育工作开展、基础设施建设提供资金支持和保障。注重青少年体能健康发育，科学地设置体育比赛制度，并对体育科学研究工作和体育训练基地进行有效的指导。该法令的意义在于，使俄罗斯的体育管理开始"重归政府"，为体育发展资金问题提供了法律依据和保障。

俄联邦体育管理部门和组织逐步加强职能管理和监督，加紧开展与教育部、劳动部、人民健康部等相关部门之间的紧密合作，建立跨部工作组和委员会，制定共同纲要和战略决议，以及相互之间的若干合作方案。

21世纪初，随着俄罗斯国民经济逐渐渡过低谷期，开始进入复苏期。有了经济基础和物质保障，俄罗斯开始认识到国家政策支持、经费投入等对体育发展的重要性，于是在"新俄罗斯思想"指导下，开始探究建立适合俄罗斯国情、有利于体育组织和开展的体育管理机构，这样的管理机构遵循的是国家主义、强国思想，实行国家与社会共同参与和建构的思路，体育管理机关担负起更多的职能，与奥委会和各单项协会共同推动俄罗斯体育的发展。大众体育、民间体育的发展规划得到了俄联邦会议的关注，民众的健康生活方式也成为政府和社会共同关注的问题。此刻，俄罗斯体育面临的发展需求是"保护和巩固人们的身心健康，发展民间和民族体育教养制度，宣传体育、运动和健康生活方式等"。较之以前，俄罗斯政府对体育有了更为直接的关注和干预，就连俄罗斯国家杜马也开始关注起体育问题来，甚至还设置了体育运动和青年事务委员会。鉴于体育发展应从青少年体育开始抓起，在政府相关部门的牵头下，俄罗斯体育部、教育部和健康部协同合作，于2002年制定了《俄联邦青少年儿童和青年体育教养和健康纲要（2002—2005年）》，并获得了政府工作会议的通过，明确了青少年体育工作发展的目标。在纲要的推动下，俄罗斯青少年体育活动得到了有力的开展，参与人数逐渐上升，体育成绩也较以前有了明显的提高。

这一时期，俄罗斯联邦会议讨论并通过了《关于提高体育在形成俄罗斯人健康生活方式中的作用》（2002年），俄罗斯政府编制了《2005年前体育运动发展构想》（2002年）。一年后的2003年8月，俄罗斯政府再次制定并审议通过了《2003—2005年社会经济中期规划》，规划明确指出，俄罗斯当前在体育方面的基本任务是创造条件发展居民体育运动，保障运动后备人才的训练，提升俄联邦在以奥运项目为主的国际大赛上的成绩。《关于提高体育在形成俄罗斯人健康生活方式中的作用》和《2005年前体育运动发展构想》这两个文件颁行的目的在于促使俄罗斯重新成为体育强国。《关于提高体育在形成俄罗斯人健康生活方式中的作用》在分析俄罗斯体育出现的问题基础上，提出了复兴体育的一系列措施方法、组织结构和法律资金支持，涉及民众体育、竞技体育、青少年体育的发展，物质技术、基础建设保障、体育资源和信息交流与共享。文件颁布后，俄罗斯着手成立联邦总统所属的国家体育委员会。该委员会共设有9个分委会和7个工作组，委员会成员涵盖了政府、社会和民间的各界人士，包括各部部长、各州州长、国家杜马成员等政治界人士、体育组织和机构的负责人、体育运动员和工商界人士。《关于提高体育在形成俄罗斯人健康生活方式中的作用》本着"大众体育是竞技体育的基石""复兴大众体育和大众体育文化"精神，十分关注大众体育的发展、青少年体育和学校体育教育，对体育活动的组织和开展提供了各种优惠政策和条件。如果说《关于提高体育在形成俄罗斯人健康生活方式中的作用》勾画的还只是体育发展的理想蓝图的话，那么《2005年前体育运动发展构想》则是这一理想蓝图的具体实施纲要。纲要明确了各方职责，加大了法律法规完善的力度，加强了基础设施和高水平运动队的建设，广泛开展民众体育，大力宣扬民众健康体育方式。虽然纲要还不够细致具体，没来得及提出指标及其考核标准，甚至没有硬性实施措施，但它体现的是俄罗斯当局希望建立起一种既不同于苏联的体育制度又不同于西方国家的体育制度的，符合俄罗斯国情的政府、社会和市场共同参与的"举国体制"愿望。在这一指导思想推动下，俄罗斯体育的各项事业，包括基础设施建设、体育科学研究、专业人员培训等逐渐开始复苏并获得发展。以体育基础设施为例，其总量由2000年的198304个，增长到2005年的221508个。

随着经济的进一步发展和经济实力的增强，俄罗斯越来越需要对社会经济、民众健康提出诉求。在此背景下，2006年，俄联邦政府先后审议并通过了《2006—2008年俄联邦社会经济中期发展纲要》和《2006—2008年中期财政计划》两个"三年规划"，要求在规划期内，国家大幅提升预算支出费用[1]，采取积极的经济政策保障国民健康，发展"卫生保健"和"体育运动"。与此同时，国家和社会对体育发展的要求更加强烈，这时就需要制定新的体育发展规划。于是在2006年，俄罗斯体育、运动与旅游署制定并颁布了《2006—2015年俄联邦体育运动发展计划纲要》，该纲要具体细致地对体育教育、大众体育和竞技体育的发展进行了设计，制定了切实可行的实施方案。根据该计划纲要，俄罗斯政府将陆续向体育领域投入约40亿美元的资金，以推动体育的协同发展，并优先发展基础设施、教练事业和对健康的生活方式的宣传。成为苏联解体后俄罗斯制定的内容最丰富、投资规模最大、配套实施最完整的一套方案。

《2006—2015年俄联邦体育运动发展计划纲要》具体规划了体育发展的目标，体育健康生活方式的宣传。要求规划期内，在高水平运动发展方面，修建7个现代化联邦体育中心、20个现代化的项目中心、若十个培养奥林匹克后备力量的现代化教育机关体育基地和反兴奋剂中心；体育教育方面，修建733个运动场，733个室内游泳池和1467个多功能大厅；社区体育发展方面，在居民区建设1000个体育中心。在经费投入方面，规划期内体育财政经费投入总共高达1066.55亿卢布，其中联邦预算为536.13亿卢布，联邦主体预算为479.62亿卢布，预算外资金为50.8亿卢布。在纲要规划期内，国家体育政策的重点在于体育基础设施的建设、大众体育和青少年体育的发展。所拟建的体育场地、场馆绝大部

---

[1]《2007年联邦预算法》大幅度加大了对基础设施和科教文卫领域的投入，医疗体育和教育支出分别增加34.8%和38.1%。

分规划在教育机关和社区内，大众体育与竞技体育投资比例约为19：1，分别为1013.81亿和52.74亿卢布。该规划可谓"目标明确，措施具体，投资宏大，来源清晰，保障配套系统，指标明确，项目具体，资金分配详细，目标量化，时间表清晰，可操作性非常强"❶。这个计划纲要的颁行，标志着俄罗斯体育开始进入一个全面、协调发展的阶段。

为了促进青少年体育运动和体育教育的开展，使青年人养成健康生活方式，2007年，俄罗斯政府编制了《2009—2015年青少年体育运动发展纲要》，要求优先发展青少年体育教育，从事体育锻炼的青少年不少于80%，同时将青少年体育教育程度和水平纳入到国家相关部门和地方政府执政成绩的评价指标中。纲要创立了新的青少年体育教养制度，完善了青少年身体训练制度。2008年，为了推动俄罗斯球类项目的开展，制定了《俄联邦足球发展纲要（2008—2015年）》。

为了加快俄罗斯经济与社会的发展，推动俄罗斯重返世界强国之列，2008年，俄罗斯政府编制了《关于俄罗斯联邦2020年前的发展战略》和《俄罗斯联邦2020年前社会经济发展战略》两个战略计划，确定了俄罗斯未来12年社会经济发展的基本思路和指导思想。为配合上述国家战略计划，俄罗斯政府于2009年8月出台了《俄罗斯联邦2020年前体育发展战略》。在《2006—2015年俄联邦体育运动发展计划纲要》的基础上，该发展战略对俄罗斯的体育发展进行了更为长远的规划。根据该发展战略，政府拟向体育投入高达100亿美元（约合3000亿卢布）的资金，优先发展民众体育和竞技体育，重点建设体育场馆，大力宣扬民众的健康生活方式。

《俄罗斯联邦2020年前体育发展战略》重点强调：

一是要加强体育基础设施的建设，对已有的设施进行现代化改造。为此，对俄罗斯境内各种所有制性质的体育场馆进行登记造册，制定体育场馆利用率相关指标；建设包括健身房、游泳池、多功能与综合性平面体育场馆、训练基地和训练中心在内的体育教育所需场馆，保证体育教育的开展；制定体育场馆设计建设的国家标准、技术指标和产品服务认证体系；根据体育基础设施指标，完善俄罗

---

❶ 马忠利. 苏联解体后俄罗斯体育政策的演进及启示［J］. 上海体育学院学报，2014（1）.

斯地方权力执行机关业绩评价体系。

二是优先发展群众体育运动，建立国民体育教育新体系，大力宣传体育运动健康生活方式。发展战略期内，力图提高俄罗斯国民参与体育锻炼人数在总人口中的比例，第一阶段拟从2008年的5.9%提高到2015年的30%，第二阶段在2020年拟达到40%；倡导国民在专门运动健身机构进行体育锻炼，提高他们在其年龄组中的比例，第一阶段拟从20.2%提高到35%，第二阶段拟达到50%；增加国民每周体育锻炼时间，第一阶段拟从6小时提高到8小时，且每周不少于2~3次，第二阶段拟达到6~12小时，且每周不少于3~4次[1]。同时，研制不同社会阶层和不同年龄段的国民进行体育锻炼的标准；根据国民个人特点制定和推广包括早操和工间操在内的运动量参考指标；建立包括能够供居民独立进行体育锻炼的周末体育俱乐部在内的小区体育俱乐部网络；编制并完善各类人群的"全俄运动会计划"；充分发挥民间体育组织和单项体育协会的重要作用，以积极、有效的形式促进群众体育的发展；通过举办国际体育论坛，弘扬奥林匹克精神，提升俄罗斯奥林匹克运动水平。

三是增加体育经费的投入，发展高水平竞技体育。《俄罗斯联邦2020年前体育发展战略》指出：2020年前，俄罗斯竞技体育总的战略目标是提高俄罗斯竞技体育在国际赛场的竞争力；完善高水平运动员和后备力量培养体系，加强运动员和教练员的社会保障措施；加强国际交流与沟通。具体目标是到2020年，将在专业运动机构中从事运动的6~15岁儿童的数量扩大到同龄人总数的40%；将进行冬季项目训练的人数扩大到43万人；增加俄罗斯派驻国际体育组织的代表人数；俄罗斯运动员接受反兴奋剂检测监督的份额达到100%[2]。为达到上述目标，拟采取的具体措施是，完善少儿体育运动和后备力量的选拔和培训系统；发展大学生体育运动，进行每两年一次的全俄大学生夏季和冬季运动会；强化高水平运动训练的科研和医学保障；建立教练员、队医、裁判员和运动队工作人员的长期培训体系；研制运动员的医疗保险制度。

---

[1]《俄罗斯联邦2020年前体育发展战略》见俄罗斯政府网[EB/OL]．[2011-08-07]．http://minstm.gov.ru/documents/xPages/item.670.html.
[2]《俄罗斯联邦2020年前体育发展战略》见俄罗斯政府网[EB/OL]．[2011-08-07]．http://minstm.gov.ru/documents/xPages/item.670.Html.

在《2006—2015年俄联邦体育运动发展计划纲要》和《俄罗斯联邦2020年前体育发展战略》两个体育发展纲要的推动下，体育基础设施逐渐修建与维护，数量逐年增多，以体育馆数量为例，2006年为63452个，2010年则为72381个，5年时间增加了8929个；游泳池、平面体育设施数量也分别增长1.9%和2.7%。充足的体育设施为俄罗斯民众从事体育锻炼提供了便利条件。据统计，俄罗斯从事体育锻炼的人数逐年上升，经常从事体育锻炼的人数从2000年的8.7%上升到了2010年的18.5%；2010年，大约有2500万人有规律地到体育馆、运动场进行锻炼❶。

第二节 体育管理机构及其职能

苏联解体后，俄罗斯社会发生巨大变化，政治经济倾向西方式的体制，立法和执行部门发生了根本性的变化。与此相应，俄罗斯当局对苏联时期建立的体育管理体制、体育机构的设置、权限、职责和资金方面做出了调整，引起了国家和社会管理机关之间管理权的重新分配，导致体育公共行政组织的变迁。

由于体育经费的削减，俄罗斯政府本着精简机构、转变职能的精神，决定取消俄罗斯领土范围内的原联盟体育管理机关，只在政府层面保留体育行政机构，弱化其职能，而将体育行政组织从政府分离出去，变为社会性组织和机构，即将其分别划归于奥委会和各单项协会。鉴于体育事务繁杂和体育界人士的请求，俄当局保留了国家体育委员会。为了能够保证1992年巴塞罗那奥运会的成功参赛，建立了附属于政府的奥运促进委员会。委员会建立后，体育公共行政组织与其在体育管理权限问题上发生了冲突，结果是在国家体育预算急剧减少的情况下，俄罗斯奥委会的权限获得了提高。早在1989年，苏联有关部门就曾提出建立全俄奥委会，但鉴于当时苏联尚存在自1951年即建立的全国奥委会（其国家机关为全联盟体育运动事物委员会），其提议未获通过。1990年12月，苏联部长会议通过专门决议，将全国奥委会从苏联部长会议体育委员会脱离出去，依据是"由于其活

---

❶ В·Н·祖耶夫，П.А.维诺格拉夫.苏联解体后国家政权的联邦机构在体育领域的改革[J].体育理论与实践，2011（11）：3-13.

动的社会性，同时根据奥林匹克宪章"，全俄奥委会得以成立。

成立后的全俄奥委会于1991年12月19日向国际奥委会发出正式请求，希望国际奥委会承认全俄奥委会，同时承认12个全国奥委会并同意各自独自组队参加奥运会。鉴于当时的特殊情况，特别是阿尔贝维尔冬季奥运会和巴塞罗那奥运会即将举办，所以国际奥委会没有同意俄罗斯和其他独联体国家的请求。1992年1月，时任国际奥委会主席的萨马兰奇同俄罗斯总统叶利钦会面时就这个问题交换了意见并达成了共识，国际奥委会同意俄罗斯作为独联体联队的一支参加1992年的巴塞罗那奥运会。正是在这样的背景下，俄联邦建立了独联体新的体育运动管理组织，用于协调体育训练工作和为参加1992年冬夏奥运会作准备。接下来，俄联邦在短时间内分别建立了独联体国家之间国家体育委员会、独联体国家联邦总统委员会、独联体国家全国奥委会总统委员会等必要的体育组织。由于苏联时期积累的体育管理经验和体育运动技术，这些组织的工作和活动开展起来比较顺利，主要承担了解体后的俄联邦的体育工作。在1992年的冬夏季奥运会上，作为新面貌参赛的独联体联队，在比赛中取得了优异的成绩，在冬季奥运会上，金牌数和奖牌总数均排名第二，夏季奥运会金牌数和总奖牌数超过美国和德国，均排名第一。

1992年6月1日巴塞罗那奥运会开幕前夕，俄联邦总统签署颁布了《关于国家体育运动管理结构》和《关于全俄奥运会》两个文件。依照这两个文件，体育部门编制了俄罗斯新的体育管理组织结构，成立了附属于俄联邦政府的体育运动协调委员会❶。该委员会的职责是行使全俄咨询机关的职能，协商国家大纲、法律和政府决议、体育运动社会保护建议，同时编制体育运动领域国家政策并将其贯彻到体育事业中，协调国家和社会体育组织的活动等问题。1992年9月以后，体育协调委员会更名为体育教养与大众运动委员会。

由于体育运动协调委员会仅仅是过渡时期暂时成立的体育机构，所以成立常规的高效的体育组织机构成为当务之急，为此，俄联邦总统要求，"为实现国家保健大纲，俄联邦政府应在一个月的时间里编制结构，并确定国民体育和年轻人问题国家管理机关的条例"。按照俄联邦总统的要求，俄罗斯联邦政府于1992年

---

❶ 该组织后来隶属关系发生了变化，直接服从于俄联邦总统。1996年后，由于社会的发展变化，该委员会实际上已失去了存在的意义。

成立了俄联邦体育委员会，该委员会从1994年1月起，被称为体育和旅游事物委员会，从1994年5月起，称为俄联邦体育旅游委员会，1994年8月起称为国家体育旅游委员会。1999年6月，国家体育旅游委员会变为国家体育、运动、旅游部，成为俄联邦体育运动国家管理机关，但在一年后，体育、运动、旅游部又重新更名为俄联邦体育、运动、旅游国家委员会。其后，俄罗斯体育公共行政组织名称历经多次变化，职权范围也相应地不断扩大或缩小。受当时俄罗斯社会状况和政治体制的影响，俄罗斯体育管理机关未能起到很好的作用，在中央与地方关系处理方面，在体育政策的推行方面，都没能促使俄罗斯联邦主体与地方之间同步发展❶。20世纪90年代，由于俄罗斯民众体育尚未完全开展起来，竞技体育水平出现了大幅下滑，体育公共行政管理机关开始不断变换名称与职能，希望能重新提升俄罗斯体育水平。

俄罗斯体育组织演变 ❷

名称	时间
俄联邦奥林匹克运动促进委员会	1992.1.15—1992.6.1
俄联邦青年、体育和旅游事务委员会	1994.1.10—1994.5.30
俄联邦体育和旅游国家委员会	1994.7.3—1999.5.25
俄罗斯体育和旅游署	1999.5.25—1999.6.8
俄联邦体育运动署	2004.11.18—2008.5.13
体育、旅游和青年政策部	2008.5.13—2012.5.21
体育部	2012.5.21至今

俄联邦体育委员会是当时俄罗斯政府体育界的最高组织机构，其职责和任务包括制定和施行体育教育、培养和提高专家技能、筹建大众体育组织，以及制定同体育运动机构、体育社会组织和地区体育组织合作模式和途径。在其职权范围内，编写了《俄联邦发展体育和建立居民健康生活方式》大纲，包括《俄罗斯儿童》《俄罗斯青年》《关于对残疾人的社会支持》《青年的爱国

---

❶2002年前，俄罗斯数十个联邦主体中，共有13个部，8个国家委员会，4个政府下属委员会。
❷马忠利.俄罗斯体育公共行政组织演变研究［J］.体育文化导刊，2015（5）.

教育》《关于同犯罪斗争的措施》《关于预防毒品传播的措施》和《总统竞赛》。由于参与编写和实施了这些联邦大纲,属于联邦管理机关的国家体育运动管理体系的国家体育和旅游委员会得以保存下来。1994年12月,俄联邦政府决议批准"俄联邦体育委员会"条例。委员会的主要任务是与体育运动组织、社会组织等各级组织合作,通过群众体育运动的方式,实现人民保健。委员会的具体事务集中于编制和贯彻国家体育方针、政策,编写制定体育大纲,培训和提高体育专家的专业技能,采取科学方法发展群众体育,宣传体育政策和措施。同时促使全社会形成热爱体育、积极参加体育的良好风尚,将体育作为促进机体体能,保持健康的有效方法和手段。在体育教育中,要让人们尤其是青少年认识到体育运动不仅仅是身体方面的锻炼和培养,还是思想道德的教育,体育是人类文化的一部分。

俄联邦体育委员会的主要组成部分是俄罗斯奥委会。俄罗斯奥委会成立之初的目的是在俄罗斯形成非政府性奥林匹克运动社会组织,作为国际奥林匹克运动的组成部分。但当时苏联领导人认为需要对俄罗斯奥委会和体育联盟赋予更大的体育管理权力。因此,俄罗斯奥委会的职责不限于单纯解决"奥林匹克运动"问题,它在国家体育运动管理组织中还担负着协调高技能体育的任务。高技能体育体现了社会经济变革时期体育发展方向尤为重要的变化。当时国家管理机关将高技能体育的管理权按照体育项目交付给各联邦和俄罗斯奥委会。管理权的变化导致原先完全由国家拨款发展的运动项目遭遇了资金困境,各联邦不得不独自寻找补充资金的来源。而公司赞助、体育广告是其运动发展资金系统中不可分割的组成部分。当时的体育赞助主体多种多样,国内外、地区和地方数量各异的生产和非生产公司、工业各部门都赞助支持体育。尽管如此,俄罗斯体育赞助的资金仍显不足。由此,国家继续提供资金支持参加奥运会、世界冠军赛和其他大型体育比赛的俄罗斯联队。如果说俄联邦参加正式国际比赛的俄罗斯联队还没有表现出严重的资金困难,那么青少年体育和群众体育保健就不能不令人担忧。俄罗斯定期从事体育运动的青年人约有700万人,但是6~15岁进行运动的少年儿童不足青年人数字的10%。由于物质困难而关闭体校的情况屡见不鲜,而在农村其形势更加恶劣[1]。

---

[1] Б·Р·戈洛夏波夫.俄国体育运动史[J].莫斯科:"科学院"出版中心,2010:96.

俄罗斯奥委会作为俄联邦体育委员会的主要组成部分，其成员众多，囊括了全俄56个奥林匹克项目和非奥林匹克项目联盟、加盟共和国的89个体育运动组织、9个奥林匹克研究院、22个联邦管理机关、国家和社会体育运动相关组织及其他组织。俄罗斯奥委会的最高机关为奥林匹克会议，它与俄罗斯奥委会执行会议一起，主要审议通过俄罗斯奥委会的重要决定，比如俄罗斯奥委会章程。同时，俄罗斯奥委会还代表、反映联邦组和运动员组这两个主要集体成员组的利益，有责任和义务表达他们的意愿，传达相关信息，沟通各种关系，以便体育工作能够顺利开展。

从1994年在挪威利勒哈莫尔举办的第17届冬季奥运会开始，俄罗斯奥委会即履行其职责，开展相应的体育组织及管理工作。在这届运动会上，俄罗斯运动员取得了优异成绩，获得金牌11枚、银牌8枚、铜牌4枚，金牌排名第一。全国体育基金会（后改名为俄联邦国家体育运动基金会）于1992年建立，这是俄罗斯历史上首次建立的该类专门组织，该基金会的主要任务是按当时的法律法规，利用可能的财政物质条件，为俄罗斯体育运动募集资金和物质储备。在1992年7月的成立大会上，通过决议方式规定了基金会的活动。基金会的管理机关是基金会成员全体大会、保护人大会、总统、副总统、基金会执行管理处，而基金会成员全体大会是基金会最高管理机关。由于以物质、技术和资金保障的体育运动中，国家和社会组织相互作用的机构还不完善，加上该基金会的组织管理以及机构存在的问题，使得该基金会在1999年便完成了其使命而不复存在了。

尽管俄罗斯基本上建立起了体育管理体制，体育机构也各司其职，但相互之间并没有完全明确各自的权责和协同开展工作，甚至存在着职责不明、互相牵扯的现象。比如，俄罗斯国家体育委员会和俄罗斯奥委会之间就存在着这样那样的矛盾冲突，由于可以得到政府财政划拨的大量体育经费，所以双方都想拥有国家高水平竞技体育的管理权，于是彼此在利益方面明争暗斗，在职责方面互相推诿，严重影响了作为负责具体训练的单项体育运动协会的工作开展。到了21世纪初，俄罗斯最高领导层划分了体育委员会和奥委会两大管理机构各自的职权，明确了经费拨付途径和使用手段：国家体育基金主要由政府拨款和社会资金组成；规定俄罗斯联邦体育委员会的经费主要依靠政府拨款，并需将款项大部分投向大众体育，而俄罗斯奥委会作为民间组织性质的机构，经费主要依靠自筹和国际奥委会分红。解决了体育管理机构存在的这些问题后，俄罗斯体育管理体制终于趋于稳定，各体育管理机构职责清晰、权限分明。

俄罗斯体育管理机构及其职权[1]

机构性质	组织机构名称	组织机构分管事业领域
总统府体育政策组织	俄罗斯大总统附属体育咨询与调整委员	依据国家的政策方针，制定国家体育政策并向俄总统提案。有对全俄罗斯所有体育组织机构进行调整的权力
国家管理组织	国家体育观光委员会	掌管全俄罗斯所有体育竞技事业领域
	俄罗斯联邦体育委员会	掌管全俄罗斯所有学校体育事业领域
	国家体育基金	掌管全俄罗斯体育组织的财政，是体育事业奖励的财源
民间管理组织	俄罗斯奥委会	掌管全俄罗斯所有竞技团体，并行使对外体育竞技交流的权限
	俄罗斯单项运动协会	代表俄罗斯加盟国际竞技团体，派遣参加以世界锦标赛为核心的国际比赛的俄罗斯代表团，管理全俄罗斯竞技体育事业
	俄罗斯体育团体	掌管全俄罗斯所有民间体育俱乐部体育设施青少年体育专门学校，承担实质性的体育活动的权利
	俄罗斯运动员联盟	有维护俄罗斯运动员、教练员、体育组织职员的权利，并保障支付退休金、年金、社会保障
	嘉西纳夫纪念基金	为保障支付体育组织职员年金所设立的半官半民的年金使用组织
	俄罗斯体育教练员联盟	为维护全俄罗斯所有教练员权利设立的任意组织
	伏劳库诺夫体育委员会	管理发行体育彩票和收益，为支持体育界财政独立改革所设立的民营化组织
政党	俄罗斯体育政党	在原国家体育运动委员会管辖下所设立的党派组织，现已成为独立的政党。主要宗旨为积极支持俄罗斯体育界民主化进程，向俄罗斯政府总统提出体育界相关事业性提案和意愿

---

[1] 白海波. 俄罗斯体育管理体制改革发展研究［J］. 沈阳体育学院学报，2007（1）.

（续表）

机构性质	组织机构名称	组织机构分管事业领域
银行	俄罗斯体育银行	由原国家体育运动委员会设立，现已成为管理俄罗斯奥委会、俄罗斯竞技团体、任意体育团体、体育俱乐部、体育关联等企业收益的独立性银行
企业	体育关联企业	体育关联贸易，竞技大会运营企业；体育器材制造及进口企业；体育关系者在俄罗斯国内旅游的中介企业；俄罗斯运动员向国外派遣的中介企业；俄罗斯运动员国内外广告代理企业
体育教育研究机构	俄罗斯体育与研究机构	进行俄罗斯竞技体育研究和运动员训练的中央机构和大学组织
	青少年体育专门学校	奥运会项目、民族体育英才教育学校

　　随着俄罗斯社会的民主化进程，俄联邦体育运动项目的地位和水平获得了一定程度的提升，其意义与作用也在一定程度上有所增强。苏联时期，受政治管理体制的影响，体育运动管理体制是一套垂直管理体系，体育管理理念也是以服从为原则的，苏联国家体育委员会的部门隶属于最高管理机关——苏联共产党中央委员会，其他管理机关都要听命于它。苏联解体后，垂直管理方式被废除，各个管理组织之间以合同为基础相互作用。体育管理机构获得了独立的非政府社会联盟的地位，以联邦名义管理体育项目的发展。在机构调整中，保留了志愿者体育协会和机关体育组织的地位和作用，一系列志愿者体育协会（如"斯巴达克"、俄罗斯大学生体育联盟等）重新获得自主权。联邦合同签订以后，原加盟共和国内的体育运动管理机关拥有自己的权利，成为各自体育管理的最高机关。联邦体育运动管理机关的主要任务有：实现体育领域的统一国家政策，致力于巩固民众的健康和体质，使民众形成完善身体和和谐发展个性的需求；保证培训和分派体育运动专家；编写经科学论证的民众体育体系，并将其引入到实践中；协调科学、试验基础发展，研究和生产体育商品工作；协调少年儿童体校网络发展；保证体育运动和旅游领域科研发展。

　　1993年4月通过的《俄联邦体育运动法规基础》成为这一时期体育的重要大

事，它使俄联邦的体育管理建立起了系统的组织管理规则。为正确调整体育管理、体育运动中的各种关系，法规设定了普遍遵守的原则，反映了俄联邦体育运动国家体系的功能。其指导思想将体育视为文化的重要组成部分，而体育文化则是体育发展过程中由全社会创造、发展和使用，用于巩固俄罗斯国民健康的物质、思想和价值的综合体。法规由六个部分组成，第一章为"总则"。规定了公民的权利和义务以及参加体育运动的目的，设置了体育运动中心和国家、地区社会管理机关的权限。第二章为"体育体系"。对体育体系各组成部分进行了界定，指明了其活动的基本方向，即普通义务机关和学前机关体育；课外和校外体育保健和体育组织；机关、企业及其相互之间的联盟；居民点和群众休假地；卫生疗养机关、度假地、旅游基地；军人和执法机关全体成员的身体训练；残疾人体育运动。本章特别指明，国家保健管理机关、企业保健体系的机关和组织需共同参与和发展体育运动，同时提出了体育运动练习和体育比赛时应遵守的安全、健康保护、公民荣誉和尊严规则，以及体育运动比赛办法。第三章从社会现象角度出发对"体育"的涵义重新作出了阐释，界定了高技能体育和职业体育各运动类型概念和特点，列出了体育运动中禁止的方式方法。第四章的内容为"体育运动储备保障"，涉及的问题包括体育运动的财政经费问题，俄联邦体育运动国家基金会的活动问题，体育保健基础设施问题，体育运动领域和医疗体育中的职业教育活动问题，体育运动领域专家训练规则的设置问题。❶第五章为"体育运动领域的优惠和社会担保"，包含了规则、优惠的调整规则、健康保护、运动员或运动项目裁判人员从事运动时健康受到伤害的责任问题，从事体育的公民的社会保护、俄联邦联队运动员的补充担保和补偿问题。第六章规定了外籍人员的体育运动权利，指明了如何参加国际体育运动组织的活动以及妨碍本法规所应担负的责任。

1995年，俄联邦首次通过了有关体育教育的法律法规。在此法律法规引导下，俄联邦体育部门开始编写国家体育教育标准，范围覆盖俄联邦和民族地区。标准指出，俄罗斯以联邦国家权力机关为代表，在其国土范围内设置联邦国家体育教育标准，必须确保基本体育教育大纲的施行，对学生实施最大范围的教学训

---

❶根据俄联邦"关于教育"法律，通过教育机构自身组织的活动，按职业教育大纲规定培训专家。

练，严格执行毕业生毕业水平标准。普及义务教育学校、中学和高等院校是否完成国家教育标准，成为客观评价教育水平和毕业生技能的依据。延续先前基础部分体育和可变化部分体育，掌握科学的体育教育和体育训练方法，是青少年体育教育和专家职业培训课程的重要组成部分，国家体育教育标准是对这两个部分的合理调整。

20世纪90年代中后期，俄罗斯体育状况继续恶化，当时体育管理层坚持"应创造条件让体育自然地自我发展"的思想，导致俄罗斯政府实施按照"剩余原则"对体育拨款的政策，体育训练、体育教学基地的体育设施得不到有效的维护和修建，众多体育院校及大量研究机构难以从事教学和科研，缺少了国家财政支持的体育管理部门无法行使自己的职能，政策、文件无法实施，体育国家政权机关与社会体育组织之间关系不能良性运行，职权得不到行使。20世纪90年代末，俄联邦体育部门对1993年通过的法规《俄联邦体育法规基础》进行了审视和修订。此次修改的重点在于法规中体育运动组织活动中的权利、组织和经济基础，重新确定国家体育运动领域国家政策原则。最后于1999年5月通过了《"关于俄联邦体育运动"的联邦法》。该法令共由7章组成。第一章"总则"部分规定了法令的目的和任务，确定了相关的体育基本概念，确立了体育运动领域国家政策的原则，制定了国家支持体育发展的具体措施。在苏联体育发展史上，曾出现过对体育基本术语和基本概念的随意性、主观性解释，造成了不少的歧义和困惑。此次新的体育法规对这些基本术语和基本概念重新统一并予以界定，界定后，包括体育、运动、体育运动、体育运动系统、奥林匹克运动、体育运动组织、体育运动联盟、全俄统一运动等级、全俄"体育和健康"综合体、职业运动、业余爱好者运动、运动员、职业运动员、体育爱好者、高等级运动员、体育运动技术设施、体育工业等在内的众多术语和概念都得到了清楚的确认，避免了含混不清的歧义现象。第二章"俄联邦体育运动体系"，划分了俄罗斯体育运动主体、体育运动领域国家权利机关的权限；确定了俄罗斯奥委会的职能；规定体育运动联盟和体育运动组织、体育学校和奥运预备队、俄罗斯各项目联队的活动；倡导体育运动领域有行使权的联邦机关、俄联邦主体体育运动领域有行使权的机关、地方自治机关和体育运动联合体机关之间相互作用、协同发展；开展科学方法论和体育运动发展技术保障相关的活动。第三章为"体育保健工作和高技能体育的发展"，主要涉及以下问题：

国家权力机关、教育机关和其他组织参加公民体育活动；在教育机关发展体育运动。特别强调了俄联邦主体体育运动领域有行使权的机关和地方自治机关，有权增删学前机关和其他教育机关的体育课内容，在所有学前机关和其他教育机关，以全俄"体育和健康"综合体标准为基础，可以按授课周期多次进行比赛。在所有普及义务教育机关，初级、中级和高级职业教育机关，在学年结束后应对每位学生给予身体训练鉴定，在毕业年级和培训班进行测评。此外，还设置了以下内容：组织内、居民点（包括农村自治教育）体育，俄联邦武装力量和执法机关内的身体训练和运动，残疾人体育保健和运动组织，保健领域有行使权的联邦机关、俄联邦主体保健机关发展体育运动，体育运动课上保护公民健康。第四章为体育运动的宣传问题。要求宣传机构和部门及时高效地对体育事业、体育成绩及各种体育比赛和体育运动进行宣扬。第五章涉及的内容是体育运动组织、社会体育组织中运动员和工作人员的权利和义务。明确了运动员、体育爱好者的权利和义务；拟定了体育活动合同模式和运动员转会条例；规定体育运动组织的工作人员应是从事体育保健和运动教育工作、具备法令规定的体育技能和职业技能的人员，这些工作人员的职务由俄联邦政府设置；提高体育运动组织工作人员、国家科学组织和国家体育运动教育机关工作人员的职业技能水平；体育运动领域志愿者的组织；运动员和体育运动组织工作人员的社会保护。第六章为体育运动领域的资金保障问题。涉及体育工业；体育保健、运动技术设施的建设和维持；体育运动课、体育比赛和体育运动表演时遵守的安全法规；体育运动领域的征税；体育运动组织的对外经济活动；体育运动领域产品和服务合格证，活动许可证；在俄联邦居住的外国人和无公民权的人的体育运动权利；国际体育运动组织的参加；公民荣誉感和自豪感的培养。

近年来，以俄罗斯国家体育研究院和莫斯科教育学院为研究中心的研究机构，利用其相应的科学实验室，对体育教育纲要如何有效地落实到体育实践中进行了研究和探索，目的在于推动体育持续有效地发展，其主要任务在于寻找更有效培训体育运动中高级专家的新途径。以此为依据，寻找体育发展方向，完善准确的体育干部在职前阶段（进院校前阶段）、基础职业阶段（院校阶段）和职业完善阶段（院校岗位阶段）等各个阶段职业培训体系。尽管处于初步阶段，但已取得了相应的研究结果，即设置了中等学校和大学体育专业的教育内容，找到了继承中等学校、学院和大学专业体育教育的机构，研究了建立中等学校和大学体育专业的模型，通过了新的教学计划并将其应用到体育学院和教育学院体育系的教学实践中。

第三节　民间体育的发展

一、民间体育的复兴

苏联解体后，俄罗斯联邦体育发展的一个方向是致力于复兴民间形式和民族特征的体育运动，如体操、哑铃、拔河、击球游戏、俄罗斯棒球、俄式作战艺术、北方式游戏、童子军训练系统等。从19世纪二三十年代开始，苏联行政指挥式保健系统开始多年的推行，这在很大程度上影响和排挤了自古就有的民间娱乐活动，这些娱乐活动与民族文化、日常生活和传统习惯不可分离。根据全苏体育科学研究所的研究资料，当时对民间运动项目和民间游戏的研究，只占体育研究的很小部分，甚至在20世纪70年代中期以前，民间娱乐体育活动及其相关研究完全被禁止。这种情况导致了严重的后果，致使民间娱乐活动逐渐中断或者消失，从事这类活动的体育人员寥寥无几，比如在苏联时期的1987年，从事该方向工作的教练人员总共只有54人[1]。但在以前，很多当地人热衷投掷、马索套用、跳雪橇等活动。

由于当时俄罗斯不理想的经济状况，民间娱乐体育活动在一开始的复兴过程中，就遇到了很多困难。但随着社会的逐步稳定和经济状况的好转，民间娱乐体育逐渐复苏并受到追捧，从而越来越多地开展了起来，并被纳入到了体育教育之中。后来，普通学校可以在体育实践课中加入具有地方和民族特点的内容，其依据是体育教育大纲中设置的可变化部分内容。为了实现这一体育教育内容的变化，职业培训体育教师成为必不可少的环节，因为当时的体育院系暂时还没有针对性地培养这方面的师资，刚开始的培训还只是在一些体育系（如乌拉尔和雅库特国立教育大学和哈巴罗夫斯克国立教育大学）编写和引入了"民间运动项目"

---

[1] Б·Р·戈洛夏波夫. 俄国体育运动史 [M]. 莫斯科："科学院"出版中心，2010：89.

"民族运动项目"（如哑铃、击球游戏、俄罗斯棒球等）新的教学实践内容。

在复兴民间形式与民族特征的体育过程中，复兴的好坏很多时候取决于个人的热忱和奉献精神以及团体的参与和支持。1990年后苏联开始积极复兴童子军组织，1991年6月莫斯科成立了"莫斯科童子军"联盟，这是俄罗斯第一个正式登记的童子军组织，1992年俄联邦体育科学研究所针对儿童保健编写了体育大纲《夏季》，针对童子军夏令营单独编写了目标大纲《复兴》，随后俄罗斯开始参加世界上有120多个国家和地区参加的国际童子军运动。

许多民间体育娱乐活动的历史十分久远，如摔跤、拳斗、"猎人""猎熊"等游戏活动早在罗斯时期就已经形成了。当时由修士编写的编年史中详细描述了摔跤手们的摔跤场面，这是多神教生活的一个方面，成为人们不多的感兴趣的事情。后来东正教时期，由于文化观念的原因，这种搏斗的描写不太引人关注，加上中世纪基督教教会的神学理论、来自西欧的教育理念使得这些娱乐活动受到漠视。但是后来由于个人和团体的种种努力，俄罗斯民族体育娱乐活动和民族特征的体育形式（包括传统作战风格）逐渐得以恢复，比如，斯拉夫式摔跤已经被纳入俄罗斯体育训练体系之中。全俄比赛中已经出现了这一古代角斗项目。从1991年开始，"北方游戏"出现在了具有俄罗斯传统体育比赛特色的北方节日比赛中。北方节日比赛是俄罗斯的一个大型节日，按民族体育项目比赛，比赛吸引了来自楚科奇、雅库特和北方其他地区的运动员。比赛项目设置了宽腰带摔跤、深雪雪地跑、准确投掷套索、赛鹿等。由于受到民众的喜爱，后来雅库特定期举办这类民族体育项目冠军赛。为此，当地的一些民族体育项目分部集体工作，编写统一的比赛规则，拟定体育种类和称号。

与此同时，莫斯科州的很多区热衷举办俄罗斯棒球循环比赛——"奥金佐沃棒球"和州冠军赛；而参加前者比赛的球队通常有20~40个。尽管早在1986年，当时的国家体育委员会通过了发展棒球的决议，但与列入奥运会比赛大纲的美国棒球一样，其在俄罗斯国内体育中的普及还为时尚早。早在1903年，协会在萨马拉举办了劳动者运动会，来自俄罗斯20个地区职业各异的300人参加了比赛。重新出现的志愿者体育协会"斯巴达克"的比赛大纲中设置了哑铃、拔河等民间体育项目，俄罗斯奥委会支持"斯巴达克"的倡议，表示以后要举办类似的比赛。俄罗斯哥萨克体育训练体系在俄罗斯历史上独具一格，这一训练体系以现代体育水平得以复兴，组建了哥萨克联盟，通过了联盟章程，选举了联盟长官，其目的在于"复兴哥萨克的独特政治、文化和教育、思想和经济"❶。俄罗斯民间娱乐体育生动实例表明，民间传统体育开始积极复兴并流传开来。

二、民间体育的群众保健教学计划

20世纪90年代初，根据当时体育运动领域主要学者的倡议，体育部门开始编写特殊的体育教育新计划，目的在于使体育成为俄罗斯民众日常生活的一部分，而体育文化成为俄罗斯民众思想文化的组成部分。在编制的计划中，1990—1991年编写的"精神、体育和艺术"计划成为当时最重要的体育纲领性文件，它体现了现代体育人道主义精神以及体育艺术原则。该计划的负责人В·И·斯托梁诺夫教授，编制团队包括一大批学者、教师和体育工作者，良好的专业素质保证了计划的科学性和专业性。该计划于1991年开始实行，其指导思想是将自由、荣誉、各方面和谐发展作为人性发展最高价值，主要目的在于培养人道主义精神，使个体人性化。为达此目的，"精神、体育和艺术"计划在编制过程中规定了"精神、体育和艺术"体育运动的工作形式、方法的完整体系、组织和开展"精神、体育和艺术"活动。这样做的目的不是排除运动中的比赛内容、对高技能体育和胜利的追求，而是为了使参赛者各方面得到协调发展，将比赛与参赛者的动作和行为美联结在一起，进而促进现代体育的人道主义精神。这使得"精神、体育和艺术"大纲与别的体育计划区别开来，它研究建立在运动、运动活动和比赛实践基础之上的工作，以及与艺术相关的社会教育活动，这两项工作是统一系统中互相补充的重要组成部分，在整个社会教育系统中可以解决宽泛的社会文化问题。因此巩固体育与艺术的联系，不仅采用传统的，还采用非传统的新形式，便具有特别重要的意义。

自1991年起，该计划在组织和开展学校、俱乐部和儿童游艺室的"精神、体育和艺术"活动中，积累了丰富的经验，为日后同类活动的开展创造了条件。1991年"精神、体育和艺术"中心在安纳巴举办了"精神、体育和艺术"活动，来自17个城市的约400名学生参加了活动。1992年在莫斯科举办了第1届国际残疾

---

❶ Б·Р·戈洛夏波夫.俄国体育运动史［M］.莫斯科："科学院"出版中心，2010：90.

青年"精神、体育和艺术"活动，300多个国家的代表出席。1993年举办了"精神、体育和艺术"之家活动。依照"精神、体育和艺术"精神，残疾儿童和他们的父母，以及来自俄罗斯8个城市的孤儿参加了活动。主办方专门为参加者组建了"精神、体育和艺术"学校，在专家带领下儿童和成年人参加了各个运动艺术小组和分部的活动，并通过了试验。活动最后进行了团体赛，包括运动比赛、旅游比赛、艺术和智力竞赛，并首次进行了不设定名次的比赛，目的在于合作和激发幽默感。1994—1997年在俄联邦各个城市和地区举办了城市、地区、地区之间、全俄罗斯"精神、体育和艺术"活动，比赛地点设定在学院里面。就年级来说，中学生和大学生"精神、体育和艺术"活动具有丰富的经验，小学和学龄前在这方面要弱一些。1994年开始试验组织学龄前儿童类似的比赛。一些学龄前机关举办过"精神、体育和艺术"活动。比如，彼尔木州科米—彼尔缅茨克民族区尤西瓦村，针对二至七年级学生建立了和谐统一运动和艺术的"精神、体育和艺术"补充教育中心，以保证统一发展儿童身体和精神。按照计划，孩子们学习篮球、足球和冰球活动，练习舞蹈，举行民族活动，熟悉民族文化、舞台艺术、礼仪规则、生态文化等基础知识。

  以上历年定期举办的"精神、体育和艺术"活动，为俄罗斯民间体育运动奠定了基础。1993年在莫斯科州杜布拉市召开了机关代表大会，为促进"精神、体育和艺术"规划的发展，会上建立了"精神、体育和艺术运动"社会组织。该组织在俄罗斯的17个城市有自己的分部，分部代表属于"精神、体育和艺术运动"协调委员会。分部不局限于组织分队参加地区、地区之间或俄罗斯的"精神、体育和艺术"活动，还在学校和其他教学机关、体育运动和艺术团体中推广"精神、体育和艺术运动"。

  鉴于"精神、体育和艺术运动"的良好开展，有关方面开始完善专家培训工作，组织讲座和方法研讨会，以明确"精神、体育和艺术"系统的主要目的，将文化体育工作与各个居民组联系在一起。1994年，在俄罗斯国立体育研究院建立了"精神、体育和艺术"人文中心。中心的工作目的是，提高体育运动领域专家的职业人文培训，工作基础是了解国内外儿童青年奥林匹克教育的组织经验，以"诚实活动"精神进行活动，加强体育与艺术之间的联系。体育运动工作和不同组别组织中，采用"精神、体育和艺术"形式和方法进行的所有工作都得到国家各个部门的赞同和支持。1997年国家青年事物委员会在青年工作创新方案竞赛中，授予"精神、体育和艺术"计划第1名，并将其纳入儿童青年联合会联邦目录的"精神、体育和艺术"运动中，得到了国家层面的支持和舆论的正面评价。1995年，根据乌拉尔体育学院Ю·瓦维洛夫教授的倡议，编写了"总统比赛"计划并建议普通学校加以采用。"总统比赛"体育保健大纲的目的是建立群众性少年儿童体育运动，保证调动大多数学生定期活动的积极性，大纲口号是"从小培养健康的生活方式！" 虽然在实施过程中遇到了组织、物质技术和资金困难，但由于其普适性理念，因此得到了国际上的认可，美国有10个城市的市长批准美国儿童可以参加"总统比赛"。

俄罗斯群众体育发展的另一个方向是"奥林匹克"运动保健教育规划。该规划编制于1997年，莫斯科教学机关在1997—1998学年批准了其思想基础，当时正在筹备第1届世界青年运动会，莫斯科奥委会和莫斯科市长支持形成"莫斯科奥林匹克青年"运动。该规划的主要目的是促使全民健康，运用"体育教育学"培养全面发展的人。按提出该计划人士的意见，群众"奥林匹克"运动应具有国际奥林匹克运动精神，是广泛普及的世界运动"为了所有人的体育"结构上的一环。它号召将联邦和体育保健俱乐部统一为"奥林匹克俱乐部"。按"奥林匹克"倡议通过的俄罗斯奥林匹克徽章成为"奥林匹克俱乐部"、俱乐部成员和所有参加者的标识，标识基础来自"劳卫制"系统的实践和模拟系统。

"奥林匹克"活动方案调动了人们参与各种活动的积极性，从自发的、非组织的游戏到定期完成最低限度运动。活动内容除体育外，还包括带有恢复和保健性质的活动，包括少年儿童运动、成年人运动、生产单位体育运动、业余时间运动、老人体操活动、残疾人运动。运动参加者既可以参加正式体育组织活动，也可以参加业余活动。"奥林匹克"活动的基本原则是发展自然的、人道的，没有国家干涉的运动。在施行过程中，"奥林匹克"活动与国家科技"俄罗斯民众健康"计划、总统"俄罗斯儿童"计划，以及教育、文化、生态、社会政策、青年和工会运动相互作用，在不同条件下促进发展生活方式和运动保健工作方法，推动社会体育发展，成为俄联邦体育计划的有效成分。

1997年，俄联邦国家体育、运动和旅游委员会经过考核、鉴定赞同了"奥林匹克"运动方案。在世界青年运动会来临之前，莫斯科教育委员会和莫斯科城市体育运动联合会针对普通教育学校五至十一年级学生进行了体育奥林匹克测验，采用的标准是训练青少年身体的欧洲标准[1]。奥林匹克测验的辅助手段是在各地区学校和年级之间进行有针对性的比赛。根据"奥林匹克"计划,有关部门通过了在莫斯科学校建立青年奥林匹克运动员俱乐部的决议,这成为发展"莫斯科奥林匹克青年"运动的基础结构环节,俱乐部的主要目的在于通过奥林匹克式的培养,使参与者在精神、身体和智力方面和谐发展。

为此,莫斯科教育机关奥林匹克委员会专门编制了奥林匹克青年章程,章程分为总则、俱乐部主要目的和任务、俱乐部领导、俱乐部权利、俱乐部成员权利和义务、统计和报表、奥林匹克青年加入俱乐部的誓词等部分。2000年前,奥林匹克青年章程只在莫斯科的学校中采用,尚未在全俄范围施行。

在俄罗斯体育史上,"劳卫制"曾施行了数十年,劳卫制系统反映了体育的一个基本规律,即体育与大量社会活动相关。自1990年起,劳卫制系统基本上被废止,在其数十年的施行中,对俄罗斯体育体系的形成和体育运动的发展都起到了重要作用。在"劳卫制"被废除的数年时间里,俄罗斯没有针对青少年的身体训练制定出统一标准。因此在1999年,俄联邦通过的新法令"俄联邦体育和运动法"中指出"全俄'体育和健康'体系是大纲和标准的总合,是俄联邦国民体育的基础"时,俄罗斯体育又重新回复到类似"体育和健康"体系上去了。同时在20世纪90年代末,俄罗斯体育运动形成了必须遵守的统一标准,它可以评价、比较和预测民众的身体训练水平,形成了系统体育的需求,促进了健康生活方式。法令确定引入全俄"体育和保健"体系。可以说,1999年通过的这部关于俄联邦体育和运动的新法令,是俄罗斯体育运动发展中的重要事件,具有里程碑的意义,该法令设定了体育运动组织活动的法制、组织、经济和社会基础,确定了俄联邦国家体育运动领域和奥林匹克运动的原则。

第四节 体育教育大纲与体育教育发展

1990年初,《学校体育》杂志曾展开了一场有关学校体育改革的大讨论。这是一场自发的、自下而上的、不带有政治和意识形态色彩的讨论,讨论带有专业

---

[1] 该标准是在欧洲委员会体育指导下编写的。

性，提出了完善学校体育的各种观点和意见，目的在于寻求普及义务教育学校体育改革的有效方法，从而对学校体育进行必要而彻底的改变，但是，由于90年代初苏联经济和社会的动荡以及苏联的解体，使得这一愿望未能实现。

苏联解体后，教育部门于1992年制定并通过了一至十一年级学生体育教育新大纲《一至十一年级学生发展运动能力的体育》，该大纲受到了俄罗斯联邦教育部的推荐，要求各级学校使用这一新的教学大纲。

新的体育教育大纲与前苏联教育部门制定、颁布的体育教育大纲相比，最大的不同之处在于，不再以"劳卫制"为基础和标准进行体育教学，即新的学校体育教育大纲的纲领性标准内容与"劳卫制"系统不再相关联，"劳卫制"系统不再是体育教育体系，尤其是学校体育教育的纲领性标准基础。其次，大纲内容不再是统一性的，而是分为基础和可变两个主要部分。对于每个学生来说，掌握体育课的基础部分是必须和必要的。因为"没有这些基础课就不可能很好地适应生活，以及有效地劳动。基础课是普及义务学校身体训练国家标准的基础，其不取决于地区、民族学校工作的特殊性和学生的个人能力"❶。基础课的教学活动类型为体育基础课、体质发展、技能训练、体育自习课、体育课上的组织能力。可变部分由共和国和州（省）的教育机关确定，其内容可由教师和学生以某个项目为基础自行选择相关教学内容，以此为前提，教学大纲的章节不再由教育部门或学校统一制定，而是可以由教师在与学校校长协商后自行制定。选择可变部分教学内容和材料时，应体现民族体育特点，具有实用意义，以发展学生体质为目的，类型可为体操、游戏和搏斗等。虽然将自主权交给了学校和教师，但教育部门建议学校等教学执行部门在分配体育教学基础部分和可变部分内容时，应按一定比例分配，由此提出分配比例：一至四年级的基础部分占75%，可变部分占25%；五至九年级的基础部门占70%，可变部分占30%；十至十一年级的基础部分占60%，可变部分占40%。基础部分包括的内容只是课本形式的知识，不包括课外的知识。从分配的比例可以看出，随着年级的提升，基础部分所占比例逐渐下降，可变部分所占比例逐渐上升，这一变化遵循了学生生理和身体发展的规律。体育课除常规教授的知识外，还补充有课外作业、大量运动措施、教学日制和长日制下的体育保健措施等其他形式的体育知识。上述各类型体育知识的教授

---

❶ Б·Р·戈洛夏波夫.俄国体育运动史［M］.莫斯科："科学院"出版中心，2010：78.

和课程的开设共同提升了学生学习体育知识、参加体育活动的积极性，保证了体育教育的数量和质量，遵循了体育教育大纲所规定的男学生每周教授7~12小时的体育课，女学生每周教授4~9小时的体育课。每所学校可以根据自己的条件，自主确定体育课的内容、组织和内部体育工作形式，但小学、中学学生毕业时身体训练等级和体育指标必须依照教育部门制定的标准执行。

由于奥林匹克运动已经超出了单一形式国际体育运动的范围，成为人道主义教育的有利工具。因此在1994年，俄联邦教育部和俄罗斯奥委会共同发布了《关于研究奥林匹克运动和奥运会问题的组织》。发布的目的在于为组织和方法创造有利条件，使学生熟悉奥林匹克运动精神和思想道德价值。为配合现代奥林匹克运动100周年纪念日，教育部门于1996年在体育教育大纲中设置了《奥林匹克运动基础知识》，以便学校体育和学生熟知和响应奥林匹克体育运动精神和思想。

从1996年开始，俄联邦教育部门再次扩大了体育教育可采用的教学内容的范围，同时制定了普及义务教育计划——《一至十一年级学生体育》，并得到俄联邦教育部的支持和推荐。普及义务教育计划的《一至十一年级学生体育》包括《单个项目（篮球）一至十一年级学生体育大纲》《一至十一年级学生体育综合大纲》《一至十一年级学生体育大纲》与《舒缓柔美体操》，此外还补充了《八年级奥林匹克运动会知识基础》。每个年级的大纲都由基础知识、身体总训练和专门训练三个章节组成，这三个章节共同构成了一个有机的序列，担负着体育教育的任务。《单个项目（篮球）一至十一年级学生体育大纲》制定的目的在于通过某一种运动项目，解决学生体育活动中存在的问题。应该说，该大纲第二节制定的目的和出发点是好的，其促使学生掌握运动技能的初衷也很明显，具有一定的实用功能。但其内容与普及义务教育的总标准不太一致，不过，这不影响体育教育的基本内容。

与1992年体育教育大纲不同，新制定的《一至十一年级学生体育综合大纲》不但规定了体育课的基本内容，还推荐了相关的教学日制和长日制下的体育保健措施、课外作业以及大量的体育运动措施。而"舒缓柔美体操"的提出和推荐执行则体现了俄联邦体育保健的新方向。"舒缓柔美体操"以形象思维为出发点，以即兴发挥和想象为基础，将太阳、水、高背椅三个日常所见的想象物作为其表现的主要题材。体操的一些动作自然、简单，学生能在日常生活中随时随地遇见，以一定的顺序将这些动作结合到统一的动作中后，就会成为优美的体操。具体练习时，讲求动作舒缓、流畅、自然、生动，同时将各种运动融为一体，整个动作连起来则如行云流水。在练习过程中，随时可以根据体操的具体结构和参加的学生人数调整速度，可缓可急，易于学生练习，且轻松愉快。新的《一至十一年级学生体育综合大纲》对学生体育课程课内外占比提出了如下建议：一至四年级分别为40%和 50%；五至九年级分别为30%和35%；十至十一年级分别为20%和25%，其他时间照例按以前标准确定。如此一来，体育教学就不仅仅是动作练习，主要在于体育知识和技能的掌握。而学生学习成绩的确定，主要以理论知识、掌握专业技能和运动技能的牢固程度、自觉使用课堂上获得的技能和知识的能力、对自己道德和身体完善的态度为标准。虽然对学生身体训练的具体教学标准没有明确的规定，但每个年级的标准都由基础知识、运动技能和能力、游戏和舒缓柔美体操动作三个部分组成。

第五节　俄罗斯体育运动发展现状

1991年9月5日苏联第五届人民代表大会承认各加盟共和国为国际法主体的主权国家。这样每个加盟共和国就获得成为联合国成员的权利，同时也拥有加入国际运动协会的相应法律地位。1991年底开始撤销国家管理的各共和国组织，包括体育运动管理组织。随着各联盟国家和社会性体育运动管理组织的解体，迫切需要解决进一步发展国内运动的一系列问题。

一是建立新的国家和社会性体育运动管理机关并不断调整国家体育管理机构以适应变化了的情况。新的国家体育运动领导系统的形成始于奥林匹克运动促进委员会的建立，该委员会附属于1991年11月28日俄罗斯总统 Б.Н. 叶利钦下令批准成立的俄联邦政府。该委员会的主要职能是训练运动员参加1992年的阿尔贝维尔冬季奥运会和巴塞罗那夏季奥运会。奥林匹克运动促进委员会完成了自身的组织职能，于1992年末变为俄联邦体育委员会。该委员会着力解决一系列重要问题，即制定和推广民众身体培养国家大纲，培训和提高专家技术水平；实施与群众体育发展相关的组织、科学信息、方法和宣传措施；领导科学发展并将科学研究推广到体育运动实践中去。根据1994年6月俄联邦总统令，建立国家体育旅游委员会。该委员会与俄罗斯奥委会共同号召训练运动后备力量教学单位发展国家旅游业，培养和使用体育干部，支持和检查联邦管辖的科研院校工作。普京当选为俄联邦总统后，随着新政府的建立和联邦组织结构行使权的改变，2000年5月17日国家体育旅游部变为俄联邦体育运动和旅游国家委员会。国家在坚定不移地寻求完善体育运动管理的道路。但由于该领域在实际工作中（如国家职业运动发展，大众运动、小众运动和与进一步发展国内体育运动相关部分的资金保障）长期没有标准的立法基础，探索之路举步维艰。

二是通过一系列有关俄联邦体育运动法令以保障俄罗斯体育运动的健康发展。在俄联邦体育委员会的直接参与下，1993年3月通过了俄联邦"体育运动法准则"。从本质上说这份文件制定了法律调整体育运动领域关系的基本原则，是俄罗斯地方立法活动的基础和核心。

1999年4月29日联邦委员会同意、俄联邦总统签字、国家杜马通过"有关俄联邦体育运动"法令。该法令在国内首次确定了体育运动组织活动的立法、组织、经济和社会基础，明确了俄罗斯奥林匹克运动和体育运动领域的国家政策原则。法令规定国家支持体育运动发展的一系列措施，包括每年为群众体育和运动工作拨款，为创办各种类型的儿童青年运动学校创造条件。法令规定，全俄"体育和健康"综合体是俄联邦民众身体培养的核心。法令还明确划分了国家体育运动领导机关与俄罗斯奥委会之间的权限、职能、权利和义务。

三是体育运动科学有了一定的恢复和发展。苏联解体前拥有强大的运动学研究能力和潜力。从事体育科学研究的诸多学术研究机构培养了大批学者，并在生理学、生物化学、心理学、体育理论和实践、体育史和体育社会学、教育学方面具有世界一流的研究水平。苏联解体后，俄罗斯运动学研究状况变得大不如前。由于经济困难，整体上大大缩减了对体育的拨款预算。国家财政拨款困难导致从事科研的专家人数锐减。一部分专家选择出国，在国外科研部门工作，一部分则改行。除拨款不足外，对运动学发展产生消极影响的还有诸如国家体育领导机关和领导部门结构经常变化，主管机关机构无休止的变革，没有体育运动发展的联邦大纲等。除此之外，多数俄罗斯科学试验室配备的还是20世纪六七十年代的设备，这使得俄罗斯科学信息领域大大落后于国际水平。

虽然受这些消极和不利因素影响，但俄罗斯运动学仍在继续发展。对运动活动重要问题的大量基础学研究奠定了运动学研究的基础，主要研究方向是：运动锻炼学说理论，提高锻炼质量方法；不同强度运动量情况下，机体各系统运行优化方法研究等，这方面的研究仍然位居世界前列。

　　苏联解体后，虽然经济和财政困难，俄罗斯却在很多方面保留了过去的传统，发展了奥林匹克运动项目和很多非奥林匹克运动项目。国家每年都举办大量体育比赛，包括杯赛、冠军赛、体育节和运动会。1992年至1999年间，其运动项目成绩斐然，冬季项目如冰球、花样滑冰、滑雪、现代两项滑雪、滑板滑雪和自由式滑雪；夏季项目如游泳、运动体操和艺术体操、重竞技运动、古典式和自由式摔跤、东方角斗、拳击、射击、迷你足球和篮球。俄罗斯运动员在这些项目上具有雄厚的实力，他们曾代表俄罗斯在世界大赛上一展风采。俄罗斯以此为目的开展后备力量的培养工作。俄罗斯运动后备力量培养主要形式仍然是通过已经建立并经过检验的各种儿童青年运动机关和比赛体系，该体系扎根于20世纪30年代国内体校，各专业体校是该系统的重要环节。1998年中期以前，俄罗斯有4635所各种类型的体校在运转，其中包括奥林匹克后备力量儿童青年专门体校、高等运动健将学校、奥林匹克后备力量学校、儿童青年体校、运动专业寄宿学校。俄罗斯奥林匹克项目和非奥林匹克项目的250万青年运动员在所有体校中训练和学习。

　　为建立运动后备力量，莫斯科还在1988年就成立了前所未有的运动组织。在莫斯科教育委员会的领导下，成立了莫斯科城市体育运动协会，到1998年该协会吸引了100多万男女青年。1992年起莫斯科城市体育运动协会不仅完成教育机关体育组织者职能，还从事高等运动健将培养方面的工作。为此，采用了高水平、多级、连续训练高级别运动员系统。1998年在莫斯科举办世界青年运动会，在国际奥委会领导下，莫斯科城市体育运动协会承担了这次运动会的领导执行工作。1997年俄罗斯有4.67万名运动员参与到高水平运动中。这些运动员是国家队的主要后备力量。成绩突出的运动员有机会在俄罗斯22个地区建立的32所奥林匹克后备力量学校接受专业教育。此外，才华出众的运动员还可以在国家36个地区的64所高等运动健将学校继续提高。有4000多名高级别运动员在这些学校中训练学习，其中约36%是国家队主力和后备力量候选人。

　　值得一提的是，俄罗斯职业化运动开始出现较大的发展。现代体育运动发展的趋势是职业化运动。现代俄罗斯运动要求独自解决的迫切问题之一是体育运动职业化。这一趋势符合规律，与现代运动发展的一系列客观条件相关。运动职业化首先是进行长期训练，很多运动项目都要进行长期的教学锻炼，持续10~15

年。对于有发展前途的运动员来说，早期运动专业化非常具有代表性。很多项目从4~6岁就开始训练课程，一天2~3次锻炼，坚持多年，训练时身体和心理负载极高。高级别运动员的训练需要有昂贵的物质技术保障。成绩优秀的运动员需要有相应的物质奖励，因为训练课程紧张，运动员不可能有其他的收入来源。市场经济过程中出现的诸多困难使俄罗斯运动职业化变得尤为复杂。国内运动物质基础薄弱，高级别运动员和教练员资金保证不足，这导致他们同国外俱乐部、协会和其他组织签订合同，去国外比赛。截至2001年，俄罗斯上千名运动员效力于国外运动组织。国外大型工业公司广泛赞助俄罗斯人教学锻炼集训班，提供器材和设备，付费参加大型国际比赛，通过俄罗斯运动员为他们的产品打广告。俄联邦职业运动得到官方的法律认可。对于职业运动员来说，运动训练被认为是目前的主要活动项目，根据合同，训练的运动员可以得到工资和（或）其他薪酬奖励，同时还有各种形式的社会和医疗保险。为保护自身权利，职业运动员可以随意组织职业联盟。

苏联解体后，俄罗斯联邦作为一个独立国家，其教育部门在1992年采用了不同以往的全新学校体育大纲，设置了体育教育内容。新大纲脱离了"劳卫制"系统的框架，不再按照"劳卫制"的标准和要求进行相应的体育教育。大纲规定的体育教育内容主要由两部分组成，一是针对所有学生的基础部分，二是根据具体情况灵活掌握的可变部分（在具体区域以地方合理性为原则编写）。从1996年起，俄联邦制定了包括综合性大纲、以一个运动项目为基础的大纲、舒缓柔美体操大纲在内的新的学校体育教育大纲，并要求学校参照执行。从客观上看，新的大纲和教学内容的制定和实行，意味着俄联邦的所有学校打破了过去实行的统一大纲的体育教育格局，体现出灵活性与自主性特征。

总之，俄罗斯体育的发展，体现着自己国家和民族的文化特性，成为民族文化的一部分。同时又遵循着世界其他民族体育发展的脉络和规律，各民族文化相互影响，共同形成了世界体育宏大景观。